신개념한국명리학총서 6

여성사주로 여성운명을 알 수 있다

(여성사주)

신옥숙 저 정용빈 역

법문북스

· 차례

서 문

1장 운명의 별을 찾는다
― 당신은 어떤 별 아래서 태어났는가

2장 사주 추명의 별들
― 운명성·길흉성·12운성이 말하는 당신의 성격과 운세

3장 명식표를 읽는다
─어떤 인생이 기다리고 있는가

4장 상성추명(相性推命)
－당신에게 맞는 상대, 맞지 않는 상대

6

5장 일간행운표(日干行運表)
─이제부터 10년, 당신에게 어떤 별이 돌아오는가

서 문

언젠가 나에게 젊은 여성이 운명감정으로 찾아왔다. 키가 훤칠하게 큰 이지적(理知的)인 미인이다. 그녀는 본디 국제선의 사무장 보조역을 했었다고 한다. 우선 그녀를 부르기 쉽게 A라고 하자. 이야기를 들으니, 불륜의 사랑으로 그녀는 벌써 두 번의 결혼 경력이 있었다. 첫 번째 결혼은 25살 때 였으며 이 결혼은 남편의 바람기가 원인이 되어 2년 정도 살다가 헤어졌다. 그 다음 재혼한 상대와는 교통사고로 사별(死別) 했다고 한다. 어지간히 남자운이 나쁜 편이다. 그런 불행을 거듭하는 그녀를 위로해 준 것은 전에 같은 직장의 처자식이 있는 남성으로, 그 사람과는 현재 애인관계라는 것이다.

총명하고 미인인 A여인에게 잇달아 남성이 나타나는 것은 당연한지도 모른다.

그러나 최근 어쩐지 그의 태도에 전과 같은 정열이 느껴지지 않는다는 불안한 얼굴이었다.

"선생님, 그 남자와도 역시 틀렸습니까?"

내가 점친 바로는 역시 A에게는 「상관성」·「정관성－공망(空亡)」이라는 이혼이나 남편운을 해치는 불길한 별이 달려 있었다. 슬프게도 그녀에게는 결혼＝행복이라고는 안되는 운명이었다.

또 불륜의 상대를 점쳐보니, 이것은——다음 장에서 말하겠지만 「다간합(多干合)」이 있는데다, 재성(財星)이란 별을 많이 간직한 남성으로, 소위 여성관계가 어지러움을 암시하는 사람으로 상성도 나빴다.

아주 낙심한 A에게, 나는 그녀가 설혹 어떤 사람과 결혼하더라도 결국은 상대에게 의지할 수가 없는 운명이라는 것, 그러나 직업이나 재산의 별에 혜택받고 있어서 직업을 가지고 혼자 살아가는 것이 그녀가 행복해지는 것이라는 의견을 말해 주었다.

사실은 나도 두 번의 이혼을 경험하고 있다. 죽고싶도록 고민한 일이 있었다.

"왜 나는 남편때문에 이런 고민을 하지 않으면 안되는가"라고.

도대체 나는 어떤 별 아래에서 태어났는가? 이 의문이 결과적으로는 나를 사주 추명의 길로 나아가게 했다고 해도 좋을 것이다.

조사해 보니, 나에게는 괴강일(魁罡日) 이라는, 한가닥으로는 풀리지 않는 노끈의 무서운 별이 달려 있었다. 이것은 여자에게는 너무 강렬하여 남편운을 누르는 별이었다.

좀더 진작 알았더라면 나의 운명을 예견(豫見)하여 좀더 빨리 현명한 길을 선택했을 지도 모른다. 적어도 두 번이나 실패하지는 않았을 것이다.

'봐라, 거기에 함정이 있다'라고 누군가가 가르쳐 주었으면 누구라도 즐겨서 그 길을 선택할 일은 없을 것이다.

그 뒤부터 나는 굳은 결심을 하고 추명학(推命學)을 공부했다.

지금 추명학은 나에게는 그 함정의 존재를 가르쳐 주는 믿음직한 「누군가」로 되어 있다.

● 무서울 정도로 잘 맞는 점의 제왕(帝王)「사주 추명학」

혈액형·인상(人相)·수상(手相)·성명판단·점성술(占星術) 등 점이라는 것은 많다.

그 중에서 점(占)의 제왕이라 불리는「사주 추명학」, 왜 사주 추명학은 제왕인가?

그것은 너무나도 적중률(的中率)이 높고 무서울 정도로 잘 맞는 탓이다.

동양에서 점성학이 생긴 것은 대체로 2,700년전의 중국 군웅 활거(群雄割據)한 춘추전국시대의 일이다. 나라를 지배하려는 사람은 인심을 읽고, 미래를 읽는 그리고 사람과 나라의 운명을 예견(豫見)하기 위한 실로 여러 가지 점(占)이 생겨났다. 그리고 그의 집대성(集大成)으로서 탄생한 것이 명리학(命理學) 또는 자평학(子平學)이라 불리우는 추명학이다.

이 추명학은 중국 역대의 황제학으로 전승(傳承)되고, 일본에도 일찍부터 전해져 있었으나 일반인에게는 널리 알려지지 않은 채 두터운 베일에 덮여 있었다.

그것에는 이와 같은 적중률이 높은 점을 백성들에게 알려지게 하고 싶지 않다는 지배자의 정치적 배려도 있었을 것이다.

그리고 또 한 가지 일반 백성이 배우기에는 난해하고 너무 복잡하였다.

생년(生年)·월(月)·일(日)·시(時)의 사주로 운명을 추측하는 것으로, 이 학문을 사주 추명학이라 하여 널리 알려진 것은 최근에 이르러서였다.

사주 추명학에서는 생년·월·일·시에서 명식표(命式

表)로 운명의 도표(圖表)를 만든다. 명식표의 중심이 되는 것은 운명성이라는 10개의 별, 이 별이 사주에 전부 7개가 들어간다.

어떤 운명성이 어느 사주에 들어가는 가는 생년·월·일·시에 따라 전부 다른 탓에 이의 조합(組合)은 무수할 만큼 가능할 것이다. 더욱이 운명성 외에 길흉을 다루는 별이나 운세의 강약을 나타내는 별이 첨가되어 명식표의 형은 무수히 많다해도 좋을 만큼 만들어질 것이다.

한 사람 한 사람의 성격을 판단하거나, 운명이나 운세를 보기 위해 사주 추명학은 이와 같은 많은 별을 벌려놓고 그 상호관계로 점치는 것이다. 그런 탓에 복잡한 것은 당연하고 적중률이 높은 것도 당연하다.

그러나 유감스럽게도 지금도 사주 추명학은 일반에게 널리 알려진 점성술이라고는 말할 수 없을 것이다.

명식표를 완성하고 그것을 읽어내기에는 복잡한 계산이나 전문적인 지식이 필요하여 도저히 아마추어에게 가능한 작업은 아니다. 요즘은 간단한 방법도 몇 가지 짜여져 나와 있으나 그것도 진절머리가 날만한 표를 보거나 계산을 해야 하는 매우 시간이 걸리는 작업이다.

그래서 이 책에서는 우선 명식표를 만드는 방법의 순서를 몇 장의 표를 검색(檢索)하는 것만으로 정리해 두었다.

1장에서 자세히 명식표 만드는 법을 설명하고 있다. 자기의 운명의 별을 알기 위해 매우 중요한 부분이니, 귀찮게 여기지 말고 잘 읽고 이해하고서 시작하기 바란다.

● 만물은 음양 오행(五行)의 밸런스로 성립되어 있다

갑 (甲)	을 (乙)	병 (丙)	정 (丁)	무 (戊)	기 (己)	경 (庚)	신 (辛)	임 (壬)	계 (癸)	✿	✿
자 (子)	축 (丑)	인 (寅)	묘 (卯)	진 (辰)	사 (巳)	오 (午)	미 (未)	신 (申)	유 (酉)	술 (戌)	해 (亥)

사주 추명학은 이 10의 간, 12의 지로 표현된 월력(月曆)이 중요한 근거가 된다.

갑자(甲子)라든가, 병오(丙午)라든가 하는 단어는 당신도 알고 있을 것이다. 갑이란 간, 자라는 지가 결합하여 갑자(甲子)라는 간지(干支)로 된다.

이 간지는 고대 중국의 음양 오행설(陰陽五行說)이라는 사상에 의해 생긴 것이다.

이 사상에서는 이 세상에 존재하는 모든 사물은 모두 목(木)의 성질을 띠는 것, 그리고 화(火)의 성질, 토(土)의 성질, 금(金)의 성질, 수(水)의 성질을 띠는 것으로 나누어져 있다. 그리고 이 다섯 가지의 성질(오행)이 때로는 융합(融合)하고, 때로는 배척하면서 만물을 형성해 가는 것이다. 목은 수에 의해 나서 자라고, 화를 일으킨다. 화는 수에게 세력을 억제당한다.

전기(電氣)에 플러스와 마이너스, 생물에 암컷과 수컷이 있듯이 오행에는 음과 양이 있다. 갑은 목의 성질의 양, 을은 목의 성질의 음. 화의 성질의 양이 병, 음이 정. 토의 양은 무, 음이 기. 금의 양은 경, 음이 신. 수의 양은 임, 음은 계. 결국 10간은 5행을 음과 양으로 나눈 것이다.

이 10간에 자(子)·인(寅)·진(辰)·오(午)·신(申)·술(戌)의 양의 지, 축(丑)·묘(卯)·사(巳)·미(未)·유(酉)

· 해(亥)의 음의 지가 하나씩 붙는다. 반드시 양의 간에는 양의 지, 음의 간에는 음의 지 밖에 붙지 않는다. 따라서 간지는 모두 60종이다.

당신의 명식표에는 우선 생년 · 월 · 일 · 시마다 4개의 간지가 줄지어지는 것이 된다. 그리고 당신이 태어나면서부터 지니고 있는 이 간지의 목(木) · 화(火) · 토(土) · 금(金) · 수(水)의 성질, 음과 양의 성질이 복잡하게 엉켜져서 당신의 인생 궤도(軌道)를 그려 내는 것이다.

사주 추명학은 천하(天下)의 흥망에서 인간의 사기(死期)까지도 예언하는 규모가 큰 점성술이다.

그러나 이 책에서는 지금 바로 알고 싶은 당신의 성격이나, 운세, 결혼, 사업 그리고 상성 등을 중심하여 쓰여진 것이다. 따라서 수백이나 있다는 길성 · 흉성 중에서도, 이들에게 영향이 적은 별이나 별로 힘이 세지 않은 별은 할애(割愛)하고 있다.

또 중국에서 생겨진 점이라서 사주 추명학에 등장하는 별에는 모두 한자명이 붙어 있다. 그 중에는 낯선 어려운 한자도 있을 것이다. 그렇다고하여 표나 한자 만으로 낡은 것이라고 경원(敬遠)하지 말기 바란다. 도리어 젊은 여성 특히, 사랑으로 고민하는 여성이야말로 사주 추명학을 활용해 주기 바란다.

인생에서 헤맬 때, 사랑에 좌절했을 때, 일을 선택할 때, 그럴 때에 이 책은 도움이 될 것이다. 물론 매우 심오한 학문이라서 여간해서는 이 책만으로는 모든 것을 알 리는 없다. 이 책을 읽고 조금이라도 사주 추명학에 흥미를 갖게 된 사람은 더 전문적인 책으로 공부하기 바란다. 가족이나

친구, 연인의 운명을 알게 된다. 당신을 지배하는 운명의 별
을 찾아보기로 하자.

1장
운명의 별을 찾는다
― 당신은 어떤 별 아래서 태어났는가?

◇ 당신의 별을 찾아보라 ◇

명식표를 만드는 법

당신은 어떤 별 아래서 태어났는가? 우선 당신의 운명을 결정하는 숙명의 별을 찾아보자. 그러자면 명식표를 만들지 않으면 안된다. 이 표에 당신의 성격과 운명이 감추어져 있다. 만일 틀린 별을 기입하거나 기입을 빠뜨리면 성격판단 · 운명판단에 아주 다른 결과가 나오고 만다. 착오 없도록 주의하여 기입하기 바란다.

1965년 3월 8일생의 김○○ 씨의 예를 들어 설명해 보기로 한다.

● 생년 · 월 · 일 · 시를 간지로 고쳐 기입한다

(1) 우선 ①난에 생년 · 월 · 일 · 시를 기입한다. 태어난 시간을 정확하게 아는 사람(육아 수첩에는 반드시 기입되어 있다)은 태어난 시간을 기입한다. 사주 추명은 본디 연 · 월 · 일 · 시의 사주로 판단하는 것이라서 태어난 시간을 모르는 사람은 연 · 월 · 일 삼주로 판단하게 된다. 그러나 당신이 성격이나 운세, 상성 등을 본다면 삼주로도 충분할 것이다.

(2) 다음에 권말의 월력을 보면 1965년 간지는 을사, 정도화(正桃華)는 자신으로 되어 있다. 이것을 ②, ③, ④에 기입한다.

김○○ 씨의 명식표

① 생년월일 1965년 3月 8日 오전 ○시 45분 生

② 正桃華一(子申) ㉜天德貴人(申) ㉝天德合(巳) ㉒羊刃(戌) ㉓空亡(子丑)

四柱	干		支		十二運
	吉凶星	運命星	運命星	吉凶星	
年柱	㉔	⑪〔偏財〕 ③ 乙	⑫〔偏官〕 ④ 巳	㉘天德合 駅馬 福生貴人 学士	⑱死
月柱	㉕月德合	⑬〔偏印〕 ⑤ 己	⑭〔偏財〕 ⑥ 卯 冲	㉙断橋 流霞 桃華殺	⑲絶
日柱	㉖	⑦ 辛	⑮〔比肩〕 ⑧ 酉	㉚将軍 金鎖 下情 紅艶 桃華殺	⑳建禄
時柱	㉗	⑯〔印綬〕 ⑨ 戊	⑰〔傷官〕 ⑩ 子 刑	㉛空亡 桃華殺	㉑長生

⑶ 동시에 3월의 간지 기묘를 ⑤, ⑥에 3월 8일의 간지 신 유를 ⑦, ⑧에 기입.

⑷ 태어난 시간의 간지는 시각의 간지표(33P)를 보고 기입 한다. 태어난 시간의 간지는 일간(⑦의 신(辛))에서 인 용한다. 김씨는 신(辛)일 오전 ○시 45분 생이라서 생시 의 간지는 무자(戊子), 이것을 ⑨에 기입한다.

단지,

　　A, 오후 11시 이후에 태어난 사람.

　　B, 월초의 1~6일 전후에 태어난 사람.

　　C, 입춘전에 태어난 사람은 각각 A생일을 다음날, B 생월을 전월(前月), C생년을 전년으로 생각한다. 특히 B, C의 사람은 권말의 간지력(干支曆)을 잘 보고 하 기를 바란다.

　　A, B, C에 해당하는 사람의 명식표의 기입 방법은 뒤 에 한번 다시 자세히 설명할 것이다.

● 운명을 지배하는 운명성을 기입한다

　명식표를 만들기 위해 ⑥의 월지(月支)(김씨라면 묘(卯)) 와 ⑦의 일간(日干)(신(辛))은 특히 중요하다. 틀리지는 않 았는가 한번 다시 확인한다. 이것으로 준비는 정리되었다. 그럼 운명성을 기입한다.

⑸ 24~28P의 일간에서의 조출표(繰出表)를 보기 바란다. 김씨의 일간, 신에서의 조출표를 보면 명식의 연간 을은 편재성(偏財星)에 해당한다. 이것을 ⑪에 기입한다.

⑹ 동시에 연지 사(巳)는 편관성(偏官星), 월간(月干) 기 (己)는 편인성(偏印星), 월지(月支) 묘(卯)는 편재성(偏

財星), 일지(日支) 유(酉)는 비견성(比肩星), 시간 무(戊)는 인수성(印綬星), 시지(時支) 자(子)는 상관성(傷官星)이라 ⑫~⑰에 기입한다. 덧붙여서 ⑦의 일간 신(辛)에는 운명성은 붙지 않는다.

(7) 다음에 조출표를 밑으로 더듬어 12운의 난을 보기 바란다.

사(巳)의 12운 사(死), 묘(卯)의 12운 절(絶), 유(酉)의 12운 건록(建祿), 자(子)의 12운 장생(長生)을 내어 ⑱~㉑에 기입한다.

● 일간의 조출표에서 길성·흉성을 기입한다'

(8) 대표적인 흉성 양인(羊刃)과 공망(空亡)도 내지 않으면 안된다. 우선 표의 좌측의 양인(羊刃)·공망(空亡) 난을 보면, 일간 신의 사람의 양인은 술(戌), 일간 신이며 일지 유(酉)의 사람의 공망은 자(子)와 축(丑)이다. 각각 ㉒, ㉓에 기입한다. 김씨의 명식표에 양인의 술은 보이지 않지만, 시지에 공망의 자가 있다. 이것을 ㉛에 기입한다.

(9) 다른 길흉성은 어떤가. 김씨의 연지 사(巳)에는 길성의 복생귀인(福生貴人), 학사(學士)가 붙는다. 이것을 ㉘에 기입한다.

월지 묘, 일지 유, 시지 자의 길성의 난에는 아무것도 붙어 있지 않는다.

또 흉성은 연지 사(巳)에는 붙어 있지 않으나, 월지 묘(卯)에는 유하(流霞)가, 연지 유(酉)에는 홍염(紅艶)이 붙어 있으니, 이것을 ㉙, ㉚에 기입한다.

● 월지의 조출표에서 길성·흉성을 기입한다

(10) 일간 신의 조출표에서 명식표에 기입, 빠진 것이 없으면 다음은 30P의 월지에서의 조출표를 보고, 일간과 같은 순서로 ㉔~㉛의 난에 길흉성을 기입한다. 월지 묘(卯)의 사람은 천덕귀인(天德貴人)이라는 길성이 신(申)에, 천덕합(天德合)이 사(巳)에 붙어 있다. 이것은 중요한 길성이라서 명식표의 난외 ㉜, ㉝에 써 두도록 한다. 김씨의 명식에는 연지에 사(巳)가 있는 탓에 길흉성의 연지 난, ㉘에도 천덕합을 기입한다.

(11) 다음에 김씨의 명식표의 연간 을(乙), 월간 기(己), 일간 신(辛), 시간 무(戊)에 대해 각각 조출표의 길흉성의 난을 더듬어 보면 을, 신, 무에 길흉성은 붙지 않으나 월간 기(己)에는 월덕합(月德合)이 붙어 있다.

(12) 또, 연지 사(巳)에는 역마(驛馬), 천덕합이라는 길성이 붙어 있으나, 흉성은 없고 일지 유(酉)에는 길성의 장군이, 흉성의 금소(金鎖)와 하정(下情)이, 월지 묘(卯)에는 단교(斷橋)가 붙어 있다. 「자(子)에는 백의(白衣)와 하정(下情)이 있으나, 이들 별은 시주(時柱)에는 붙지 않는다」

이들을 ㉔~㉛의 길흉성 난에 기입한다.

이와 같이하여, 명식표의 일간과 월지를 토대로 한 길흉성 조출표와 명식표의 사주의 간과 지를 비춰보며, 운명성이나 길흉성, 12운·천덕귀인·천덕합·공망·양인 등을 찾아내어 빠짐없이 명식표에 기입해간다.

● 일간, 월지에서의 조출표에 나타나지 않는 흉성

(13) 정도화(正桃華)라는 흉성은 생년의 간지에서 본다. 김씨

의 난해인 1965년의 정도화는 자(子)와 신(申), 연지, 월지, 일지에 있는 자와 신에 붙는다.

김씨는 시지에 자가 있으나, 정도화는 연·월·일지에 붙는 흉성이라서 시지는 관계 없다.

14 도화살(桃花殺)은 연지·월지·일지·시지의 사지에 자·묘·오·유 중에서 삼지가 만났을 때 붙는 흉성이다. 김씨의 월지에 묘, 일지에 유, 시지에 자가 있어서 ㉙, ㉚, ㉛에 기입한다.

● 별과 별의 상성을 본다

최후에 별끼리 서로 당기거나 방해하는 관계를 살펴본다. 33P의 합·충·형·천표를 보라. 김씨에게는 묘와 자가 형, 묘와 유가 충의 사이이다. 형도 충도 서로 방해하는 관계라서 파선(波線)으로「합은 실선(實線)」연결해 둔다.

이것으로 김○○ 씨의 명식표는 완성되었다.

오후 11시 이후에 태어난 사람에의 주의

사주 추명에서는 오후 11시를 하루의 경계선으로 정하고 있다. 따라서 오후 11시부터 오전 0시까지 태어난 사람은 익일을 탄생일로하여 간지를 기입한다. 가령 김○○ 씨가 1965년 3월 8일 오후 11시 5분에 태어났다면, 3월 9일을 태어난 날로 생각하여 권말력으로 3월 난과 9일 줄이 만나는 곳의 간지 임술(壬戌)을 ⑦, ⑧에 기입한다.

월의 6일 전후까지에 태어난 사람에의 주의

가령 3월 6일 전후의 경칩, 8월 8일의 전후를 입추와 같이 월력에서는 30일마다 기후의 전환기에 해당하는 날에 한서량난(寒暑凉暖)을 나타내는 이름을 붙여 절입(節入)이라고 하고 있다. 사주 추명에서는 절입날을 한달의 경계선으로 정해두고 있다. 따라서 절입날 전에 태어난 사람은 전달을 탄생월로 하여 간지를 기입한다. 권말력을 보기 바란다. 1965년 3월의 절입날은 6일, 만일 김씨가 절입 전의 3월 1일에서 5일까지에 태어났다면, 난달의 간지는 2월의 무인(戊寅)이며 이것을 ⑤, ⑥에 기입한다.

그런데 절입일은 해에 따라 하루 정도 전후하는 것이다. 월력을 보면, 1964년 3월의 전입일은 5일. 결국 같은 3월 5일생이라도 64년의 사람은 3월, 65년의 사람은 2월생이라고 생각하게 된다. 월초에 태어난 사람은 180P의 간지력을 보고, 태어난 달의 절입일을 확인해야 한다.

입춘 전에 태어난 사람에의 주의

매년 2월 4일 전후를 입춘이라 한다. 사주 추명에서는 입춘을 일년의 경계선으로 정하고 있다. 따라서 입춘전에 태어난 사람은 전년을 탄생년으로 하여, 간지를 기입한다. 225P의 간지력을 보기 바란다. 1965년의 입춘은 2월 4일, 따라서 1월 1일부터 2월 3일까지에 태어난 사람은 1964년의 간지·갑진을 ③, ④에 기입한다.

1965년 2월 1일 오후 11시 30분생의 사람의 간지는 오후 11시 이후 생인 탓에 생일은 익일의 2일이 된다. 65년의 절입일은 4일. 따라서 2월 1일생의 사람의 생월은 전월의 1월이다. 또 이 해의 입춘 2월 4일의 전날까지는 생년을 전년의 64년이라 생각한다.

결국, 이 사람의 생년의 간지는 갑진(甲辰), 생월은 정축(丁丑), 생일은 정해(丁亥), 생시는 경자(庚子)가 되는 것이다.

● 팔풍(八風), 녹마동군(祿馬同群), 괴강(魁罡), 일덕(日德)이 붙는 사람

갑자, 정축 등 생일의 간(⑦)이 갑이나 정의 사람에게는 일지의 길흉성 난(㉚)에 팔풍에 붙는 가능성이 있다. 또 갑인, 병진 등 생일의 지(⑧)가 인(寅)이나 진(辰)이나 술(戌)의 사람에는 (㉚)의 난에 일덕이 붙을 가능성이 있다. 특히 주의하여 24P의 조출표를 보기 바란다.

녹마동군은 임오일이나 계사일생의 사람의 일주(日柱)에만 붙는 길성이다. 또 괴강이라는 별은 생일의 간지(⑦, ⑧)가 무술(戊戌), 경진(庚辰), 경술(庚戌), 임진(壬辰)의 사람의 일주에만 붙지 않는다.

틀리기 쉬운 것은 팔풍, 이 별은 생일의 간지와 생월의 지(⑥)의 양쪽을 보지 않으면 안된다. 예를 들면 29P의 월지(月支)의 조출표의 월지가 자(子)의 사람은 생일의 갑인이나 갑술생의 사람에만 팔풍이 붙는 것이다.

다른 날에 태어난 사람에게는 팔풍은 없다.

☆ 일간(日干)에서의 조출표(繰出表)

日干 甲

年月時 天干	甲	乙	丙	丁	戊	己	庚	辛	壬	癸
運命星	比肩	敗財	食神	傷官	偏財	正財	偏官	正官	偏印	印綬

年月日時 地支	子	丑	寅	卯	辰	巳	午	未	申	酉	戌	亥
運命星	偏印	正財	比肩	敗財	偏財	傷官	食神	正財	偏官	正官	偏財	印綬
十二運	沐浴	冠帶	建禄	帝旺	衰	病	死	墓	絶	胎	養	長生
吉星	*学生貴人		°福德貴人 日德			金輿禄*						暗禄
凶星				羊刃						紅艶	*飛刃 流霞	

羊刃、卯

空亡—日支에서 본다

- 子) 戌亥
- 戌) 申酉
- 申) 午未
- 午) 辰巳
- 辰) 寅卯
- 寅) 子丑

日干 乙

年月時 天干	甲	乙	丙	丁	戊	己	庚	辛	壬	癸
運命星	劫財	比肩	傷官	食神	正財	偏財	正官	偏官	印綬	偏印

年月日時 地支	子	丑	寅	卯	辰	巳	午	未	申	酉	戌	亥
運命星	印綬	偏財	劫財	比肩	正財	食神	傷官	偏財	正官	偏官	正財	偏印
十二運	病	衰	帝旺	建禄	冠帶	沐浴	長生	養	胎	絶	墓	死
吉星		福生貴人					金輿禄*				暗禄	*学士
凶星					羊刃		紅艶				流霞* 飛刃	

羊刃、辰

空亡—日支에서 본다

- 丑) 戌亥
- 亥) 申酉
- 酉) 午未
- 未) 辰巳
- 巳) 寅卯
- 卯) 子丑

注) • 인(印)의 길흉성은 시주에는 붙지 않는다
° 인(印)의 길흉성은 일주에만 붙는다

日干　丙

年干 月干 時干	甲	乙	丙	丁	戊	己	庚	辛	壬	癸
運命星	偏印	印綬	比肩	敗財	食神	傷官	偏財	正財	偏官	正官

羊刃、午

空亡—日支에서 본다

- 寅) 戌亥
- 子) 申酉
- 戌) 午未
- 申) 辰巳
- 午) 寅卯
- 辰) 子丑

年支 月支 日支 時支	子	丑	寅	卯	辰	巳	午	未	申	酉	戌	亥
運命星	偏官	傷官	偏印	印綬	食神	敗財	比肩	傷官	偏財	正財	食神	正官
十二運	胎	養	長生	沐浴	冠帯	建禄	帝旺	衰	病	死	墓	絶
吉星		福生貴人		福生貴人	*学士	°日徳			金輿禄	暗禄		
凶星		*飛刃	紅艶				羊刃		流霞			

日干　丁

年干 月干 時干	甲	乙	丙	丁	戊	己	庚	辛	壬	癸
運命星	印綬	偏印	劫財	比肩	傷官	食神	正財	偏財	正官	偏官

羊刃、未

空亡—日支에서 본다

- 卯) 戌亥
- 丑) 申酉
- 亥) 午未
- 酉) 辰巳
- 未) 寅卯
- 巳) 子丑

年支 月支 日支 時支	子	丑	寅	卯	辰	巳	午	未	申	酉	戌	亥
運命星	正官	食神	印綬	偏印	傷官	比肩	劫財	食神	正財	偏財	傷官	偏官
十二運	絶	墓	死	病	衰	帝旺	建禄	冠帯	沐浴	長生	養	胎
吉星			*学士						暗禄	金輿禄* 福生貴人		
凶星		*飛刃						紅艶 羊刃		流霞		

注) * 인(印)의 길흉성은 시주에는 붙지 않는다
　° 인(印)의 길흉성은 일주에만 붙는다

日干 戊

年干月干時干 \	甲	乙	丙	丁	戊	己	庚	辛	壬	癸
通命星	偏官	正官	偏印	印綬	比肩	敗財	食神	傷官	偏財	正財

羊刃、午

空亡 — 日支에서 본다

辰)	戌亥
寅)	申酉
子)	午未
戌)	辰巳
申)	寅卯
午)	子丑

年月日時 支支支支 \	子	丑	寅	卯	辰	巳	午	未	申	酉	戌	亥
通命星	偏財	敗財	偏官	正官	比肩	印綬	偏印	敗財	食神	傷官	比肩	正財
十二運	胎	養	長生	沐浴	冠帶	建祿	帝旺	衰	病	死	墓	絶
吉星						。日德	*学士	金與祿	*暗祿	福生貴人		
凶星	*飛刃					紅艷	流霞 羊刃				。魁罡	

日干 己

年干月干時干 \	甲	乙	丙	丁	戊	己	庚	辛	壬	癸
通命星	正官	偏官	印綬	偏印	劫財	比肩	傷官	食神	正財	偏財

羊刃、未

空亡 — 日支에서 본다

巳)	戌亥
卯)	申酉
丑)	午未
亥)	辰巳
酉)	寅卯
未)	子丑

年月日時 支支支支 \	子	丑	寅	卯	辰	巳	午	未	申	酉	戌	亥
通命星	正財	比肩	正官	偏官	劫財	偏印	印綬	比肩	傷官	食神	劫財	偏財
十二運	絶	墓	死	病	衰	帝旺	建祿	冠帶	沐浴	長生	養	胎
吉星						*学士		暗祿 福生貴人	*金與祿			
凶星		*飛刃				紅艷	流霞	羊刃				

注) * 인(印)의 길흉성은 시주에는 붙지 않는다
　　° 인(印)의 길흉성은 일주에만 붙는다

日干　庚

年干 月干 時干	甲	乙	丙	丁	戊	己	庚	辛	壬	癸
運命星	偏財	正財	偏官	正官	偏印	印綬	比肩	敗財	食神	傷官

羊刃、酉

空亡 — 日支에서 본다
- 午) 戌亥
- 辰) 申酉
- 寅) 午未
- 子) 辰巳
- 戌) 寅卯
- 申) 子丑

年支 月支 日支 時支	子	丑	寅	卯	辰	巳	午	未	申	酉	戌	亥
運命星	傷官	印綬	偏財	正財	偏印	偏官	正官	印綬	比肩	敗財	偏印	食神
十二運	死	墓	絶	胎	養	長生	沐浴	冠帶	建禄	帝旺	衰	病
吉星					°日德	暗禄	福生貴人 *学士				*金輿禄	
凶星		*飛刃			°流霞 魁罡					羊刃	°紅艶 魁罡	

日干　辛

年干 月干 時干	甲	乙	丙	丁	戊	己	庚	辛	壬	癸
運命星	正財	偏財	正官	偏官	印綬	偏印	劫財	比肩	傷官	食神

羊刃、戌

空亡 — 日支에서 본다
- 未) 戌亥
- 巳) 申酉
- 卯) 午未
- 亥) 寅卯
- 丑) 辰巳
- 酉) 子丑

年支 月支 日支 時支	子	丑	寅	卯	辰	巳	午	未	申	酉	戌	亥
運命星	食神	偏印	正財	偏財	印綬	正官	偏官	偏印	劫財	比肩	印綬	傷官
十二運	長生	養	胎	絶	墓	死	病	衰	帝旺	建禄	冠帶	沐浴
吉星						暗禄	福生貴人 *学士					°金輿禄
凶星		流霞				*飛刃				°紅艶	羊刃	

注) ▪ 인(印)의 길흉성은 시주에는 붙지 않는다
　　° 인(印)의 길흉성은 일주에만 붙는다

日干 壬

年干月干時干	甲	乙	丙	丁	戊	己	庚	辛	壬	癸
運命星	食神	傷官	偏財	正財	偏官	正官	偏印	印綬	比肩	敗財

羊刃、子

空亡—日支에서 본다	
申)	戌亥
午)	申酉
辰)	午未
寅)	辰巳
子)	寅卯
戌)	子丑

年支月支日支時支	子	丑	寅	卯	辰	巳	午	未	申	酉	戌	亥
運命星	比肩	正官	食神	傷官	偏官	正財	偏財	正官	偏印	印綬	偏官	敗財
十二運	帝旺	衰	病	死	墓	絶	胎	養	長生	沐浴	冠帯	建禄
吉星		金輿*禄	暗禄			福生貴人	°同禄群馬			*学士	°日徳	
凶星	紅艶/羊刃					魁正	*飛刃					流霞

日干 癸

年干月干時干	甲	乙	丙	丁	戊	己	庚	辛	壬	癸
運命星	傷官	食神	正財	偏財	正官	偏官	印綬	偏印	劫財	比肩

羊刃、丑

空亡—日支에서 본다	
酉)	戌亥
未)	申酉
巳)	午未
卯)	辰巳
丑)	寅卯
亥)	子丑

年支月支日支時支	子	丑	寅	卯	辰	巳	午	未	申	酉	戌	亥
運命星	劫財	偏官	傷官	食神	正官	偏財	正財	偏官	印綬	偏印	正官	比肩
十二運	建禄	冠帯	沐浴	長生	養	胎	絶	墓	死	病	衰	帝旺
吉星		暗禄	金輿*福生貴人			°同禄群馬				*学士		
凶星		羊刃	流霞						*飛刃		紅艶	

注) ▪ 인(印)의 길흉성은 시주에는 붙지 않는다
° 인(印)의 길흉성은 일주에만 붙는다

☆ 월지(月支)에서의 조출표

月支 子

年月日時	甲	乙	丙	丁	戊	己	庚	辛	壬	癸
吉星			a月空	b月德合					b月德貴人	
凶星	○八風 寅·戌									

年月日時	子	丑	寅	卯	辰	巳	午	未	申	酉	戌	亥
吉星			c駅馬			天德貴人 将軍			天德合 将軍			将軍
凶星	金鎖 断橋 下情		暴敗	暴敗		地耗	暴敗 下情 血刃	深水	天耗	白衣		深水

月支 丑

年月日時	甲	乙	丙	丁	戊	己	庚	辛	壬	癸
吉星	a月空	天德合 b月德合					天德貴人 b月德貴人			
凶星	○八風 寅·戌									

年月日時	子	丑	寅	卯	辰	巳	午	未	申	酉	戌	亥
吉星						将軍			将軍			c駅馬 将軍
凶星	下情	金鎖	暴敗	暴敗	白衣		暴敗 下情	深水 地耗		天耗		深水 断橋 血刃

月支 寅

年月日時	甲	乙	丙	丁	戊	己	庚	辛	壬	癸
吉星			b月德貴人	天德貴人			b月德合	天德合 a月空		
凶星				○八風 丑·巳						

年月日時	子	丑	寅	卯	辰	巳	午	未	申	酉	戌	亥
吉星				将軍				c駅馬	将軍	将軍		
凶星	下情 天耗	下情 血刃	下情 水深 断橋			白衣	暴敗	金鎖 深水	下情 地耗		暴敗	暴敗

注) 천덕·월덕 이외의 길흉성은 시주에 붙지 않는다
a 인(印)의 별은 월주·일주에만 붙는다
b 인(印)의 별은 연주에는 붙지 않는다
c 인(印)의 별은 연주에만 붙는다
° 인(印)의 별은 일주에만 붙는다

月支 卯

年月日時 干干干干	甲	乙	丙	丁	戊	己	庚	辛	壬	癸
吉星	b月德貴人					b月德合	a月空			
凶星				。八風 丑・巳						

年月日時 支支支支	子	丑	寅	卯	辰	巳	午	未	申	酉	戌	亥
吉星				将軍		天徳合 c駅馬			天徳貴人	将軍	将軍	
凶星	白衣 下情	下情	下情 深水 天耗	断橋			暴敗 血刃	深水	下情 金鎖	暴敗	地耗 暴敗	

月支 辰

年月日時 干干干干	甲	乙	丙	丁	戊	己	庚	辛	壬	癸
吉星			a月空	天徳合 b月徳合					天徳貴人 b月徳貴人	
凶星				。八風 丑・巳						

年月日時 支支支支	子	丑	寅	卯	辰	巳	午	未	申	酉	戌	亥
吉星			c駅馬	将軍					将軍	将軍		
凶星	下情	地耗 白衣 下情	下情 深水 血刃		天耗		暴敗	深水 断橋	下情	暴敗 金鎖	暴敗	

月支 巳

年月日時 干干干干	甲	乙	丙	丁	戊	己	庚	辛	壬	癸
吉星	a月空	b月徳合	天徳合				b月徳貴人	天徳貴人		
凶星	。八風 辰・申									

年月日時 支支支支	子	丑	寅	卯	辰	巳	午	未	申	酉	戌	亥
吉星	将軍			将軍			将軍					c駅馬
凶星	暴敗	断橋		地耗	暴敗	暴敗 下情	天耗	深水	白衣 血刃		下情	金鎖 下情

注) 천덕・월덕 이외의 길흉성은 시주에 붙지 않는다
　a 인(印)의 별은 월주・일주에만 붙는다
　b 인(印)의 별은 연주에는 붙지 않는다
　c 인(印)의 별은 연주에만 붙는다
　d 인(印)의 별은 일주에만 붙는다

月支　午

年月日時\干干干干	甲	乙	丙	丁	戊	己	庚	辛	壬	癸
吉星			b 月德貴人					b 月德合	a 月空	
凶星	○八風 申·辰									

年月日時\支支支支	子	丑	寅	卯	辰	巳	午	未	申	酉	戌	亥
吉星	将軍		天德合	将軍				将軍	c 駅馬		天德貴人	
凶星	金鎖暴敗			白衣血刃	暴敗	地耗暴敗下		深水	天耗		断橋下情	下情

月支　未

年月日時\干干干干	甲	乙	丙	丁	戊	己	庚	辛	壬	癸
吉星	天德貴人 b月德貴人					天德合 b月德合			a 月空	
凶星	○八風 辰·申									

年月日時\支支支支	子	丑	寅	卯	辰	巳	午	未	申	酉	戌	亥
吉星	将軍			将軍		c 駅馬		将軍				
凶星	暴敗	金鎖			暴敗	暴敗下情		地耗深水		血刃	天耗白衣下情	下情

月支　申

年月日時\干干干干	甲	乙	丙	丁	戊	己	庚	辛	壬	癸
吉星		a 月空	b 月德合	天德合				b 月德貴人	天德貴人	
凶星			○八風 未·亥							

年月日時\支支支支	子	丑	寅	卯	辰	巳	午	未	申	酉	戌	亥
吉星		将軍	c 駅馬 将軍				将軍					
凶星	大耗	暴敗下情		深水	断橋血刃				金鎖暴敗下情	深水地耗暴敗		白衣

注) 천덕·월덕 이외의 길흉성은 시주가 붙지 않는다
　　a 인(印)의 별은 월주·일주에만 붙는다
　　b 인(印)의 별은 연주에는 붙지 않는다
　　c 인(印)의 별은 연주에만 붙는다
　　○인(印)의 별은 일주에만 붙는다

月支 酉

十干 / 年月日時	甲	乙	丙	丁	戊	己	庚	辛	壬	癸
吉星	a月空	b月德合					b月德貴人			
凶星				○八風 未・亥						

支支支支 / 年月日時	子	丑	寅	卯	辰	巳	午	未	申	酉	戌	亥
吉星		将軍	天德貴人 将軍				将軍					天德合 c駅馬
凶星		暴敗 下情	天耗	深水		断橋	白衣		暴敗 下情	金鎖 暴敗 深水	血刃	地耗

月支 戌

十干 / 年月日時	甲	乙	丙	丁	戊	己	庚	辛	壬	癸
吉星		天德貴人 b月德貴人					天德合 b月德合	a月空		
凶星				○八風 未・亥						

支支支支 / 年月日時	子	丑	寅	卯	辰	巳	午	未	申	酉	戌	亥
吉星		将軍	将軍				将軍	c駅馬				
凶星	地耗 敗下情		深水	天耗	血刃	断橋	白衣		暴敗 下情	暴敗 深水	金鎖	

月支 亥

十干 / 年月日時	甲	乙	丙	丁	戊	己	庚	辛	壬	癸
吉星	b月德貴人	天德貴人				b月德合	天德合		a月空	
凶星	○八風 寅・戌									

支支支支 / 年月日時	子	丑	寅	卯	辰	巳	午	未	申	酉	戌	亥
吉星				c駅馬 将軍				将軍			将軍	
凶星	下情		白衣 暴敗	地耗 暴敗			天耗 敗下情	断橋 深水			金鎖 暴深水 血刃	

注) 천덕・월덕 이외의 길흉성은 시주에는 붙지 않는다
a 인(印)의 별은 월주・일주에만 붙는다
b 인(印)의 별은 연주에는 붙지 않는다
c 인(印)의 별은 연주에만 붙는다
○ 인(印)의 별은 일주에만 붙는다

시각(時刻)의 간지표(干支表)

生時 / 生日干	午後 11時~	午前 1時~	午前 3時~	午前 5時~	午前 7時~	午前 9時~	午前 11時~	午後 1時~	午後 3時~	午後 5時~	午後 7時~	午後 9時~
甲己	甲子	乙丑	丙寅	丁卯	戊辰	己巳	庚午	辛未	壬申	癸酉	甲戌	乙亥
乙庚	丙子	丁丑	戊寅	己卯	庚辰	辛巳	壬午	癸未	甲申	乙酉	丙戌	丁亥
丙辛	戊子	己丑	庚寅	辛卯	壬辰	癸巳	甲午	乙未	丙申	丁酉	戊戌	己亥
丁壬	庚子	辛丑	壬寅	癸卯	甲辰	乙巳	丙午	丁未	戊申	己酉	庚戌	辛亥
戊癸	壬子	癸丑	甲寅	乙卯	丙辰	丁巳	戊午	己未	庚申	辛酉	壬戌	癸亥

합(合)·충(沖)·형(刑)·천(穿)

	子	丑	寅	卯	辰	巳	午	未	申	酉	戌	亥
子		合		刑			沖	穿				
丑	合						穿	沖刑			刑	
寅						刑穿			沖刑			合
卯	刑				穿					沖	合	
辰				穿	刑					合	沖	
巳			刑穿						合刑			沖
午	沖	穿					刑	合				
未	穿	沖刑					合				刑	
申			沖刑			合刑						穿
酉				沖	合					刑	穿	
戌		刑		合	沖			刑		穿		
亥			合			沖			穿			刑

子午亥 ——— 刑

삼합(三合)

子辰申 ——— 合
午戌寅 ——— 合
酉丑巳 ——— 合
卯未亥 ——— 合

간합(干合)

甲己 ——— 合
乙庚 ——— 合
丙辛 ——— 合
丁壬 ——— 合
戊癸 ——— 合

도화살(桃華殺)

명식표의 사주는 연지·월지·일지·시지의 사지에 자·묘·오·유 중에서 3지가 있을 때

◎ 명식표 작성의 순서

(예) 1965년 3월 8일 오전 ○시 45분 생의 김○○ 씨

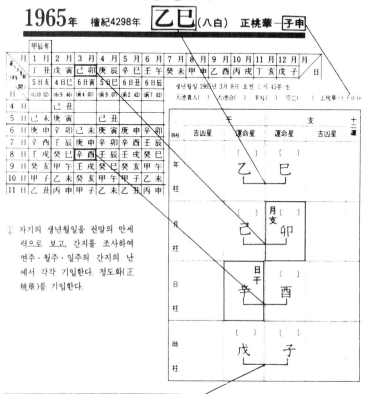

① 자기의 생년월일을 권말의 만세
   력으로 보고, 간지를 조사하여
   연주·월주·일주의 간지의 난
   에서 각각 기입한다. 정도화(正
   桃華)를 기입한다.

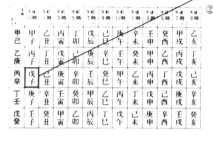

② 태어난 시각을 아는 사람은 33P의 시각의 간지
   표를 보고 생시의 간지를 조사하여 기입한다.
   보는 방법은 자기의 일주의 간(김씨의 경우는
   신)으로 생신을 찾는다. 김씨는 오전 ○시 45분
   생이지만 시각의 간지표에서는 오후 11시~1시
   까지에 태어난 것으로, "오후 11시~"인 곳과
   일간의 신 난의 교차하는 간지(무자(戊子))가
   김씨의 시각의 간지로 된다. 시주의 간지의 난
   에 무자를 기입한다.

생년월일 1965년 3월 8일 오전 ○시 45분 生

天德貴人( ) 天德合( ) 羊刃(戌) 空亡(子丑)

正桃華一(子申)

日 干 辛

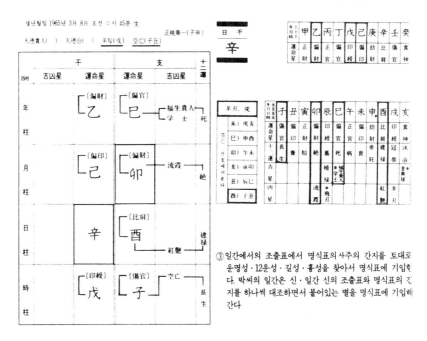

③일간에서의 조출표에서 명식표의 사주의 간지를 토대로 운명성·12운성·길성·흉성을 찾아서 명식표에 기입한다. 박씨의 일간은 신·일간 신의 조출표와 명식표의 간지를 하나씩 대조하면서 붙어있는 별을 명식표에 기입해 간다

④일간에서의 조출표에서 양인·공망을 조사한다. 김씨의 양인은 술(戌)·공망은 일지를 토대로 찾는다. 김씨의 일지는 유(酉)·공망의 표의 유라는 곳을 보면 자축이다. 이것을 난외의 공망 난에 기입한다.

합(合)·충(沖)·형(刑)·천(穿)

삼합(三合)

子辰申————合
午戌寅————合
酉丑巳————合
卯未亥————合

간합(干合)

甲己————合
乙庚————合
丙辛————合
丁壬————合
戊癸————合

도화살(桃華殺)

명식표의 사주는 연지·일지·일지·시지의 사지에 자·묘·오·유 중에서 3지가 있다

子午卯————刑

김씨는 묘와 유가 충(沖), 묘와 자가 형(刑)의 관계에 있다

도화살은 묘와 유와 자가 있어서 각기의 난에 이것을 기입한다.

月支		甲	乙	丙	丁	戊	己	庚	辛	壬	癸
卯	吉星		天乙貴人				月德合		月空		
	凶星				・八專 月・日						

月支		子	丑	寅	卯	辰	巳	午	未	申	酉	戌
卯	吉星				将軍		天德合 駅馬			天乙貴人	将軍	将軍
	凶星	白衣 下情	下情	上情水死 血海天殺	斷橋			羊敗 血刃	流水		下情金鎖	暴敗

⑤ 월지에서의 조출표를 보고, ③과 같이 명식표의 간지와 대조하면서 사주의 간지에 붙어있는 길성·흉성을 명식표에 기입한다.

⑥ 천덕귀인, 천덕합에 붙어있는 간지를 찾아서 명식표에 기입한다.
김씨의 경우는 월지가 묘. 묘의 조출표를 보니, 천덕귀인은 신(申)에, 천덕합은 사(巳)에 붙어 있으나 명식표의 난외에 기입해 둔다.

생년월일 1965年 3月 8日 오전 ○시 45분 生
正桃華─(子申) 天德貴人(申) 天德合(巳) 羊双(戌) 空亡(子丑)

四柱	干		支		十二運
	吉凶星	運命星	運命星	吉凶星	
年柱		〔偏財〕 乙	〔偏官〕 巳	大德合 駅馬 福生貴人 学士	死
月柱	月德合	〔偏印〕 己	〔偏財〕 卯	斷橋 流霞	絶
日柱		辛	〔比肩〕 酉	将軍 金鎖 下情 紅艶	建祿
時柱		〔印綬〕 戊	〔傷官〕 子	空亡	長生

⑦ 33P의 합·충·형·천. 3합, 간합, 도화살의 표를 조사하여 명식표의 사주에 이들의 조합(組合)된 것이 있나 없나를 점검한다. 조합된 것이 있으면 ─선으로, 형·충·천은 〰〰으로 간지를 서로 연결해 둔다.

생년월일 1965年 3月 8日 오전 ○시 45분 生
正桃華─(子申) 天德貴人(申) 天德合(巳) 羊双(戌) 空亡(子丑)

四柱	干		支		十二運
	吉凶星	運命星	運命星	吉凶星	
年柱		〔偏財〕 乙	〔偏官〕 巳	天德合 駅馬 福生貴人 学士	死
月柱	月德合	〔偏印〕 己	〔偏財〕 卯 冲	斷橋 流霞 桃華殺	絶
日柱		辛	〔比肩〕 酉	将軍 金鎖 下情 紅艶 桃華殺	建祿
時柱		〔印綬〕 戊	〔傷官〕 子 刑	空亡 桃華殺	長生

命式表(명식표)

生年月日　　年　月　日　時　分生　　　　　　　　　正桃華－(　　)

姓名　　　　　天德貴人(　　)天德合(　　)　羊刃(　　)　空亡(　　)

四柱	干		支		十二運
	吉凶星	運命星	運命星	吉凶星	
年柱		〔　　〕	〔　　〕		
月柱		〔　　〕	〔　　〕		
日柱		〔　　〕	〔　　〕		
時柱		〔　　〕	〔　　〕		

命式表(명식표)

生年月日　　年　月　日　時　分生　　　　　　　　　正桃華－(　　)

姓名　　　　　天德貴人(　　)天德合(　　)　羊刃(　　)　空亡(　　)

四柱	干		支		十二運
	吉凶星	運命星	運命星	吉凶星	
年柱		〔　　〕	〔　　〕		
月柱		〔　　〕	〔　　〕		
日柱		〔　　〕	〔　　〕		
時柱		〔　　〕	〔　　〕		

2장
사주 추명의 별들
– 운명성, 길흉성, 12운성이 말하는 당신의 성격과 운세

◇ 당신 자신을 암시하는 운명성 ◇

● 명식표의 사주에 붙는 운명성의 뜻

명식표를 만들고 난 당신은 약간 어리둥절할지도 모른다. 어려운 한자로만 쓰여진 이 표에서 정말 자신의 운명을 알 수 있을까라고 반신 반의할지도 모른다.

사주 추명의 연·월·일·시의 사주는 각각 암시하는 운명의 분야를 담당하고 있다. 우선 그것을 조금 설명해 둔다.

연주(年柱)	조상이나 양친의 숙명, 중년이후~환갑(60세)정도까지의 운세.
월주(月柱)	결혼상대, 형제 자매의 숙명, 인간관계의 숙명, 중년운.
일주(日柱)	당신 자신의 숙명. 배우자 등 당신과 침식을 함께하고, 가장 깊은 관련이 있는 사람과의 관계.
시주(時柱)	회갑이 지난 당신 만년의 운세와 자손의 숙명.

그러나 각각의 주를 분리하여 생각할 수는 없다. 양친이나 결혼상대와의 관계를 무시하고 당신의 일생을 점치는 일은 불가능한 것이다.

다음에 당신의 명식표의 운명성 난을 보기 바란다. 각각의 간지의 오른쪽 어깨의 괄호안의 편관성이나 편재성, 비견성이나 식신성, 편인성 등이라는 운명성들이 당신의 성격이나 이제부터 어떤 운명이 기다리고 있는가를 말하고 있는 것이다.

운명성은 명식 중에서도 가장 중요한 별이며 사주 추명의 주역(主役)이다. 12운성이나 길흉성들은 그 주인공을 북돋우는 조역(助役)들이다. 특히 일지(日支)(1장에서 만든 명식표 ⑮의 난)에 있는 운명성은 당신 자신을 강하게 암시하고 있다. 편관성(偏官星), 편재성(偏財星), 편인성(偏印星), 식신성(食神星), 비견성(比肩星)은 일지에 붙는 운명성. 일지의 별을 보면 틀림없이 당신은 이제까지 몰랐던, 생각하지 못했던 자기자신을 만날 것이다. 또 정관성(正官星), 정재성(正財星), 인수성(印綬星), 상관성(傷官星), 겁재성(劫財星), 패재성(敗財星)의 페이지는 당신이 어느것을 명식으로 많이 가지고 있는가를 그 별에서 보기 바란다. 그 별이 당신의 성격이나 운세에 강한 영향을 주고 있다.

인간의 운명은 여간해서 한 두 페이지로는 모두 말할 수 없을 것이다. 비록 나쁜 별이 붙어 있더라도 너무 비관해서는 안된다. 사주 추명으로 자기의 운명의 약점을 발견하면 이것을 미연에 방지하기 위해 노력을 하면 된다. 게다가 무대가 주인공(主人公) 만으로는 진행되지 않는 것처럼, 운명에도 12운성(十二運星)이나 길흉성(吉凶星)이라는 조연자(助演者)가 있어서 운명성을 돕거나 방해하거나 한다.

이런 조역들이 주역의 그림자를 엷게 할 정도의 활약을 보일 일도 있을 것이다. 또 충(沖)이나 형(刑), 천(穿)의 운명의 장난꾼. 이것이 붙는 별은 서로 방해를 하고 힘을 약화한다. 행운을 부르는 별도 이 방해의 덕택으로 길세(吉勢)를 약화하거나 반대로 흉성에 붙으면 흉운을 행복으로 인도하기도 한다. 충이 대파(大破)로 가장 강력한 방해, 형은 중파(中破), 천은 소파(小破)에 해당한다. 형(刑)·충

(沖)·천(穿)·간합·지합·삼합에 관해서는 5장에서 한번
설명한다.

기품이 넘치는 양가(良家) 자녀의 이미지……정관성(正官星)

깔끔하고 호감을 주는 별로 인망이 있고 지도자가 되려는 사람에게는 필요한 별이다. 정관성은 남성에게는 입신 출세의 별, 여성에게는 좋은 남편을 얻게 되는 양연(良緣)의 별이라 말하고 있다.

공망(空亡)이나 양인(羊刃), 충(沖)·형(刑)에 방해당하지 않는 정관성이 하나만 있으면 유능하고 가정을 소중하게 여기는 남편에 복받아 한평생 행복한 결혼생활을 보내게 될 것이 약속된다. 단지 남편을 나타내는 정관성이 몇 개나 있으면, 한 번의 결혼으로는 끝나지 않을지도 모른다. 가령 정관성이 하나뿐이라도 상관성이 명식에 있는 여성은 역시 인연이 변하기 쉬울 것이다. 공망(空亡)이나 충(沖)·형(刑)에 방해받고 있으면 남편이 병약(病弱)하거나 미망인이 될 걱정이 있다. 방해당하지 않은 정관성을 하나만 명식에 갖고 있는 여성은 대기업의 OL이나 공무원으로서도 성공, 관리직에의 길을 걷는다. 인수성이나 정재성, 편재성이 있으면 스스로 사장이 되든가 사장 부인이 될지도 모른다.

◇

이 별에 적합한 직업

국가 공무원/외교관/경영고문/정치·경제평론가/정치가/의사/기술자/인사 경리사무/영업여성/경찰관/재판관/시장인/상품진열사/아나운서/출판사의 편집장/자치단체의 지사/대기업의 OL에서 중역/사장/교사

● 연주에 붙는 정관성

양친으로부터 원조를 얻어 한평생 행복할 것이다. 아무 부자유없이 자란 양가의 아가씨인지도 모른다. 공망이 붙어 있지 않으면 유산이나 가업을 상속할 수도 있다.

● 월주에 붙는 정관성

추명학상 최고의 길성이라 여긴다. 무엇을 하거나 어떤 경우에도 부품이 돌아오는 행운의 사람, 월간보다 월지에 있는 정관성이 더 행운의 암시이다.

공망·양인·충·형·천에 방해받지 않고, 다른 주에 상관성을 갖지 않은 정관성이 12운의 관대(冠帶)·건록(建祿)·장생(長生)의 어느 것을 거느리면 옛부터 존경받는 순기관성(純氣官星). 범(犯)할 수 없는 기품과 위엄을 갖추고 많은 사람의 뒷자리에 서는, 바로 여왕의 명식이 된다. 다만, 이 별을 갖는 사람은 꼼꼼하고 융통성이 없는 갑갑한 인상을 주는 일이 있다.

● 일주에 붙는 정관성

정관성은 일주에는 붙지 않는 별이다.

● 시주에 붙는 정관성

큰 집에서 풍족한 노후(老後)를 보낼지도 모른다. 사람들을 위하고 지도자의 처지에 서는 사람도 있다. 12운에 사(死)·묘(墓)·절(絶)이 붙으면 자식 복이 없을 수도 있다.

파란 만장의 생활이 어울리는 격정 (激情)의 별……편관성(偏官星)

편관칠살(偏官七殺)이란 말이 있다. 권력지향형으로 논쟁을 즐기고 술이나 불륜에 빠지기 쉽고 감정적(感情的)이다. 결국 편관성은 분쟁을 일으키는 사람이라는 것이다. 게다가 성미가 급하고 완고하여 자제가 안된다. 자기 스스로 위험한 것에 뛰어들기도 한다. 명식에 식신성이나 인수성이 있으면 이 칠살은 없어지고, 편관성이 정관성과 같이 작용한다. 편관성을 억제하는 별이 없는 사람은 성격이 거친 면을 잘 살려야 한다. 성급한 것은 조심해야 한다. 이 별을 갖는 사람은 용감하고 행동력이 있다. 상식적인 생활은 하지 않고 파란(波瀾)이 심한 인생을 보내는 사람이 많다.

이 별은 또 여성의 명식으로는 애인의 존재나 남운(男運)이 변하기 쉬운 것을 암시한다. 편관성을 많이 갖는 여성은 즐기거나 즐기지 않거나를 불구하고 연애 편력(遍歷)을 거듭한다. 특히, 상관성이나 양인을 명식에 갖는 사람은 복잡한 남성관계를 피해야 한다.

––––––––––––––––––––––––––––––– ◇ –––––––––––––––––––––––––––––––

이 별에 적합한 직업

알선업/수사관/경호원/주간지 기자/신문기자/사진작가/디자이너/편집자/
방송작가/항공관제관/입국경비관/병무관/재판관/가수/교사/검사/회사사장

● 연주에 붙는 편관성

결혼에 이르지 않을 남성관계가 생길 암시이다. 가령 결혼한 뒤에라도 애인을 만들기 쉽다. 다른 주에도 이 별이 많이 있으면 남성관계가 많은 사람이라 하겠다.

● 월주에 붙는 편관성

파란 만장—— 이것이 당신이 걸아갈 길이다. 가령 여두목, 여성 장관과 같은 여성으로서는 매우 귀한 걸출(傑出)한 처지에 이르거나 반대로 남자에 업혀서 범죄로 달리는 것 같은 위험도 있다. 어느쪽이든 탈선성의 생활을 할 것이다.

● 일주에 붙는 편관성

다른 주에 식신성이나 인수성이 있으면 이성(理性)의 제동이 작용하여 부운(夫運), 자식운 모두 뛰어난 인생이 된다. 없는 경우는 칠살(七殺)의 과격한 면이 당신의 성격에 나타난다. 영감(靈感), 직관력이 뛰어나 사람의 기분을 재빨리 눈치 채는 반면, 성미가 급하고 반항심이 강해서 집단 속에서 고립하기 쉽고, 대인관계에는 어려움이 많을 것이다. 큰 회사나 조직 속에서는 뜻대로 활약하지 못하여 불만이 쌓일 수도 있다.

● 시주에 붙는 편관성

자식복이 없는 것을 암시한다. 가령 출산하더라도 외동일 경우가 많을 것이다. 어느편이든 노후(老後)를 자식들에게 의지하기는 무리일 것이다.

총명하고 온순한 인품이 사랑을 받는다……인수성(印綬星)

인수성은 명예나 지위를 나타내고, 연구가로 연구심이 왕성한 별이다. 학문이나 연구의 분야에서 세상에 인정받고 두각을 나타내는 사람의 명식에는 이 별이 많이 보여진다. 학자나 작가, 예술가로서 성공하기에는 없어서는 안되는 별이다.

이 인수성을 갖는 여성은 총명하고 동정심이 넘치며, 아름답고 총명하다는 인상에 꼭 맞다.

만일, 명식에 정관성이 있으면 인수성의 길조(吉兆)는 세력 양양, 복(福)·덕(德)·수(壽)에 혜택을 받아, 만인에게 사랑받는 행운의 소유자가 될 것이다. 또 식신성이 있으면 사주 추명이라는 천우격(天佑格)이며 천덕성에 버금가는 강운(強運)이 약속된다.

다만, 정재성이나 편재성은 인수성을 방해하는 별이다. 이들이 명식 중에 함께 있으면 모처럼의 행운이 방해되고 만다.

또 인수성을 많이 갖는 사람은 머리가 좋고 온순한 성격이지만, 약간의 융통성이 부족하여 자기 껍질 안에 숨어 있는 성질이 있다.

◇

이 별에 적합한 직업

소아과·산부인과 의사/간호사/영양사/유치원 선생/교사/학자/사회복지 사업가/특수학교 교원/스튜어디스/관광 안내원/여성지도자/중역비서/상담원/변호사/번역가

48

● 연주에 붙는 인수성

양친 모두 교양이 있고 혜택받은 가정에서 자란 사람일 것이다. 여성이라도 양자(養子)를 맞아들여 양친의 재산을 상속 받을지도 모른다. 단지, 충이나 형으로 방해받으면 모처럼 받은 재산도 잃어버릴 수도 있다. 연주에 인수성과 정관성이 합쳐지면 유능한 남자를 만나서 가업은 더욱 발전한다. 일반적으로 인수성은 어머니와의 인연이 깊은 사람에게 많고, 이 별이 많으면 사랑에 빠져서 과보호(過保護)로 되어 의뢰심이 강해지기 쉽다.

● 월주에 붙는 인수성

공망이나 충·형에 방해받고 있지 않으면 태어난 집을 계승하게 될 것이다. 방해받고 있는 사람은 가난한 소년기를 보냈을지도 모른다. 고명딸이나 여자만의 형제중에 장녀로 태어나더라도 집을 나가게 된다. 집이나 재산은 상속받지 못하게 될 것이다. 단지, 정관성이 있는 사람은 공망의 방해를 제거할 수가 있다. 방해성이 없으면 무리 없는 평온한 인생을 보낼 수 있다.

● 일주에 붙는 인수성

인수성은 일주에는 붙지 않는다.

● 시주에 붙는 인수성

가령 여자손 하나로 아이를 키우더라도 당신은 어지간한 교육마마, 고생하면서도 아이를 일류대학, 일류기업에 넣을 것이다. 그 덕분으로 노후(老後)는 안태(安胎)하다.

독창적인 재치를 보이는 개성파
……편인성(偏印星)

한평생을 전업주부로 끝내기에는 아까운 여성이다. 이 별의 사람은 독특한 재능이 있을 것이다. 특히 아이디어, 발명, 예술, 종교 등 두뇌의 총명을 살리는 분야에서는 이 편인성이 큰 힘을 발휘한다. 억제나 속박을 꺼리는 자유인으로 성미가 까다로우면서 집착심이 강해 몰두하기 쉬운 성격이다.

사물의 좋고 싫음이 분명하여 흥미없는 것은 돌아보지도 않는다. 이런 탓에 오해를 받거나, 이상한 사람으로 취급당하기도 한다. 가끔, 고립(孤立)하지 않도록 조심해야 한다.

특히, 명식 중에 식신성이 함께 있으면 식신성의 길의(吉意)를 편인성이 죽여버린다하여 꺼린다.

일지가 편인(偏印)으로 식신성이 있고, 편재·정재 등의 재성(財星)이 없는 사람은 인정미가 부족하고 냉담한 사람이 많은 것 같다. 다만 이 별은 특수 전문분야에서의 성공을 약속해 주는 일이 있으니 주부나 OL이라면 여기(餘技)나 특기를 살려서 아르바이트를 시작하는 것도 좋을 것이다.

―――――――――◇―――――――――

이 별에 적합한 직업

장식품 도안가/공업생산품 입안자/무대 미술가/나염 도안가/예능생산/흥행사/광고문안 작성자/지도자/메이크업 기능자/출판업/선교사/목사/심령·초능력 연구가/운명감정가/점성술가/수수께끼 작가/풍자물 작가

● 연주에 붙는 편인성

태어난 고향에서 떠나 독립해서 생활을 해나간다. 자격을 얻거나 전문적인 기능을 배워두면 장래에 반드시 도움이 될 것이다. OL이 되어도 한 회사에 장기 근무는 못하고 전직하기 쉬운 암시가 있다. 만년(晩年)에는 고독해지기 쉬우니 좋은 친구를 사귀도록 해야 할 것이다.

● 월주에 붙는 편인성

결혼하더라도 남편은 별로 믿어지지 않는다. 머리 회전은 빠르고, 재기(才氣)에 능하며 직관이 뛰어나다. 재능을 살려서 자립하는 편이 좋을 것이다. 격식에 얽매이기를 싫어하여 회사원보다 자유업이 유리하다.

● 일주에 붙는 편인성

섬세하고 감수성이 예민한 사람이다. 어릴 때는 잦은 병을 치루었을지도 모른다. 두뇌는 좋은 편이나 나태하고 싫증을 잘 내며 지레 짐작하기를 잘하며, 인생에서 여러 가지 장해를 만난다. 연인이 생겨도 연애의 성취는 어렵다. 신경을 많이 써서 노이로제로 되지 않도록해야 할 것이다. 비약의 열쇠는 뛰어난 독창력과 기획력, 아이디어로 히트 상품을 만들어 생각지도 못한 일에 성공할 것이다. 종교나 심령연구라는 심적인 분야로 나아가는 것도 좋을 것이다.

● 시주에 붙는 편인성

이 별이 시간(時干)에 붙으면 당신은 가정 모권주도형. 모친의 영향력이 강할 것이다. 시지에 붙을 경우는 자식과의 관계는 친밀하지 못하다.

역경에도 혼자 맞서 분발하는……비견성(比肩星)

「여자인 주제에」라든가 「건방지다」라는 말을 들은 경험은 없는가? 이 별을 갖는 사람은 자기의 의견을 당당하게 말하고 타협을 싫어한다. 남에게 지기 싫어하고 남자 뺨치는 면을 가지고 있다. 비견성은 자긍심이 강하고 자존심이 높은 별, 이 성격이 강하게 나오면 자기를 강인하게 고집부리는 탓에 적이 많아지기 쉽다. 타협심이 적고, 성격이 부드럽지 못한 것도 대인관계에서는 마이너스. 특히 일간(日干)이 양(陽: 甲·丙·戊·庚·壬)의 사람은 외고집이며, 완고한 면이 나타나지 않도록 조심할 것.

그러나 의리가 굳고 예절을 중시하는 탓에 친구나 동료, 형제들에게 도움을 받아 성공하는 암시도 있다. 사회에 진출하여 남성과 섞여서 일을 하려는 여성에게는 기가 강한 이 별의 도움이 꼭 필요하다. 독립심이 강하며 사람에게 위지하지 않고 무엇이나 자기가 하려는 의향은 훌륭하지만, 거기다 다른 사람의 마음도 생각해 보는 여유가 있으면 크게 성공한다.

◇

이 별에 적합한 직업

장식지도자/기호·상표 제작자/염색가/화가/컴퓨터 광고제작자/사진작가/피아노연주가/작사가/정구심판/작가/수필가/만화가/서예가/각종홍행 지도자

● 연주에 붙는 비견성

빨리 부모의 지배에서 벗어나 독립하려 하고, 조혼(早婚)의 경향이 있다. 그러나 이혼율도 많은 타입이다. 언제까지나 친구사이의 관계로 있을 부부라면 오래 계속될 것이다.

● 월주에 붙는 비견성

사람의 좋고 싫은 것을 따지고, 이해(利害)보다 감정으로 친구를 선택하는 타입이다. 자기 고집을 부리는 것이 대인관계에 충돌을 일으킨다. 형제간에도 우애가 적을 염려가 있다. 다른 주에 겁재성이 있으면 가족간에 재산문제가 발생하기 쉬우니 특히 주의할 것. 다른 사람과 화합하는 것에 관심을 가질 것.

● 일주에 붙는 비견성

정의감이 강하고 지기 싫어하는 것은 좋으나, 너무 꼼꼼한 것은 생각해 볼 일이다. 명식에 인수성이나 편인성이 있으면 더욱 고립(孤立)해 버린다. 결혼하면 자기 중심의 부부가 되기 쉬울 것이다. 남편의 경제력에 의지하지 않고 당신도 직업을 갖든가 반대로 당신이 남편을 먹여살릴지도 모른다. 편관성을 거느리면 비견성의 강함은 억제되고 회사 근무라도 지도자 처지가 된다. 어려운 일이 있어도 타고난, 지지않으려는 기질로 극복할 수 있으나 혼자 살아갈 경향이 강한 것 같다.

● 시주에 붙는 비견성

자식이 독립해서 나갈 것을 암시한다. 양자로 나갈지도 모른다.

배짱 좋은 것이 매력인 대담한 행동파
……겁재성(劫財星)·패재성(敗財星)

이 두 개의 별은 어느쪽도 재산을 축내는 별이라 이르고 역시 그런 작용을 한다. 단지 겁재는 양성(陽星)으로 음간(陰干: 일간이 乙·丁·己·辛·癸)에 붙는다. 패재는 음성(陰星)으로 양간(陽干: 일간이 甲·丙·戊·庚·壬)에 붙는다. 패재의 편이 겁재보다 운명에 작용하는 힘이 약해진다. 어느쪽도 기품이 높고 야심가로 사람이 놀랄만한 대담한 행동을 할 때가 있다. 남성같으면 일에만 몰두하여 자기의 명예나 출세를 위해서라면 처자를 돌보지 않는 다는 것이다. 여성도 이 별을 가지면 행동파이며 외향적(外向的)이므로 가정에 안주하지 못한다. 양간(陽干)의 사람은 이 경향이 더욱 강하다.

이 별은 솔직성이 부족하고 사람을 멸시하는 교만한 점이 있으나, 명식에 정관성이나 편관성이 있으면 사회적 신용도 높아진다. 그러나 겁재·패재성이 많으면 일확 천금을 꿈꾸어 도박사적인 면이 강해서 도박장 등에서 모든 것을 잃어 버리는 경우도 있을 것이다.

───────────────◇───────────────

이 별에 적합한 직업

고 미술품점의 주인/사회자/조정선수/영화해설자/오락연극작가/만화가/글자기호의 장식가/부동산 개발업자/사진제작자/보도사진사/출판사/유선TV국의 주인/TV보도원/꽃꽂이 사범/예능관계의 연출자

● 연주에 붙는 겁재・패재성

이혼이나 별거 등 어떤 사정으로 양친과 헤어지고, 양친 외 은혜를 받지 못하는 것을 나타낸다. 유산을 받아도 탕진 하고 고향을 떠나는 암시도 있다. 부모의 직업은 이어받지 않고 다른 길에서 성공할 것이다.

● 월주에 붙는 겁재・편재성

남편이나 연인, 친구, 형제 자매 등과 분쟁을 일으키기 쉽 다. 상사나 동료와 싸움하고 헤어져 전직을 반복할 암시가 있다. 자기가 사업을 시작하든가, 자격이나 기술 등 직업을 얻어서 자유계약으로 할 수 있는 일을 찾는 편이 좋을 것이 다. 여성은 특히, 결혼 후에도 일을 계속하기를 권한다. 경 력여성으로 자립하면서 유부남과 애인관계를 계속할 암시 가 있다. 남성은 방종하고 횡포하게 되어 처자에게 고생시 키는 사람이 많을 것이다. 남녀 모두 삼각관계의 분쟁에 주 의해야 한다.

● 일주에 붙는 겁재・편재성

겁재・편재성은 일주에는 붙지 않는 별이다.

● 시주에 분는 겁재・편재성

모처럼 쌓아올린 재산이 만년에 모두 없앨 염려가 있다. 아이들의 낭비벽에 주의가 필요하다.

부드럽고 여자다운 유순함에 넘치는
……식신성(食神星)

의·식·주를 주관하는 별이라 한다. 이 별을 갖는 사람
은 잘 먹고, 잘 웃는 명랑한 낙천가이며 건강에 축복받고
한평생 먹는데 어려움은 없다. 체형적으로도 복스러운 형이
많고 특히 여성은 관능적이고 대인관계도 좋으며 활동가이
다. 요정이나 여관 등의 능숙한 여주인에 이 별의 소유자가
많은 것을 알 수 있다. 영업적인 센스도 있어서 중소기업의
경영자나 상점의 여주인이라면 남편을 도와서 거래처와의
교섭이나 자금 운영에 수완을 발휘할 것이다.

원만하고 포용력이 있는 인품, 누구에게도 사랑 받고 신
뢰 받아서 가정에 있어서는 이해심이 있고 믿음직스러운 어
머니로서 아이들이 따르게 된다.

그러나 사람의 청탁을 거절 못하는 호인성과 약간 우유부
단한 데가 있다. 이 별이 명식에 많으면 이성관계로 문제를
일으키거나 섹스에 빠지기도 한다.

───────────────◇───────────────

이 별에 적합한 직업

여관·요리점 안주인/요리연구가/판매여사원/상담원/예능지배인/가옥마네
킹/혼례상담원/에어로빅 지도자/파티관리자/미용사/의상사/개·고양이 미
용사/가정예절의 지도자

● 연주에 붙는 식신성

선조나 부모에게서 은혜를 받는다. 선조의 유덕(遺德)으로 혜택받은 생활을 한다. 당신은 명문이나 자산가의 가정에서 태어났을지도 모른다. 공망이 붙어 있으면 옛날은 어쨌거나 현재는 몰락한 가계일 것이다.

● 월주에 붙은 식신성

만약 명식에 정관성이 있으면 운세는 크게 발전하여 부와 명예 양쪽을 얻을 수가 있다. 한평생 의·식·주에는 부자유하지 않는다.

● 일주에 붙는 식신성

근면가, 노력가이지만 충이나 형, 천에 방해당하면 반드시 축복받아서 의식주에 혜택받는다고는 말할 수 없다. 정재성이나 편재성이 명식에 있으면 장사·사업 등에 성공할 것이다. 다만 편관성이 있으면 식신성의 힘도 약화한다. 행동력에 있어서도 치밀한 분석 등은 약간 서툴다. 성공의 열쇠는 좋은 지능을 갖는 것이다. 또 다른 주에도 식신성이 많거나 편인성이 함께 있는 경우는 식신성의 은혜가 없어지고 먹는 것에도 곤난을 당하거나 병에 걸리기 쉽고 자식운이 나빠진다.

● 시주에 붙는 식신성

장수하는 사람이 많다. 나이 들어도 건강 복을 받고, 일을 하게되면 제일선에서 활약한다. 많은 자손에게 둘러싸여 축복받는 할머니라 일컬어질 것이다.

남자의 마음을 어지럽게 하는 관능적인 미녀……상관성(傷官星)

「남자 잡는 상관 미인」이라 일컬어질 만큼 이 별을 명식에 갖는 여성은 여간한 미모의 소유자이며 관능적인 사람이 많다. 매우 머리가 좋고, 가끔 천재적인 총명을 보인다. 그러나 그에 비해서는 이성운(異性運)이나 자식운은 좋지 않다. 허영심이 강하고 술책을 써서 남보다 뛰어나려고 하는데다 비평정신이 왕성하여 반항적 성격의 소유자가 많아서 흔히 인간관계에 갈등을 일으키기 쉽다. 또한 잔소리가 많아서 직장이나 학교, 가정에서도 거북해지기 쉽다. 이런 탓에 직장이 바뀌기 쉽고, 이혼의 위험도 크다. 특히 이 별은 정관성과 함께 있으면 좋지 않다. 모처럼 전능의 길성의 정관성도 상관성을 만나면 편관성과 같은 작용을 보이는 것이다. 이 별의 횡포를 억제할 수 있는 것은 인수성과 편인성, 어느쪽인가 명식에 있으면 상관성의 폭주에 제동이 걸릴 것이다.

───────────◇───────────

이 별에 적합한 직업

국회의원/정치단체/종교단체 지도자/영화·연극의 제작자/영화·무대감독/방송 연출자/패션모델/건축가/출판기획자/예능기획자/전문지의 편집장/아이디어 잡지의 사장/사회자

● 연주에 붙는 상관성

가령 당신이 외동딸이라도 집을 나가게 될 것이다. 조상대대로의 상업이나 직업을 계승하지 않고 부모와는 다른 길을 살아갈 것이다. 무언가 분쟁을 일으키기 쉽고, 상처받는 일도 많을 것이다. 부상이나 교통사고 등에도 주의해야 한다. 상관성이 붙는 간(干), 또는 지(支)에 간합(干合)하는 별이나 지합(支合)하는 별이 있으면 상관성의 작용은 온건하게 된다.

● 월주에 붙는 상관성

총명하고 발랄하다. 다만, 자기 현시욕(顯示欲)이 강하고 불평 불만이 많은 사람이다. 결혼하여 가정에 박혀 있으면 욕구 불만으로 자학적(自虐的)으로 되어 그 예리한 칼날을 자기에게 향하게 되어 혼자 상처 받기가 쉽다. 상관성은 남편운을 상하게 하는 별이라고도 하고 있다. 특히 이 명식의 여성은 남편운이 나빠지기 쉽다. 이혼율도 높다. 한평생 혼자 계속할 직업을 갖든가 결혼 후에도 일을 놓지 않고 그 예민한 두뇌를 일이나 창작활동에 살려야 한다. 또 형제는 많으나 별로 의지는 안될 것이다.

● 일주에 붙는 상관성

상관성은 일주에는 붙지 않는 별이다.

● 시주에 붙는 상관성

많은 자손에 둘러싸여 노후는 별로 바랄 수 없을 것이다. 부모 사이는 원만하지 않을지도 모른다. 자식과 딸내외와의 동거는 분쟁이 있기 쉬우니 별거하는 것이 상책이다.

밝고도 알찬 양처(良妻)타입……정재성(正財星)

굽은 것이 싫고, 과오는 용서 못한다는 정의감에 확실한 사물의 사고법과 착실한 성격의 소유자이다. 밝고 가정적인 양식이 있는 그것이 이 별의 특징이다. 살림살이에서 한푼두푼 남몰래 저축하는 주부는 대개 이 별을 갖고 있을 것이다.

정관성이나 식신성이 있으면 큰 일을 해내서 일대(一代)에 대기업의 경영자가 되는 것도 꿈만은 아니다.

편재성이 돈의 융통이 잘되고 쓰는 돈에 어려움이 없는 것에 비해 정재성은 잔돈을 모아가는 편이므로 재산이 모아지는 견실한 저축형이라 하겠다. 단지 겁재·편재성이 있으면 낭비가로 되어버린다. 정관성과 인수성이 있으면 좋은 남편을 만난다.

이 별을 명식에 갖는 남성은 양처를 얻지만, 3~4개를 갖는 경우는 여자를 좋아하여 다른 애인을 두는 등 난봉꾼이다. 근면하는 사람의 별인 탓에 정재성을 잘 살리면 명예와 부는 당신 것이다. 사회적인 신용 등 무형의 재산도 갖게 된다.

◇

이 별에 적합한 직업

보험 영업인/상점 주인/공인중개사 증권인 저축상담원 통역 교정자/전화교환원/기업경영자/사법서사 도서관 사서 귀빈 접대인 화랑·보석점 미술품점주/니트 디자이너/치과기공사 일용품·잡화점

● 연주에 붙는 정재성

적지 않은 재산가의 소생이다. 같은 주에 정관성이 줄서
있으면 매우 축복 받은 집에서 태어난 사람일 것이다. 그러
나 겁재·패재성이 이어 있으면 모처럼 부모의 유산이 있어
도 탕진해버릴 것이다.

● 월주에 붙는 정재성

당신에게 운명의 열쇠는 형제 자매의 힘이다. 형제 자매
와 협력하면 큰 재산을 남길 수 있을 것이다. 공동사업을
일으키든가 함께 가게를 키워나가는 것은 어떨까? 같은 주
에 식신성이나 편재성이 있으면 훌륭한 발전이 기대된다.
비견성이면 당신은 자립하여 자유계약자로 성공하여 남성
못지 않은 일을 하여 차츰차츰 일어날 것이다. 인수성이나
편인성이 있으면 아이디어로 크게 성공할지도 모른다. 융통
성이 없어 처세는 어려울 것이다. 사람의 신뢰를 얻어서 착
실히 노력하여 인생을 개척해 갈 사람이다.

● 일주에 붙는 정재성

정재성은 일주에는 붙지 않는 편이다.

● 시주에 붙는 정재성

초년기에 경제적으로 고생하여도 중년기부터 운이 열린
다. 양녀로 가서 행복해지는 것도 시주의 정재성이다. 또 똑
똑한 자식의 혜택을 받아 사람들이 부러워하는 노년을 맞는
다.

싹싹하고 잘 노는 애교 미인……편재성(偏財星)

이 별을 갖는 사람은 인정이 두텁고 상냥하여 사람의 편의를 보아주고 보살펴 주기를 좋아한다. 융통성이 있어서 누구와도 잘 어울리는 사교가이다. 생각하는 것이 자유로우며 주저함이 없고, 인간미가 넘치는 사람이며 사람들에게 귀여움을 받는다. 친구도 많을 것이다.

이 별은 본디 재산이나 돈을 나타내지만, 편재성이 조정하는 것은 타인의 재산. 부모의 재산이나 타인의 재산을 운용하여 일시적으로 크게 성공할 것이라는 암시가 있다. 그렇다고 이 별 단독으로는 힘을 발휘 못하고 정관성이나 편관성의 도움이 필요하다.

정관성이 명식에 있으면 부자 남편을 얻거나 여성 실업가로 성공하여 큰 부자가 될 수도 있으나 한편 겁재나·패재성·비견성이 있으면, 돈을 쓰기만하고 남기지 못하는 낭비의 경향이 있다.

또 명식에 편재성이 많으면 사치하고 돈 융통이 좋아서 다른 사람에게 이용당하여 돈을 쓰게 될 처지에 빠진다.

─────────◇─────────

이 별에 적합한 직업

투자상담원/증권분석가/금융업/각종 판매원/상점 경영/보석상/광고·선전영업/보험업자/미용원 경영/의상 디자인/잡지 편집자/양품전매점/편집 제작/변호사/부동산 감정사/공인회계사

● 연주에 붙는 편재성

일 혹은 결혼이 원인이 되어 고향을 떠나서 생활한다. 부모의 재산에 의지하지 않고, 자립의 길을 택하는 사람이 많을 것이다.

● 월주에 붙는 편재성

타인의 돈을 이용하여 짧은 기간으로 자산을 얻을지도 모른다. 돈이나 주식의 매매로 한몫 잡을 수도 있겠다. 거래를 잘하여 좋은 지능이 있으면 상업도 성공한다. 남편의 한쪽 팔이 되어 경리면에서 활약하면 부부도 사업을 발전시킬 수도 있을 것이다.

● 일주에 붙는 편재성

돈에 대한 집착심이 강하고, 절약가로 계산도 빠른 사람으로 헛된 돈은 쓰지 않는다. 단지 충(冲)이나 형(刑)으로 이 별이 방해당하면 아무리 알뜰하여도 경제적으로 괴로운 처지에 몰리기도 한다. 도박으로 파산하는 것도 이 타입이다. 명식에 비인이 있는 사람은 특히 투기는 금해야 한다. 채무가 불어나기만 할 것이다. 또 명식에 상관성이 있는 사람은 무턱대고 보증이 되는 일은 피해야 한다. 그 일로 큰 손해를 보게 된다. 편재성을 갖는 사람은 연애를 잘하는 사람이 많고, 장생이나 제왕 등의 12운이 붙으면 훌륭한 협동자를 만나는 일이 약속되어 있다.

● 시주에 붙는 편재성

중년 이후에 개운(開運)하고 풍족한 노후를 맞는다. 큰 부자가 될 것이다.

◇ 운세의 성쇠를 다스리는 12운성 ◇

어떤 12운성이 붙는가로 강운 · 약운 기를 알게 된다

명식표의 가장 오른편 12운의 난을 보기 바란다. 태(胎) · 양(養) · 장생(長生) · 목욕(沐浴) · 관대(冠帶) · 건록(建祿) · 제왕(帝旺) · 쇠(衰) · 병(病) · 사(死) · 묘(墓) · 절(絶)— 평소 잘 보지 못했던 단어도 있을 것이다. 「병」이나 「사」 등의 이름은 왜 그런지 불길한 기분이 든다. 그러나 이 12운은 어디까지나 운세의 호(好) · 부조(不調)나 운명성의 힘의 크기를 아는 실마리이다. 문자의 길흉에는 관계가 없다. 12운의 별은 유도성(誘導星)이라고도 한다. 이들 운명성을 조종하는 운명을 때로는 더 행복으로, 때로는 더 한층의 불행으로 유도하는 별이다. 하나하나의 별은 단독으로는 별로 뜻을 갖지 않는다. 결국 명식에 나타나는 운명성의 작용을 강화하거나 억제하거나 하며 운세의 상승, 하강(下降)을 다스리는 것이 이 12운성의 지명(指命)이라는 것이다.

그럼 어느 12운성이 어떻게 해서 운명성에 작용할 것인가.

태에서 제왕까지의 7성중, 목욕을 제한 6성은 언덕을 오르는 상승운을 나타내고, 쇠에서 절까지의 5성은 내리막을

내리는 하강운을 나타낸다. 목욕은 중해이(中解弛)한 상태이다. 운세도 정체(停滯)된다.

12운성의 각각의 명칭은 운세의 세력을 이미지한 것이다. 요컨데 태(임신한다)→양(모태에서 양육된다)→장생(태어난다)→목욕(갓난아이를 씻긴다)→관대(성인이 된다)→건록(직업을 갖는다)→제왕(부와 명예를 얻는다)→쇠약해진다→병에 걸린다→죽는다→무덤에 들어간다→절(없어진다). 운세의 상하는 마치 사람이 태어나서 장년기를 맞아 인생의 정점에 이르고 쇠약하여 죽는 것에 비유된다. 이 운세의 강약을 표로 하여 보겠다.

1. 태(胎) ── 중운	2. 양(養) ── 중운
3. 장생(長生) ── 강운	4. 목욕(沐浴) ── 중운
5. 관대(冠帶) ── 강운	6. 건록(建祿) ── 강운
7. 제왕(帝旺) ── 강운	8. 쇠(衰) ── 약운
9. 병(病) ── 약운	10. 사(死) ── 약운
11. 묘(墓) ── 중운	12. 절(絶) ── 약운

예를 들면 정관성이나 식신성 등 행운의 운명성이 연주에 있을 때 같은 연주에 제왕과 같은 강운의 12운성이 있으면 정관성이나 식신성은 더욱더(기력 상승) 정관성에 제왕이 붙으면 유능한 남성을 만나 사회적으로 높은 지위까지 오를 수 있을 것이다. 식신성이라면 건강에 축복받아 정력적으로 활동, 의·식·주에 고생하는 일 없이 장수할 것이다.

강한 12운성은 흉운의 힘을 약화하는 힘을 가지고 있다. 상관성이나 겁재·패재성이 늘어선 주에 강운의 12운성이 붙었을 때 상관성의 자존심이 높은 성격, 사고나 재난에 만나기 쉬운 암시는 아주 약화될 것이다. 겁재·패재성의 야심적인 성격, 파산의 암시도 두려워할 정도는 아닐 것이다.

그 반대로 약운의 12운성이 흥운을 부른 운명성의 밑에 붙었을 때 당신은 한층 정신을 차리지 않으면 안된다. 또 행운을 부른 운명성을 가지고 있어도 그 옆에 있는 12운성에 의해서는 안심하고 있을 수만은 없다. 월주의 정관성은 최고의 행복을 운반한다고 해도 옆이 사(死)나 묘(墓), 절(絶)이라면 가령 돈이나 명예에 축복을 받았더라도 가정적으로는 쓸쓸한 매일이 될지도 모른다. 또 12운성으로 당신 자신의 일생의 운세의 파도를 알 수가 있다.

● **연주**(年柱)── 태어났을 경우의 운세와 회갑 정도까지의
　　　　　　　　　운세의 강약
● **월주**(月柱)── 중년기의 운세의 강약
● **일주**(日柱)── 청년기의 운세의 강약
● **시주**(時柱)── 노년기의 운세와 자손의 운세의 강약

월주에 강운의 12운성이 있으면, 중년기에 그늘이 덮이고, 시주에 약운의 12운성이 붙으면 불우(不遇)한 만년이 될지도 모른다는 것을 암시하고 있는 것이다. 또 일주에 붙는 12운성이 그 사람의 기본적인 성격에 영향을 주는 것은 운명성과 비슷하다.

◇ 당신의 운명을 좌우하는 길흉성 ◇

당신의 명식표의 길흉성이 있는 곳을 보기 바란다. 몇 개
의 길성의 이름이 있는 것을 기뻐할 사람도 있을 것이다.
또 흉성만 붙어 있어서 걱정이 되는 사람도 있을지도 모른
다. 길흉성은 명식에 따라서 많이 나와있는 사람도 전혀 없
는 사람도 있는 것이다.

고래(古來)로 중국의 운명학에서는 조상이 대대로 선행을
쌓아 덕을 베풀어 온 결과가 길성으로 자손에게 나타난다고
말하고 있다. 결국 길성은 당신 조상의 공덕의 표시이고 당
신을 보호하고 선도해주는 별이다.

또 흉성 중에는 당신의 성격이나 행동, 체질 등 당신의
약점을 암시하고 있는 별이 있다. 이제까지 일들이 잘 풀어
지지 않는 원인이나 당신이 지금까지 깨닫지 못하고 있던
결점을 가르쳐줄 것이다. 사주 추명에서 고려되는 길흉성은
전부에 100이상은 있을 것이다. 이 책에서는 당신의 성격이
나 운세, 그리고 연애 문제에 깊이 관여하는 별을 모아보기
로 한다.

같은 별이 명식 중에 2개가 있으면 두 배의 힘을 3개가
있으면 세 배의 힘을 가지고 당신의 운명에 작용한다. (연·
월·일·시주의 어디에 붙는가는 이 경우 별로 관계없다)

길흉성 중에는 천덕귀인·천덕합과 같이 모든 흉운을 타
파하는 전능의 길성도 있다. 또 정관성이나 정재성 등의 본
래의 작용을 약화하여 길운을 방해하는 양인이나 공망 등의

흉성도 있는 것이다. 그러나 양인·공망이 생각지 못한 행운을 가져오는 일도 있을 것이다. 흉성은 당신의 적이라도, 당신편으로도 된다.

　보통 길성은 한짝으로 있을 때 더욱더 활약하고, 흉성은 쇠퇴하는 기색일 때 한층 작용한다. 결국 행운기는 좋은 일만으로 발전하고 불순기는 나쁜일 만이 일어나기 쉬운지도 모른다.

행운을 약속하는 길성들

● 역마(驛馬)

젊을 때는 고생하여도 30대부터는 차츰 행운이 온다. 일찍 부모곁을 떠나든가 집을 자주 비운다.

● 학사(學士)

문재(文才)에 혜택받은 사람이다. 학문이나 전문기술 분야에도 재능을 발휘하여 전문가로 성공할 것이다. 변호사·의사·약제사·미용사·교사 등의 자격을 따는 것도 좋을 것이다.

● 금여록(金輿祿)

양연(良緣)의 혜택이 있을 별이다. 온순하고 생활력 있는 남성과 맺어져 결혼생활은 평생 행복하다. 남성이 이 별을 가지면, 양처를 얻어 처가에서 경제적인 원조를 얻게 된다.

● 월덕귀인(月德貴人)·월덕합(月德合)

월덕귀인과 그것에 간합(干合)하는 별이 월덕합인데 작용은 거의 같다. 온후하고 솔직한 성격이며 가족이나 친척, 상사, 선배 등 윗사람의 사랑을 받고, 물리적·정신적인 원조가 기대된다. 친척의 원조가 많을 이로운 운세다.

● 월공(月空)

사람 밑에 일하기보다 사람 위에서 활약할 것이다. 사업의 주인으로 많은 종업원을 부릴 경영의 재질에 혜택이 있다.

● 장군(將軍)

사람을 끌어당기는 초능력적인 매력이 있다. 예능계의 톱스타에는 빠질 수 없는 별이며 리더십을 잡을 실력도 있다.

● 천덕귀인(天德貴人)·**천덕합**(天德合)·(天德星)

태어나면서부터 행운의 별을 가진 사람이다. 죽을 지경을 맞는 위험할 때에도 이 별이 있으면 구조 된다. 교통사고에서도 구사 일생을 얻는 사람은, 이 별을 가지고 있거나 행운(行運)(146P참조) 중에 돌아왔을 것이다. 천덕성이 있으면 양인이나 공망의 흉운에도 부질없이 두려워할 필요는 없다. 다만 괴강일생인 사람은 유감스럽지만 이 별의 혜택을 받지 못한다.

● 일덕일(日德日)

자비심이 두텁고 사람을 위해 봉사하는 탓에 행운에 축복을 받아 분쟁이나 재난에 말리어도 운수좋게 피할 수가 있다.

● 복생귀인(福生貴人)

돈의 융통이 좋고, 신상에 복덕이 쌓여 먹는데 곤란을 당하지 않을 것이다.

● 녹마동군일(祿馬同郡日)

인정이 많고, 마음이 유순한 사람이다. 어려운 사람을 도와주거나 곤란한 사람에게 힘이 되어주는 등 공덕을 쌓으면 자기자신에게도 복덕이 쌓이고, 사람들에게 존경을 받는다.

● 암록(暗祿)

길흉이 종이 한장의 차이가 인생이지만, 위기를 당해서도 위급할 때 구원의 신이 나타나 불운을 피할 수 있는 등 숨겨진 부분에서 의외의 은혜를 받는다. 경마에서 큰 손해를 당하거나 퀴즈놀이에서 상품을 따거나 하는 일도 있겠다.

의외의 불운을 암시하는 흉성들

● 하정(下情)

후배나 부하를 신용하여 돌보아 주어도 도리어 성가신 일을 당하고 배신당해 고민할 듯. 사람이 너무 좋아도 안될 일이다.

● 괴강일(魁罡日)

보통 별은 아니다. 길흉 어느쪽도 강렬한 힘을 가진 별로 이 별을 가진 사람은 총명하고 결단력이 있으며 문재(文才)도 뛰어나다. 그러나 난폭한 행동을 하거나 극빈(極貧)으로 빠질 가능성도 있다. 결국 사람에게 존경을 받는 사람이 되든가, 영오(穎悟)의 몸이 되든가, 길흉 두 극단의 암시가 있다. 여성이 이 별을 가지면 재능과 미모, 행동력에 축복을 받아 남편보다 높은 수입과 명성을 얻을 수도 있으나 그것이 이혼의 원인이 되거나 여자로서의 행복으로는 반드시 연결되지는 않는다. 괴강은 일주에만 붙지 않는 별이지만 이 별의 길흉 어느쪽의 힘을 발휘하는가는 사주에 있는 다른 별과의 관계로 판단한다.

● 금소(金銷)·단교(斷橋)

금소와 단교는 인간관계에서 갈등을 일으키기 쉬운 별이다. 설령 일시적일지라도 가족이나 친구와의 절교, 이별이 있을 수 있다. 이 별이 있는 사람은 사람과의 교제를 조심해야 할 것이다.

● 공망(空亡)

2장 사주 추명의 별들 71

명식에 공망이 있으면 이 주에 있는 정관성이나 정재성 등의 행운을 부르는 운명성의 힘은 아주 약화해 버린다. 반대로 상관성이나 편관성, 편인성 등이 갖는 흉의(凶意)를 감소시키거나 길변(吉變)시키는 힘을 가지고 있다. 공망은 별명이 천중살(天中殺)이라고도 하고, 행운(行運)에 이 별이 돌면 불운으로 말려들 위험이 높아진다.

● 혈인(血刃)

부상이나 정신적인 병에 주의해야 한다. 스트레스를 쌓지 않는 것이 중요하다.

● 홍염(紅艶)

성적 매력이 넘치는 색기성(色氣星)이다. 사람을 끌어당기는 매력이 있어서 예능계나 물장사에서는 인기가 있을 것이다. 다만 정도화가 명식에 있으면 이성관계에 갈등을 일으키기 쉽다.

● 심수(深水)

강정(剛情)한 곳이 있어서 다른 사람의 말에 순종하지 않는 탓에 봉급자나 여사무원으로는 상사와 충돌하지 않도록 해야 한다. 상관성이나 겁재·패재성 등의 불운을 초래하기 쉬운 운명성에 이것이 붙으면 수난(水難)의 걱정이 있다. 바다·호수·강·배로 여행할 때에는 주의를 해야 한다.

● 정도화(正桃華)

사람과의 교분이 좋고, 누구에게라도 호감을 준다. 색기성의 하나로 너무 성적 매력을 여기저기 뿌리면 호감이 안가는 이성에게 쫓기며 갈등을 일으키기 쉽다.

● 천모(天耗)

상사나 선배를 너무 신뢰하여 무엇이나 순종하면 이용당

해 예측못한 손해를 보는 일이 있다. 상사나 선배를 잘 선택해야 한다.

● 지모(地耗)

천모와는 반대로 부하나 후배에게 귀찮은 일을 당하거나 배신을 당하는 일이 있다.

● 도화살(桃華殺)

남성이면 알콜이나 여성관계로 실수를 하기 쉽다. 여성은 삼각관계나 불륜의 사랑으로 고민한다. 명식에 정관성이 하나 있으면 갈등을 피할 수 있겠다.

● 팔풍일(八風日)

섹스가 강한 사람이다. 편관성이나 홍염 · 정도화 · 도화살이 있으면 복수의 이성관계가 생긴다. 여색으로 고민이 따르는 별이다. 단 이 별은 일주에만 붙지 않는다.

● 비인(飛刃)

뜨겁기 쉽고, 식기 쉬운 성격이므로 참는 일이나 차분히 생각하기를 싫어한다. 증권이나 도박에는 절대로 손을 데지 말 것을 권한다.

● 백의(白衣)

자식이 먼저 사망하든가 배우자와 사별하든가하여 고독한 만년을 맞을지도 모른다. 유산이나 중절의 암시도 있을 것이다.

● 폭패(暴敗)

무엇을 하거나 중도에 좌절감이나 방해를 만나 공부나 연구, 일 등을 중도에서 그만두는 일이 많아진다.

● 양인(羊刃)

재해나 사고 때 활약하는 흉성으로 "사신(死神)"이라고 두려움을 받는 별이다. 공망과 같이 운명성의 길흉을 조종하고, 행운이 불운으로, 불운이 행운으로 변해버리는 일이 있다. 이 별은 보통 불행을 가져오지만 가끔 변덕을 부려 상을 탄다거나 복권 당첨, 히트 상품을 낸다든가 베스트 셀러를 내는 등, 생각지도 못한 행운을 가져오는 일도 있다. 명식에 이 별이 없어도 누구에게나 행운(行運)을 만나거나 자기의 명식에 있는 별이 불러들이는 일이 있는 탓에 주의가 필요하다. 이 별을 명식에 갖는 사람은 각기 세계의 제1인자, 영웅이라 주목을 받아 비범한 일생을 걸을 것이다. 여성이면 평범한 가정 주부로 안주할 사람이 아니므로 일을 할 것을 권한다.

● 유하(流霞)

중년이후 부부간이 원만하지 못할 암시가 있다. 고혈압, 심장병 등에도 조심할 것. 또 이 별은 여행중에 사고나 부상, 병에 걸리기 쉬운 암시도 있으므로 여행전의 건강 점검을 신중하게 받을 필요가 있을 것이다.

◇ 당신의 건강을 추명하는 생일간 ◇

태어난 날의 간(干)으로 알게 되는 신체의 약점

추명학에서는 우주의 별의 운행이 삼라 만상의 생사 성쇠를 다스리고, 이들 별은 목(木)·화(火)·토(土)·금(金)·수(水)의 5가지 성격으로 갈라져서 만물은 모두 이 어느 것인가의 성질을 갖는다고 한다.

이 기본 사상에서 갑(甲)·을(乙)·병(丙)·정(丁)·무(戊)·기(己)·경(庚)·신(辛)·임(壬)·계(癸)의 10간은, 각각 갑(목의 형), 을(목의 제), 병(화의 형), 정(화의 제), 무(토의 형), 기(토의 제), 경(금의 형), 신(금의 제), 임(수의 형), 계(수의 제)라기도 하고, 그 문자나 읽기에서 추찰(推察)되 듯 목의 성(性), 화의 성(性), 토의 성(性), 금의 성(性), 수의 성(性)의 5가지로 나뉘어져 있다. 인간의 신체도 이 5가지의 기(氣)에 의해 성립해 있고, 이 목·화·토·금·수의 균형이 무너졌을 때 병에 걸리기 쉽다고 한다.

추명에서는 이 일간의 성에 의해 걸리기 쉬운 병이나 신체의 약점을 추리하는 것이다.

● 일간(日干)이 갑(甲)이나 을(乙)「목성」의 사람의 결점과 목성의 병

위장, 심장, 폐, 기관지, 혈액순환계, 간장, 천식, 위궤양, 암, 동맥경화, 황단 등에는 특히 주의.

● 일간이 병(病)이나 정(丁)「화성」의 사람의 결점과 화성의 병

얼굴, 머리 등 목에서 상부의 병·심장·폐. 주의해야 할 것은 뇌혈전, 뇌졸중 등 뇌신경계의 병, 두부(頭部)의 부상, 눈이나 코나 목의 재증(災症), 심부전, 심근경색, 심장병, 폐렴, 폐결핵 등. 또 화상이나 화재로 인한 부상 등 화난에 주의.

● 일간이 무(戊)거나 기(己)「토성」의 사람의 결점과 토성의 병

骨, 수족, 간장, 항문, 요통과 치질, 수족의 골절이나 병, 추간판(椎間板), 해루니아 등이 오래 끈다. 알코올 중독에도 걸리기 쉬운 타입. 산사태, 지진 등으로 토사나 돌에 의한 재난, 부상에도 주의.

높은 곳에서 떨어지거나 뛰어내리거나 미끄러지거나 넘어지는 등의 위험도 있다.

● 일간이 경(庚)이나 신(辛)「금성」의 사람의 결점과 금성의 병

신장, 장, 복막, 외과수술, 칼 종류에 의한 부상, 설사, 복

통, 신경통, 장이나 신장의 병이 고질이 되기 쉽다. 맹장염, 골막염, 복막염, 적리(赤痢) 등에 조심.

칼 이외에 자동차, 비행가 사고 등 금속에 관계되는 부상에 주의.

● 일간이 임(壬)이나 계(癸)「수성」의 사람의 결점과 수성의 병

자궁, 직장, 항문, 신장, 간장, 폐, 늑막, 방광염, 신부전, 치질, 성병, 자궁암, 자궁근종, 냉증, 월경불순 등 주로 하반신의 병에 주의. 폐렴, 늑막염, 복막염, 간장비대도 많을 증상이다. 물에 빠짐, 자맥질 등 물에 관계된 사고에 주의할 것.

언제, 어떤 병에 조심하면 좋은가

병마가 언제 침입하는가? 그 시기를 예지(豫知)하는 것이 가능한가? 사주 추명에서는 생일의 간과 간합하는 연·월·일에 일간이 간합하는 상대에 따라 다음과 같이 성질을 바꾸어 그 성질을 가진 병에 걸리기 쉽다고 보고 있다. 갑기 (甲己)라면 토화(土化), 을경(乙庚)이면 금화(金化), 병신 (丙辛)이면 수화(水化), 정임(丁壬)이면 목화(木化), 무계 (戊癸)라면 화화(火化)한다. 가령 ·갑의 일에 난 사람은 갑이 간합하는 상대의 기(己)「갑기(甲己)의 합(合)」, 요컨대 기의 해, 기의 달, 기의 날에 토성의 병에 걸리기 쉽다고 판단하는 것이다. 이 일간과 간합하는 연·월·일이 언제 만나는 것은 권말의 역(曆)이나 5장의 10년 간의 별의 회전표로한 행운표(行運表)를 참고하기 바란다. 또 「편인」, 「상관」, 「양인」은 병이라기도 하고, 이들 별의 행운에 만날 때는 특히 건강에 주의가 필요하다.

● 일간이 갑의 사람: 기축(己丑) 등 기년, 기월, 기일은 태어난 날의 갑과 돌아온 기(己)가 간합하여 토성화하여 토성의 병이나 부상을 당하기 쉽다.

● 일간이 을의 사람: 경신(庚申) 등 경년, 경월, 경(庚)일은 태어난 날의 을과 돌아온 경(庚)이 간합하여 금성화하여 금성의 병이나 부상을 당하기가 쉽다.

● 일간이 병의 사람: 신유(辛酉) 등 신년, 신월, 신일은 태

어난 날의 병과 돌아온 신(辛)이 간합하여 수성화하여 수성의 병이나 부상을 당하기 쉽다.

● 일간이 정의 사람: 임자(壬子) 등 임년, 임월, 임일은 태어난 날의 정과 돌아온 임(壬)이 간합하여 목성화하여 목성의 병이나 부상을 당하기 쉽다.

● 일간이 무의 사람: 계해(癸亥) 등 계년, 계월, 계일은 태어난 날의 무와 돌아온 계(癸)가 간합하여 화성화하여 화성의 병이나 부상을 일으키기 쉽다.

● 일간이 기의 사람: 갑인(甲寅) 등 갑년, 갑월, 갑일은 태어난 날의 기와 돌아온 갑(甲)이 간합하여 토성화하여 토성의 병이나 부상을 당하기 쉽다.

● 일간이 경의 사람: 을묘(乙卯) 등 을년, 을월, 을일은 태어난 날의 경과 돌아온 을(乙)과 간합하여 금성화하여 금성의 병이나 부상을 당하기 쉽다.

● 일간이 신(辛)의 사람: 병오(丙午) 등 병년, 병월, 병일은 태어난 날의 신과 돌아온 병(丙)이 간합하여 수성화하여 수성의 병이나 부상을 당하기가 쉽다.

● 일간의 임의 사람: 정사(丁巳) 등 정년, 정월, 정일은 태어난 날의 임과 돌아온 정(丁)이 간합하여 목성화하여 목성의 병이나 부상을 당하기 쉽다.

● 일간이 계의 사람: 무진(戊辰) 등 무년, 무월, 무일은 태어난 날의 계와 돌아온 무(戊)가 간합하여 화성화하여 화성의 병이나 부상을 당하기 쉽다.

3장
명식표를 읽는다
— 어떤 인생이 기다리고 있는가

◇ 명식표로 보는 당신의 살아가는 법 ◇

　당신이 가지고 태어난 별이 전장에서는 당신의 성격이나 이제부터의 인생의 윤곽을 암시하고 있었을 것이다.

　좋은 별, 나쁜 별, 하나하나의 별이 단독으로 알리는 운·불운은 당신의 운명의 어느 한면에 지나지 않는다. 별과 별이 서로 복잡하게 얽혀 있어서 어떤 때는 협력하고, 어떤 때는 반발해 가면서 당신의 인생을 형성해 가는 탓이다.

● **명식표의 별이 조합하여 연애·결혼·직업·자식들의 운세 등을 알게 된다**

　「결혼」은 당신이 원하거나 원하지 않거나, 당신의 인생의 가장 큰 요점이 될 것이다. 결혼하는가 마는가, 어떤 남성과 결합되는가, 아이를 가지게 되는가, 이혼 하는가, 미망인이 되는가 등등 여성에게 인생 그 자체의 행·불행이 결혼에 의해 좌우되는 일도 적지 않다. 그리고 직업도 결혼까지의 짧은 기간만 일하는가, 한평생 일을 계속하는가, 단지 생활만을 위해 일하는가, 일 속에서 사는 보람을 찾아내는가, 일도 현대를 사는 여성에게 중요한 문제일 것이다.

　당신의 명식에 이제부터 말하는 별의 조합은 없는가? 1장에서 작성한 명식표와 대조하면서 읽기 바란다. 명식표에는 당신이 사는 방법이 나타나 있다.

　명식표 읽는 방법은 다음의 예와 같이 특히 특징적인 부분을 빼버리고 설명하고 있다. 당신의 명식에 예와 같은 별

● 명식표 보는 방법

例・ ① 인수성(印綬星)이 있는 주(柱)에 관대(冠帶)가 목욕(沐浴)에 붙는다.

例・ ② 인수성(印綬星)과 식신성(食神星)이 양쪽에 있다.

例・ ③ 간합(干合)이 있다.

例・ ④ 정관성(正官星)에 공망(空亡)이 붙는다.

例・ ⑤ 편관성(偏官星)에 충(沖)이 붙는다.

例①-Ⓐ

	干		支		十二運
	吉凶星	運命星	運命星	吉凶星	
年柱	天德合	(正官)乙	(正官)酉	流霞 飛刃	胎
月柱		(印綬)癸	(正財)丑		冠帶
日柱	月空	甲	(偏印)合子	福生貴人 下情	沐浴

例③

	干		支		十二運
	吉凶星	運命星	運命星	吉凶星	
年柱		(食神)甲	(偏財)午	飛刃 天耗	胎
月柱		(正官)合己	(正財)巳	暴敗 下情	絶
日柱		壬	(偏印)沖刑申	血衣 血刃	長生

例①-Ⓑ

	運命星	運命星	吉凶星	十二運
年柱	(偏財)庚	(食神)戌	將軍 暴敗	墓
月柱	(敗財)合丁	(印綬)合卯	學士 斷橋	沐浴
日柱	丙	(食神)合戌	將軍 暴敗	墓

例④

	吉凶星	運命星	運命星	吉凶星	十二運
年柱		(印綬)戊	(正官)午	空亡	病
月柱	月德合	(偏印)己	(偏財)卯	流霞 斷橋	絶
日柱		辛	(偏財)合卯	流霞 斷橋	絶

例②

	吉凶星	運命星	運命星	吉凶星	十二運
月柱	月德貴人	(印綬)丙	(劫財)辰	紅艷	衰
日柱		己	(食神)酉	羊刃	長生
時柱		(傷官)庚	(正財)子		絶

例⑤

	運命星	運命星	吉凶星	十二運
月柱	(印綬)甲	(劫財)午	空亡	建祿
日柱	丁	(偏官)亥	天德貴人 下情	胎
時柱	(偏印)乙	(比肩)沖巳		帝旺

의 배치가 있는가 어떤가를 보기 바란다. 하나의 별이 암시하는 운명을 아는 것만으로는 아직 막연해 있던 당신의 운명 전체가 분명해질 것이다.

결혼에 행복을 기대 못하는 사람의 명식

겁재·패재성과 편재성이 양쪽에 있다/월주에 상관성이 있다/정재성에 충이나 형이 붙는다/정관성에 공망이 붙는다

이들 별의 조합을 명식표에 갖는 사람은 남성의 부양을 받지 않아도 자력으로 살아갈 만한 실력을 가지고 있을 것이다. 거기에 당신은 별로 결혼운의 좋은 별 아래서 태어났다고는 할 수 없다. 아무래도 돈을 노리고 접근하는 남성을 만나기 쉽다. 당신은 돈을 조금씩 저축하기보다 화려하게 써서 인생을 즐기고 싶은 타입이다. 특히 겁재·패재성과 편재성이 양편에 있으면, 들어오는 돈도 많지만 쓰는 것은 그 이상일 것이다. 자유롭게 돈을 쓸 수 있게 해주는 경제력이 있는 남성이라면 다르지만, 꼼꼼한 남성과 결혼하여 검소한 생활을 강요당하고 있으면 욕구 불만이 쌓여서 언젠가는 가정 불화가 일어날 수도 있다.

당신의 재산을 낳게 될 정재성도 충이나 형이 붙어 있으면 역시 낭비 쪽으로 작용한다. 결혼해서도 「내조의 공」은 발휘하지 못하고 서툰 변통으로 가계(家計)는 빈곤에 쪼달리게 된다.

월주에 상관성이 있는 사람은 어쨌거나 눈에 띄이기를 즐겨, 남성의 시선을 한몸에 모우고 싶어할 것이다. 당연히 고급 화장품이나 화려한 의복의 수는 보통사람 이상이며, 자동차나 모피코트에도 흥미가 그치지 않는다. 게다가 상관성

은 여성에게는 결혼을 방해하는 별이다. 그런 여성에게 접근
해오는 남성이 무엇을 목적하고 있는가 잘 확인해 볼 필요
가 있을 것이다. 역시 뒤가 깨끗하지 않는 놀이를 즐기려는
남성이 많을 것이다. 당신의 화려한 언동은 한 때의 사랑의
모험에는 절호의 상대로서 남성의 눈에 비추어 질 것이다.

　정관성을 가지고 있는 여성은 소위「모든 것을 다 바치는
형」. 남성에게는 당신의 자상한 보살핌과 조심스러운 태도
가「이상의 여자」로 느껴지게 한다. 공망에 방해받지 않으
면 정숙한 처가 되고, 당신도 그런 처지에 행복을 느낀다.
그러나 공망이 붙어 있으면 봉사하고 정성을 바쳐도 그에게
서 얻어지는 것은 섹스 뿐일지도 모른다. 당신에게 남성을
선택할 눈이 있는가 어떤가가 행·불행의 갈림길이다.

　또 남편에게 주변성이 없거나 잦은 병을 치루는 등 남편
이 당신의 고민의 씨가 될 것 같다.

꽃가마도 꿈만이 아닌 현대판 신데렐라 사람의 명식

금여록(金輿祿)이 있다/정관성이 있는 주에 장생이나 관대가 붙는다/정관성이 있는 천덕귀인이나 천덕합이 붙는다

금여록의 명식을 갖는 사람이 여성이면 경제력이 있는 의사나 파일럿, 엘리트 관료 등을 남편으로 맞든가, 자산가에 시집갈 수도 있고, 외국의 큰 재벌의 눈에 띄일지도 모른다. 유능한 남편을 맞을 암시이다. 정관성이 있는 주에 장생이나 관대 등 강운의 12운성이 붙어 공망이 없으면, 남편운은 최고이고 순조롭게 남편의 출세나 사업의 성공에 의해 당신은 경제적으로 매우 혜택을 받는다. 큰 저택과 별장에다 무엇하나 부러울 것이 없는 부인으로서, 언제가는 동급생들의 동경이나 질투의 목표가 되는지도 모른다.

정관성이 있는 주에 천덕귀인이나 천덕합이 붙으면 가령 공망이 붙어 있어도 결혼에는 아무 불안도 없다.

천덕성은 거의 흉성들의 작용을 해제해 주는 탓에 당신은 연애나 맞선으로도 결혼에 실패는 없을 것이다. 출산도 순조롭고, 빠른 시기에 건강하고 귀여운 아기를 가지게 될 것이다. 이런 명식을 갖는 사람은 현대판 신데렐라도 꿈은 아니다.

건실하고 착실한 노력이 반드시 결실할 사람의 명식

인수성이 있는 주에 관대나 제왕이 붙어있다/일주에 병이나 사가 있다/인수성과 편인성 양쪽이 있다

인수성의 옆에 관대나 제왕과 같은 강운(強運)의 12운성이 붙는 사람은 인수성이 갖는 명석한 두뇌를 충분히 살리는 운(運)의 소유자다. 예술이나 종교, 철학 등의 분야에서 자유로운 발상이나 직관력에 뛰어난 재능을 나타내는 편인성과는 달리, 인수성이 암시하는 것은 가령, 문학분야라면 창작이나 비평보다 문법이나 문학사와 같은 이론적인 재능이다.

인수성이 명식 중에 세 개 이상 있으면, 학자가 되든가 박물관이나 연구기관의 직원이 되는 것도 좋을 것이다. 일생을 학문 연구에 종사하는 것도 이제부터 여성의 살아가는 한 가지 길일지도 모른다. 학사가 명식에 있으면 한층 충실한 활약을 할 수 있다.

일주에 병(病)이나 사(死)가 있는 사람은 두뇌 명석하고 치밀한 성격으로 연구에 성공한다. 물론 인수성이 있으면 장래는 유망하다.

인수성과 편인성이 양쪽 모두 명식에 있으면, 천재적인 총명도 기대된다. 어느 인기 작가는 인수성 두 개에 편인성과 학사를 가지고 있다.

전문가로 성공하는 사람의 명식

정재성이 있고, 일지에 비견성이 있다/정관성이 있는 주에 태(胎)나 관대나 제왕이 붙는다/인수성이 있는 주에 양(養)이 붙는다/정관성과 식신성이 있다

일지가 비견성의 여성은 남편에게서 「먹여주는 것같은」 경우는 바랄 수 없다. 가정에 안주해서 누구의 부인이라는 처지에는 만족 못하고, 사회에 나가 자기의 능력을 시험해 보려는 야심이 마음속에 있을 것이다. 또 실제로 실력도 있다.

일의 내용도 보통 사무직으로는 오래 계속하지 않을 것이다. 변호사·의사·저널리스트·사진가라는 전문분야야말로 당신의 활약 무대이다. 직장의 인간관계 속을 감도는 것은 성미에 안맞을 것이며, 결근하여도 누군가 바로 대역을 할수 있는 정해진 일에는 만족하지 못할 것이다. 그런 비견성의 당신이 편재성을 가지고 있으면, 독립해서 자기 솜씨를 시험해 보는 것도 좋을 것이다. 자유라면 상사나 동료에게 신경쓸 필요도 없고, 일에 전념할 수 있으며, 편재성의 힘으로 당신의 실력에 적합한 수입도 얻게 된다. 더욱 이 명식은 일을 할 수 있는 독신의 경력 여성에게서 많이 본다.

기업으로 활약하고 관리직의 지위를 바라면 정관성의 작용이 필요하다. 태(胎)는 발전과 성장의 암시이다. 학생 시절에는 몰랐던 능력이 직장에서 발휘된다.

관대나 제왕과 같은 강운의 12운성에 수호되면 마음껏

실력을 발휘하겠다. 기획이나 아이디어가 계속 채용되어 관리직에도 무리는 아닐 것이다.

이 정관성을 갖는 사람은 장래성이 있는 남성을 얻을 수 있어서 직장에서 결혼상대를 골라 좋은 협력자를 찾아서 골인하는 코스를 밟는다. 식신성과 정관성의 양쪽을 갖는 사람도 앞에 말한 것 같은 운세를 갖고 있다. 다만, 당신은 기업에서 일하지 않고, 자기 사업을 시작해도 성공이 약속되어 있다. 인수성에 양(養)이 붙는 사람은 두뇌가 매우 좋고 사업운에도 혜택받는다.

특기를 가지고 있으면 더욱 좋다. 학사로 있으면 완벽하다.

자식과 인연이 엷은 사람의 명식

식신성이나 상관성에 공망이 붙는다/인수성이 있는 주에 절(絕)이 붙는다/비견성이 있는 주에 태(胎)가 붙는다/시주에 제왕이 붙는다/시주에 절이 붙는다/백의가 있다

　남성의 경우는 정관성이나 편관성으로, 여성은 식신성이나 상관성으로 자식운을 본다. 이것을 자성(子星)이라 하지만, 부부 중 어느 한쪽만이라도 자성(子星)이 있으면, 아이는 얻게 된다. 다만 아이는 얻어도 그 아이가 순조롭게 자라는가, 뒤지지 않고 입학·취직되는가, 성인이 되어서 양친을 섬기는가 하는 것은 문제시된다.

　자식 교육을 위해 부지런히 일하고 전답을 팔아 대학을 졸업시켰어도 자식이 어버이를 섬기지 않는다는 한탄을 흔히 듣는다.

　이 난의 최초에 실은 명식에 해당하는 사람은 별로 자식의 혜택을 못받던가 설령 자식을 얻어도 장래를 기대하지 않는 것이 좋을 것이다.

　태어난 아이의 연주에 편관성과 절(絕)이 있으면 그 아이와 아버지의 인연이 엷어지고, 인수성과 절이 있으면 그 아이와 어머니의 인연이 엷은 것이다. 한쪽 어버이가 기르는 처지가 될지도 모른다. 당신에게 백의(白衣)가 있으면 유산이나 중절의 암시가 있다.

좋은 자식에 혜택받는 사람의 명식

인수성이 있는 주에 양이나 장생이나 건록이 붙는다/식신성이 있는 주에
양(養), 장생, 건록, 제왕의 어느 것이나 붙는다/시주에 천덕귀인이나 천덕
합이 있다/충이나 형이 붙지 않는 비견성이 있는 주에 건록이 붙는다

　나이들어 혼자 사는데는 돈이 없으면 쓸쓸하고 서글픈 매
일일 것이다. 또 자식들이 여간해서 독립을 못하고 부모가
언제까지나 돌보는 것도 큰일이다.

　인수성은 모(母)의 심볼, 식신성은 자식의 심볼이다. 이
모(母)의 별이나 자식의 심볼에 강한 12운성이 붙어 있으면
당신의 친자(親子) 관계는 원만하게 계속될 것이다. 탈선하
여 부모에게 고생시키는 자식들은 없을 것이다. 지금은 걱
정을 해야하는 자식들도 장래에는 훌륭히 이어받아서 당신
의 노후는 안심이므로 정신적으로도, 물질적으로도 혜택받
는 만년을 보낼 것이다. 만년운, 자식의 운을 암시하는 시
주. 여기에 행복의 여신 천덕귀인이나 천덕합이 있으면 당
신의 노후는 안심이고 천덕의 길성이 어떤 역경에 빠지더라
도 반드시 구해 줄 것이다. 비견성은 고립을 암시하는 별이
지만, 이 별에 건록이 붙으면 노후는 자식에게 맡길 수 있
다.

사랑의 상대에 자유스러운 사람의 명식

명식표의 사주의 간에 간합이 있다

간합의 별명은 연애별, 명식 중에 간합이 있는 사람은 연애의 찬스에 혜택받을 것이다.

● 명식의 간에 갑(甲)과 기(己)가 있는 사람(갑기(甲己)의 합(合))은 마음이 넓고 솔직하며 만인으로부터 사랑받는 타입이다.

● 을(乙)과 경(庚)이 있는 사람(을경(乙庚)의 합(合))은 의지할 보람이 있는 사람에게 사모(思慕)받는 타입이다.

● 병(丙)과 신(辛)이 있는 사람(병신(丙辛)의 합(合))은 놀기 좋아하는 바람둥이. 삼각관계를 만들기 쉬운 타입이다.

● 정(丁)과 임(壬)이 있는 사람(정임(丁壬)의 합(合))은 어려운 사람을 보면 그냥 두지 못하는 보호자 타입이다.

● 무(戊)와 계(癸)가 있는 사람(무계(戊癸)의 합(合))은 축복받은 용모로 이성을 끌어당기는 타입이다.

어느 것이나 간합(干合)은 당신이 존경받는 것을 암시하고 있다. 다만, 존경받고 있다하여 그것을 바로 결혼으로 연결된다고는 말할 수 없다. 좌표(左表)는 일간이 간합해 있는 여성의 명식표지만 일간이 간합해 있는 경우, 간합하는 상대가 되는 연간, 시간의 운명성에 주의해야 한다. 남편을 상징하는 정관성이나 편관성, 처를 나타내는 정재성이나 편

3장 명식표를 읽는다　91

명식표

1958년 3월 14일 오후 1시 30분 生

正桃華－(卯亥)

天德貴人(申) 天德合(巳)　羊刃(酉)　空亡(午未)

四柱	干		支		十二運
	吉凶星	運命星	運命星	吉凶星	
年柱		〔偏印〕 ·戊	〔偏印〕 戊 合	金輿祿 紅艷 暴敗 將軍	衰
月柱		〔正財〕 合 乙	〔正財〕 卯	正桃華 飛刃 斷橋	胎
日柱		庚	〔偏財〕 寅	下情 深水 大耗	絶
時柱		〔傷官〕 癸	〔印綬〕 刑 未	空亡	冠帶

　재성이 붙는 간과 간합해 있는 지를 확인해야 한다.
　당신 자신을 상징하는 일간과 관성(정관성, 편관성)이나 재성(정재성, 편재성)의 간합은 정식 결혼의 방해가 된다.
　그러나 어느편이든 명식에 간합을 갖는 사람은 인간관계가 화려하고 고독의 쓸쓸함과는 인연이 멀 것이다.
　다만, 기혼자의 경우는 염복가(艷福家)의 면이 이면(裏面)에 나오면 삼각관계나 바람기, 숨겨논 남자, 숨겨둔 여자로 고민한다는 암시도 있다.
　인기 스타나 유명인에는 과연 간합을 갖는 사람이 많고, 가령 갑기의 합에서는 인기가수, 병신의 합에는 배우, 을경(乙庚)에는 영국의 대처 수상 등이 이 간합(干合)을 가지고 있다.

　정임(丁壬)의 합에는 유명한 가수도 있고, 개중에는 천덕성이 세 개나 있고 천덕성끼리 간합하는 강운의 소유주도 있다.

3장 명식표를 읽는다 93

어느 세계에서도 인기자가 되는 사람의 명식

정관성이 있는 주에 목욕이 붙는다/상관성이 있는 주에 태나 쇠가 있다/
식신성과 편관성이 합해서 세 개 이상 있다/정도화나 홍염이 하나만 있다
/양인이 하나만 있다

　정관성은 지위나 명예를 얻을 수 있는 별이라서 일을 갖
는 사람의 명식에 하나는 필요할 것이다. 정관성이 있는 주
에 붙는 12운성은 목욕이 최고이고 목욕은 갓난 아이 목욕
시키는 물이라는 뜻으로 물장수, 인기장사에 강한 운을 가
지고 있다. 결국, 정관성과 목욕의 조합은 예능계 등에서 톱
자리에 앉는 운세라 하겠다.

　미모의 축복을 받는 상관성이 이 별의 강운인 12운성에
붙으면 방종한 여왕님이 되기 쉽고, 태(胎)가 쇠(衰)에 붙
으면 미인으로 상냥한 인기인이 된다. 당신의 주위에는 언
제나 사람이 모여들 것이다. 단 한 사람의 남성에게 사랑받
는 사람이 아니고, 모든 사람의 인기인이 되는 운세로 있다.

　식신성과 편관성을 양쪽 갖는 여성은 남자친구나 연인에
어려움이 없을 것이다. 게다가 능동적으로 활동하는 탓에
많은 연인을 한꺼번에 조종할 수도 있다. 적극적으로 도전
하는 식신성의 특징과 감이 좋고 때로는 사람에게 상처를
주고서도 뻗어 오르려는 편관성의 특징을 잘 살리면 당신의
실력이 발휘되는 예능계에서 확실히 최고의 계단을 올라갈
것이다. 물론 천덕귀인이나 천덕합이 있으면 밑바닥에 깔리

는 일 없이 기회의 혜택을 받게 된다.

　관능적인 별의 정도화나 홍염이 양편에 있으면 연애문제
의 분쟁을 일으키기 쉬우나, 어느쪽 하나만이라면 걱정 없
다. 남성을 끌어당기지 않으면 안되는 여성다운 매력으로
인기를 모운다.

　양인(羊刃)의 예리한 과격성도 때로는 당신의 매력에 첨
화(添花)할 것이다. 사생활도 모두 보도기관에 밝혀지는 스
타의 자리를 유지하기 위해서는 이 정도의 강렬한 별도 필
요할 것이다. 유명한 인기 연예인은 양인의 소유자이다.

　그러나 양인도 역시 하나뿐인 편이 생각지도 않은 행운을
가져오는 것같다.

　홍성의 변덕이 길작용(吉作用)을 하는 좋은 예이다.

3장 명식표를 읽는다 95

화려한 사랑의 편력(遍歷)을 거듭하는 사람의 명식

정관성과 편관성이 합하여 세 개 이상 있다/간합(갑기·을경·병신·정임·무계의 합)이 둘 이상 있다/식신성이 두 개 이상 있다/팔풍(八風)이 있다/홍염과 정도화가 있다

　이것은 매력적이고 예쁜 여성에게 많은 명식이다. 학교에서나 직장에서나 언제나 모임의 중심이 되는 화려한 존재의 인물이다. 다정 다감하여 연인이 많을 것이다. 간합을 명식에 두 개 이상 갖는 것을 다간합이라 하고, 두 사람의 이성을 동시에 사랑하는 암시가 된다. 설령 정식으로 결혼하더라도 당신에게는 연인이 있다. 명식에 양인과 비인(飛刀), 상관성이 있는 사람은 어지간히 잘 하지 않으면 바람놀이가 들어나서 갈등으로 발전한다. 무기나 폭력을 휘두르지 않도록 조심해야 한다. 또 관성을 세 개 이상 갖는 작가도 있다.
　정관성이나 편관성의 수로 당신의 남편이나 애인의 수가 알려진다. 정관성은 정식의 배우자 수를, 편관성은 애인의 수를 암시하고 있다. 요컨대, 정관성이 두 개 있으면 당신은 두 번 결혼할 가능성이 있고, 편관성이 있으면 남편 외에도 육체관계를 맺는 연인이 있을 것이다.
　정력을 나타내는 식신성이 많이 있는 사람은 과격한 섹스를 요구한다. 팔풍 일생(八風日生)으로 분위기 보다 강한 것을 바라는 타입이다. 오직 한 사람의 상대에게 몸과 마음을 바치기는 어려울 것이며, 정신적인 연애로는 만족하지

못한다.

특히, 남편의 장기출장이나 단신 부임(赴任)중에는 당신의 바람기는 발동할 것이다. 모험적인 즐거움을 맛보기 전에 잠시 생각해 볼 것도 필요하다. 뒤에 후회할 일이 되지 않도록 해야할 것이다.

홍염이나 정도화는 많은 사람에게 사랑받는 암시이며·어느쪽인가 하나의 별을 가지고 있으면, 당신은 많은 사람의 존경이나 행복의 신일 것이다. 섹시한 매력을 뿌리는 여성이 틀림 없을 것이다.

그러나 이 별을 양쪽 모두 가지고 있으면, 인기가 있다해서 거들먹거려서는 안된다. 너무 기가 많으면 남성관계가 원인으로 망신하기가 쉽다. 부드러운 말 한마디도 자기에게 관심이 있는 것으로 우쭐해지는 남자도 있는 것이다.

시원찮은 남편 때문에 고민할 사람의 명식

정관성에 공망이 붙는다/상관성이나 편관성이 두 개 이상 있다/정관성이 있는 주에 절이 붙는다/겁재·패재성이 있는 주에 목욕이 붙는다/비견성과 겁재·패재성이 합하여 세 개 이상 있다.

「여자의 행복은 남자 나름」이라고 단언할 수는 없어도, 역시 결혼하면 남편의 운세가 처의 운세를 크게 좌우한다. 당신이 아무리 뛰어난 여성이라도 일 못하는 남편, 동정심이 없는 남편을 만나면 한평생 고생하지 않을 수 없을 것이다. 명식에 정관성이 하나만 있는 여성은 이혼하는 일 없이 한평생 한사람의 남편과 해로한다고 말할 수 있다. 그러나 그렇다고 행복한 결혼생활이라고는 할 수 없다. 남편이 애인의 집에만 머물러 있고 형식만의 결혼생활을 계속하는 케이스도 있을 것이다. 특히 절이 붙어 있는 사람, 공망이 있는 사람은 돌아오지 않는 남편을 고대하는 매일이 될 수도 있다. 도박 광(狂)이나 알코올 중독으로 일하지 않는 남편, 병약한 남편을 먹여 살리지 않으면 안되는 일도 있을 것이다. 당신이 이혼하고 싶어도 상대가 승낙하지 않으면 역시 불행한 결혼을 계속하지 않을 수 없을 것이다.

상관성이나 편관성이 많은 여성은 모르는 사이에 남편을 쓸모 없는 사람으로 만들어 가기도 한다. 기가 강하고 든든하며, 활동력이 강한 당신을 의지하여 남편은 놀기를 즐기는 버릇을 가지게 되기 쉽다.

명 식 표

1952년 2월 27일 오후 2시 30분 생　　　　　　　正桃華 — (午戌)

天德貴人 (丁) 天德合 (壬)　羊刃 (丑)　空亡 (子丑)

四柱	干		支		十二運
	吉凶星	運命星	運命星	吉凶星	
年柱	天德合	〔劫財〕 壬	〔正官〕 辰	将軍	養
月柱	天德合 月空	〔劫財〕 壬	〔傷官〕 寅	金興禄 深水 流霞 断橋 下情	沐浴
日柱		癸	穿 〔食神〕 卯		長生
時柱		〔偏官〕 己	〔偏官〕 未		墓

　위 표와 같이 겁재·패재성에 목욕이 붙으면 모처럼의 남편의 행운을 당신이 빼앗을지도 모른다.

　묵묵히 남편에게 순종하는 것이 좋을 것같으나, 참지 못하고 발언하거나 비판해버리는 성격. 아무래도 남편이 미덥지 않으면 갈라서는 것이 서로 개운해질 것이다.

　비견성이나 겁재·패재성은 독립을 암시한다. 이 별이 몇 개나 있으면 설사 당신이 바라지 않아도 자신의 생활비는 자신이 벌게 될 것이다.

　남편 운이 나쁘더라도 이 면의 글만을 보고 절망해서는 안된다. 상대가 어떤 별을 가지고 있는가로도 당신의 운세는 크게 변한다. 그것을 신중하게 보길 바란다.

이혼하거나 미망인이 되기 쉬운 사람의 명식

① 정관성이 있는 주에 절이 붙는다/겁재·패재성이 있는 주에 목욕이 붙는다/상관성이 있는 주에 관대가 붙는다/

② 월주에 상관성과 양이 있다/연주나 월주에 양이 있다/월주에 관대가 있다/연주나 월주에 건록이 있다/일주에 묘가 있다/시주에 정재성이 있다

①의 어느 것인가에 해당되는 여성은 흔히 말하는「후가운(後家運)」. 유감스럽게도 결혼은「해피 엔드」로 되지 않을 경우가 많을 것이다. 어떤 훌륭한 남편을 만나도 장래 자립할 수 있는 길을 찾아두는 것이 좋을 것이다. 이혼이나 별거 등 생별, 사별의 암시가 있다.

②에도 해당하는 경우는 10대나 20대에 고생하여도 중년 이후에 행복이 모여 든다. 젊을 때 남편과 사별하거나 이혼하여도 그렇게 비관할 일도 아니다.

다음 명식표는 어느 다방 여주인인 박씨의 것이다. 박씨는 학생 시절에 사랑이 결실하여 22세에 3세 연상인 남편과 결혼했다. 그런데 4년 후, 귀여운 아이를 남기고 남편은 교통사고로 사망하였다. 정관성에 절이 붙은 운명의 탓인지 박씨는 26세의 젊은 나이로 미망인이 되었다. 미망인이 되어서도 남편이 하던 점포를 시부모와 계속하여 점점 번성하였다.

박씨가 갖는 장군이나 복생귀인의 덕택으로 점포는 날로 번창하였다.

박씨는 월지·상관성에 양이 붙는 행복의 혜택도 있으나,

명 식 표

1931년 1월 15일 오후 6시 생 　　　　　　　　　正桃華 － (子·申)

天德貴人 (庚) 天德合 (乙) 　羊刃 (午) 　空亡 (辰巳)

干		支		十二運
吉凶星	運命星	運命星	吉凶星	
年柱　天德合	〔印綬〕 乙	〔正官〕 亥	驛馬　深水 將軍　斷橋 血刃	絶
月柱	〔傷官〕 己	〔傷官〕 丑	金鎖	養
日柱	丙	穿　〔偏財〕 申	正桃華 暗祿 將軍	病
時柱	〔敗財〕 丁	〔正財〕 酉		死

남편을 잃은 뒤의 박씨의 노력이 있었던 것도 잊어서는 안
될 것이다. 어느쪽에도 ①·②의 명식의 사람은 옆에 붙는
운명성이나 12운성에도 의지하지만, 남편이 있어도 이름 뿐
으로 믿을 수 없으며 없는 것과 같은 것으로 될 것이다.

자기의 점포를 가지고 성공하는 사람의 명식

상관성이 있는 주에 태가 붙고, 월주나 일주에 편재성이 있다/편인성과 정재성이 있다/편재성과 식신성이 있다

　과자 만들기를 잘하는 여성이 작은 과자점을 열거나 골동품을 좋아하는 것이 빌미가 되어 골동품점을 가진다든가 자기의 취미를 살려서 점포를 가지려는 주부나 젊은 여성이 늘어나고 있다. 그러나 점포의 여주인이 되려고 하는 이상, 단지 좋아한다든가 취미가 있다는 것만으로는 안된다. 점포 경영에 성공하자면 역시 별의 힘이 있어야 한다.

　작은 점포는 우선 여주인의 매력이 사람을 끌어들인다. 미인이라면 더 바랄나위 없지만 미인이 아니라도 좋다. 사람을 끌어잡는 개성적인 매력과 강한 이성(異性)은 상관성이다. 단지 상관성에 강운의 12운성이 붙으면, 개성이 너무 강해 고립(孤立)하는 일이 있다. 태(胎) 정도가 이상적일 것이다.

　자금이 원만하게 융통되는 것은 편재성의 힘이다. 사교적으로 대인관계도 좋은 이 별이 월주나 일주에 있으면 당신의 점포는 바로 궤도에 오를 것이다.

　독특한 아이디어장사로 승부를 하자면 편인성과 정재성이 필요하다. 타인이 생각지 못한 새로운 장사 계획을 세워 보는 것도 좋을 것이다. 정재성은 당신에게 금전운을 가져온다. 게다가 아이디어나 계획의 별인 편인성은 정재성을

돕는 힘을 가지고 있다. 두뇌를 쓰면 쓸수록 점포는 잘 될 것이다.

　편재성과 식신성이 양쪽 모두 명식에 있는 사람은 무엇을 해도 사업이 성공할 가능성이 높다. 자금회전에도 어려움이 없고, 점포도 잘되어 바쁘게 일 할 것이다. 앞에 보인 명식에 천덕귀인이나 천덕합이 붙으면, 물론 장사운은 더 말할 나위 없다. 또 사람을 쓰자면 월공(月空)이란 길성도 탐난다. 암록도 당신에게 금전운을 가져올 것이다. 개점은 정관성이나 비견성이 돌아온 해이다.

고향을 떠나 해외 등에서 활약하는 사람의 명식

역마가 있다/일주에 목욕이나 양이 있다/연주와 월주의 간에 편인성이 있다/연주의 간에 상관성이 있다

「단신 부임」은 지금은 남성만의 것에 한정되지 않는다. 매스컴이나 여행대리점 관계에서는 여성 해외 특파원, 주재원이 활약하고 있다. 역마는 이동을 즐기는 별, 출장·이사를 반복하여 중년 이후에 행운을 잡는다. 그외 스튜어디스나 배의 승원 등 늘 집을 떠나서 일에 종사할 지도 모른다. 남편 따라서 전근처를 전전할지도 모른다. 해외에서 활약하고, 외국에 늘 왕래하는 사람에게는 꼭 필요한 별이다. 연주·월주의 간에 편인성이 있는 사람, 연주의 간에 상관성이 있는 사람은 아마 태어난 고향을 떠나게 될 것이다. 시골을 떠나 도시에서 생활하거나 반대로 도시에서 자란 사람이 목장이나 농원의 여주인이 되거나, 설령 외동딸로 태어났어도 어버이의 노후를 받을 가능성도 적을 것이다. 비견성이 돌아온 해(146P 참조)에 당신은 집을 나가버릴 것이다. 그러나 언제까지 주저하고 있어서는 안된다. 가족에게 매어 있어서는 행운을 놓치게 될 지도 모른다.

4장
상성추명(相性推命)

— 당신에게 맞는 상대, 맞지 않는 상대

명식표에서 보는 당신과 그의 사랑의 행방(行方)

사랑에 빠질 때, 그것은 좀처럼 이론으로는 설명 못한다.

마치 운명의 붉은 실로 연결되어 있었던 것같이 만난 그곳에서 끌리는 쌍도 있을 것이다. 어느쪽인가 강인하게 자기 영역으로 끌어넣어 커플이나 친구로 사귀고 있을 동안에 차츰차츰 사랑이 싹트는 커플도 있을 것이다. 같은 형식으로 만나도 보통 타인사이로 끝나는 두 사람, 긴 기간 같은 회사나 학교에서 지내도 친구 이상으로는 나아가지 않는 두 사람, 사랑에 빠지는가 빠지지 않는가는 어디서 달라지는 것일까? 이것에는 역시 상성이 문제가 되어지는 것이 아닐까?

● 상성은 서로의 일지의 운명성으로 본다

상성을 점칠 경우, 사주 추명에서는 일지에 붙는 운명성을 우선 보게 된다. 2장에서 쓴대로 일지의 운명성이 기본적인 성격이나 운명을 말하고 있는 것이다. 운명성들은 서로 끌리거나 합치거나 밀어내거나 하는 관계가 있다. 이 별에는 강하지만, 이쪽 별에는 약하다는 역(力) 관계도 있다. 왜 그런 일이 일어나는가 하는 것은 소위 음양 오행의 철학이라도 역학에 입각(立脚)하고 있으나, 여기에는 매우 어려운 논증이 필요하게 된다. 사주 추명의 연구자를 희망한다

면 모르나, 우선 당신은 어려운 설명보다도 빨리 그와의 상
성감정(鑑定)을 알고 싶을 것이다. 이 장에서는 우선 기본
적인 운명성끼리의 상성판단을 한 위에서 대표적인 조합의
남녀의 명식을 소개하면서 상성에 대해서 설명하겠다.

「그의 생년월일은 알지만, 시간은……」라는 사람이 많을
것이다. 연·월·일의 3주만 알면 된다. 처음에 당신과 그이
의 일지의 운명성으로 두 사람이 어째서 끌리고 만났는가,
어디에 끌렸는가, 그리고 어떻게 하면 행복할 수 있는가를
찾아보기 바란다.

그가 진심으로 당신을 사랑하고 있는가, 당신을 행복하게
할 수 있는가를 알게 될 것이다. 또 짝사랑하는 당신이 그
이의 마음을 돌리게 하는 힌트를 잡을 수 있을 것이다.

이것은 남녀의 상성만이 아니라, 가족이나 친구, 상사, 동
료 등에도 해당된다. 직장이나 가정에서 인간관계를 원만하
게 하는 힌트도 될 것이다.

그이의 일지— 편관성(偏官星)과의 상성

당신의 일지— 편관성

두 사람 모두 예스, 노가 분명하여 싫은 것은 똑똑히 거절하는 타입이다.

어느쪽도 타인에서 보면 완고하고 개성적이나 닮은 사람끼리 잘 이해할 수 있을 것이다. 섹스는 서로 격렬하게 타오를 것이다. 그런 면은 의기 투합한다. 그러나 뜨거워지고 식기 쉬운 두 사람이다. 일단 상대의 결점을 알게 되면 얼굴도 보기 싫도록 싫어질지도 모른다. 헤어질 때'가장 큰 갈등이 일어나는 것이 이런 쌍이다.

당신의 일지— 편재성

성질이 강해 흥분하기 쉬운 그이. 일지가 편재성인 당신이라면 그의 자존심을 상하지 않게 잘 조정할 수 있다. 자존심이 강한 그에게 당신은 「예」「예」하고 순종하며 여기다 싶은 급소는 꼭 찝어서 억제한다. 당신쪽이 어른이 된다. 결혼의 상성으로는 최고이다. 당신은 남편이 일을 능률적으로 하게 하고, 그 수입은 생활비로하고 당신이 번 돈은 취미나 여행 등 자유롭게 쓴다. 이 쌍의 섹스도 상성이며 좋은 편이다.

당신의 일지— 편인성

그이가 당신을 「보호해 주겠다」생각하고 있는 한, 오래 계속할 한 쌍이다.

현실적이고 활동적인 그와 공상이나 낭만을 추구하는 당신. 이 양과 음의 성격은 침실에서도 반영되어 있을 것이다. 결혼하면 가려운 곳에 손이 닿는 듯한 빈틈없이 돌보아주는 당신에게 그는 대만족이다. 당분간은 달콤한 생활이 계속된다. 그러나 신경질적이며 감수성이 예민한 당신의 비위를 맞추기에 귀찮아지면 이혼의 위기가 찾아온다.

당신의 일지― 식신성

소위 여자다운 여성에 약한 것이 편인성의 남성이다. 그는 관능적이며 정이 많고, 게다가 믿음직스런 식신성의 여성은 그의 이상에 꼭 맞는다. 입으로는 잘난체하지만, 사실 그는 당신의 부드러움에 만족하고 당신을 의뢰하고 있다.

단지, 너무 유하게 대하는 것도 생각해 볼 일이다. 「이 정도라면 용서하겠지」하고 바람을 피울지도 모른다. 그의 수입에 의존하겠다고는 애초부터 생각지 않았을 것. 도리어 결혼하면 생활이 어려워지는 것도, 나가 달라고 하는 것도, 아마 당신쪽일 것이다.

당신의 일지― 비견성

어느쪽도 강기. 완고해서 한번 정하면 여간해서 물러나지 않는다. 서로 버티어가다 결국 그가 완력으로 당신을 꺾는 것으로 되지 않을까? 어려운 짝지움이다. 인생에 같은 목표를 가진 동지적인 결합이라면 미더운 상대라 하겠다. 당신이 한걸음 양보하여, 그의 남자로서의 자존심을 만족시킨다면 좋으나 일이나 생활 태도에 이것저것 간섭하면 바로 이혼설이 나올지도 모른다. 단지 비견성의 지지 않으려는 기를 기특하고 귀엽게 보는 남자의 편관성이라면 상성은 좋은 편이다.

♥ 편관성(偏官星)의 그이에게 사랑을 받으려면

자랑을 떠벌리다가도 갑자기 입을 다물고 불퉁하다고 생각했으나, 갑자기 생글생글 아양을 부리거나, 좀 이해하기 어려운 타입의 남성이다. 그는 대인관계가 좋은 편은 아니다. 그것으로 손해를 보고 있다. 그러나 권세는 부러워하고 있다. 사람과 돈을 마음껏 지배하고 싶다. 또 자기에는 그런 실력이 있다고 믿고 있다. 솔직하고 순종하는 태도로 접해야 한다. 무엇이나 돌봐주게 된다.

그이의 일지— 편재성(偏財星)과의 상성

당신의 일지— 편관성

점포를 갖는다거나, 회사를 세운다거나, 무엇이라도 두 사람이 시작한다면 최고의 짜임일 것이다. 물론 결혼해서도 그이를 잘 조종할 수 있다. 단지, 어느쪽도 바람기가 있다.

특히, 편재성의 남성은 여성에게는 진실한 편이므로 숨어서 여자를 만드는 일은 쉬운 일이다. 당신은 독점욕도 질투심도 강한 편이라서 고민을 할 것이다. 이럴 때는 자유롭게 놀게하고, 변함없이 부드럽게 접하면 인정가이며 이해심이 많은 편재성의 남성이면 반드시 당신에게 돌아올 것이다.

당신의 일지— 편재성

어느쪽도 대인관계가 좋고 호감을 주는 사람이라 하여, 누구에게라도 환영 받는 타입이다. 상성도 중길(中吉)이다.

특히, 갈등도 없고 순조롭게 골인할 것이다. 단지 친구처럼 되기 쉽고 파란이 없는 대신 서로 불만을 품을 수가 있다. 가끔은 다투는 것이 도리어 굳게 결합되기도 한다. 결혼하면 서로 무관심이 되어 당신은 당신, 나는 나로 밖으로 즐거움을 구하게 될지도 모른다.

당신의 일지— 편인성

모처럼 당신이 도와주려해도 그이는 당신의 의견을 무시하고 밀고 나갈지도 모른다. 두뇌가 명석한 당신은 호인이며 단순한 그에게 불안을 느낄지도 모른다. 당신이 부드럽고 이해심이 있으면 잘 지내게 될 한 쌍이다.

만일, 솔직하게 당신의 의견에 귀 기울이는 남성이면 결혼해도 좋다. 그는 이성(異性)으로 움직이는 타입은 아니고, 감정으로 움직이는 타입이다. 당신이 아이디어를 내는 두뇌 노동자, 그는 뛰어다니는 육체 노동자로서 성공할 부부이다.

당신의 일지 - 식신성

이상적인 한 쌍이 된다. 다만, 그러자면 당신이 리드하지 않으면 안된다. 내주장이 잘 짜여진다고 하겠다. 두 사람이라면, 화제(話題)도 부족하지 않은 밝은 가정을 이룩할 수 있다. 그이는 봉급생활보다 중소기업 경영자 타입이고 당신에게도 경영의 재능이 있으니, 두 사람이 사업을 시작하여도 성공하지만, 두 사람 모두 외면은 좋은 대신 성격적으로 게으름이 있는 탓에 내실에 쪼달리는 일이 없도록 당신이 조정을 잘해야 할 것이다. 발전가끼리의 짝지움이라서 삼각관계 등의 사랑 싸움에 요주의할 필요가 있다.

당신의 일지 - 비견성

누구에게도 친절하며 호인인 그이. 얽매이기를 싫어하는 자유인으로 세세한 것에 구애하지 않는 그이는 여성에게 호감을 주는 타입이며 여성 편력자이기도 하다.

착실한 당신에게는 철없는 아이같기도 할 것이다. 그이가 당신 말을 잘 듣고 있을 때는 좋지만, 다른 여자에게도 빈틈없이 좋은 얼굴로 대한다면 자존심이 강한 당신에게는 그의 무책임함이 견딜 수 없을 것이다. 언젠가 폭발할 것이다. 그때 그가 당신에게 돌아올지 어떨지는 모른다. 가끔 그의 기를 돋구어주고, 속박하지 않고, 관용할 수 있으면 상성은 길성이다.

♥ 편재성의 그이에게 사랑을 받자면

돈에는 부자유할 타입의 그이 흐리터분하게 보여도 금전 감각은 꽤 단단하다.

노는 것도 화려하고 섹스도 즐길 것이다. 그가 당신에게 다가오더라도 진실하게 결혼을 고려하고 있는지는 의문이다. 이런 타입의 남성을 결코 쫓아가서는 안된다. 질긴 여자는 가장 싫어한다.

그이에게는 의젓한 태도를 취해야 한다. 이지적이며 착실한 여성에게 사실 그는 약한 것이다. 때로는 부드럽게, 때로는 엄하게 꾸짖는 어머니의 애정이 필요하다.

그이의 일지- 편인성(偏印星)과의 상성

당신의 일지- 편관성

호의는 가지고 있으면서 조금도 행동으로 옮기지 않는 그이. 당신은 애가 타지 않는가. 본디, 이 별의 사람은 약간 귀찮아하는 것이 있는 것 같다. 적극성이 있는 당신편에서 나서지 않으면 두 사람 사이는 깊어지지 않는다. 그러나 섬세하고 낭만적인 그이이므로 너무 드러나게 접근하는 것은 역효과이다. 또 자신을 잃게 되면 술에 빠지거나, 증발하거나, 현실에서 도피하려는 사람도 있다. 소극적인 그를 행동면에서 따라가면 상성은 길성이다.

당신의 일지- 편재성

설령 영감(靈感)이 강하다든가, 귀찮은 물리계산을 술술 풀어버린다거나, 그에게는 무엇인가 특수한 재능이 있을 것이다. 어느편인가 하면 별로 사색형이라고는 할 수 없는 당신은 두뇌가 좋은 그이에게 강한 동경을 느낄 것이다. 그도 활발한 당신을 좋아할 것이다. 당신은 그의 좋은 이해자가 될 것이다. 그의 재능을 당신이 세상에 파는 것이다. 편재성의 사람은 음기 응변의 처세술이 뛰어나서 사회적으로 서툰 편인성의 그의 약점을 보완하면 길성이다.

당신의 일지- 편인성

사랑하고 있을 때는 서로 이해하는 최고의 상대를 만났다고 생각했을 것이다. 둘다 모두 꿈 많은 낭만가라서 데이트도 달콤한 무드가 감싼다. 그러나 현실의 결혼생활에서는 '이럴 리가 없을 텐데.'라고 후회할 일도 많을 것이다. 열심히 일하기보다 비현실적인 공상 속에 노는 편을 좋아하는 두 사람이 한번 좌절하면 빚에 쫓기는 생활로 헤어질지도 모르므로 어느쪽이든 생활력을 가지는 것이 필요하다.

당신의 일지 - 식신성

두뇌는 좋으나 행동력이 부족한 그이와 움직이고 돌아다니는 것은 잘하지만, 깊이 생각하기를 싫어하는 당신과 서로 보완하면 상당히 좋은 짜임인 셈이다.

이 한 쌍이 여사장인 당신과 그의 두뇌를 합하면 회사는 발전한다. 부부로 장사를 시작할 경우, 당신은 선전이나 영업, 그가 기획이나 경리를 담당하면 좋을 것이다. 사회의 표면에 서는 것은 당신, 그는 그 연출가라는 것이다. 섹스면에서는 정력가의 당신에게 불만이 남을지도 모른다. 또 두뇌 회전이 빠른 그에게 싫증을 느끼지 않게하기 위해 항상 신선한 화제를 준비하도록 노력해야 할 것이다.

당신의 일지 - 비견성

유순하고 지성이 넘치는 그이. 별로 믿음성이 없을지도 모르나 그이를 위해서라면 정성을 바치려는 당신이다. 그는 어느편인가 하면 학구파(學究派)이다. 사람에게 상처를 입히면서까지 출세하려고 하지 않는 것에 대해 당신은 매력을 느끼고 있을 것이다. 그리고 그는 그가 갖지 못한 당신의 기가 센 것에 매력을 느낄 것이다. 당신이 그의 유순한 것

과 지성을 사랑하고, 부드럽게 섬기면 이 한 쌍은 잘 되어
갈 것이다.

　약간 정력이 부족한 그에게 당신이 불만을 가지거나 무시
하는 태도를 취하면 반드시 헤어질 위기가 올 것이다.

　가끔은 그에게 의지하고 사랑하면 중길(中吉)이다.

♥ 편인성의 그에게 사랑을 받자면

　그는 소위 인테리어 타입. 섬세하며 무엇을 하여도 잘 생각하
고 준비가 안되고는 실행에 들어가지 않는다. 모처럼 재능은 있
어도 배짱과 행동력이 모자라 좌절하는 경우도 가끔 있다. 체력
적으로도 별로 복받은 편은 아니다.

　이런 편인성의 그에게 사랑을 받자면 좋은 협력가가 되는 것
이다. 그의 계획을 실행하는 것은 당신의 역할이다. 가령 여행을
떠난다면 그가 계획을 세우고, 당신은 차표를 구하는 등의 역할
을 하면 된다.

　섹스는 강한 것보다 사랑을 바라는 사람이다.

그이의 일지- 식신성(食神星)과의 상성

당신의 일지- 편관성

생각하기보다 먼저 행동하기 쉬운 그와 두려운 줄 모르고 감정의 기복(起伏)이 심한 당신과는 상성이 좋은 한 쌍이라고는 할 수 없다. 언제나 작은 갈등은 끊이지 않는다. 그이는 불쑥하면 냉정한 판단력을 잃어버리기 쉽다. 냉정하고 객관적인 견해를 가진 당신이 그를 도와준다면 원만하게 수습된다. 당신이 그늘에서 지지해 가더라도 자존심이 높은 그이에게는 '내가 붙어있지 않으면 쓸모 없는 여자'라고 생각하게 할 필요가 있을 것이다. 그것이 이 상성의 길흉의 갈림길이 된다.

당신의 일지- 편재성

도전정신이 왕성하고 타인보다 생활력이 배나 넘치는 그이. 그러면서도 사소한 실패나 실수도 많으므로 견실한 당신은 늘 위태로움을 느낄 것이다. 활동력의 별인 식신성을 일지로 갖는 그와 경제력이 있는 당신과의 짝지어짐은 상성으로서는 길상이다. 그러나 그의 부족한 점을 당신이 덮어주어야 한다. 활동가인 그이지만 대범하여 세세한 돈의 계산은 약할 것이다. 결혼하면 당신이 경리를 하는 편이 안심이다.

당신의 일지- 편인성

한번 생각한 것은 우선 행동으로 나타내는 그이. '이것을 하자.'라고 결정하면, 준비나 계획은 다음으로 미루고 뒤도 돌아보지 않고 나아간다. 고민거리가 많고, 신경을 쓰기 쉬운 당신과는 대조적인 성격일 것이다. 이런 짝지움은 자석처럼 서로 끌어당긴다. 서로 내게 부족한 것을 상대에서 찾아내어 매력으로 느끼게 된다. 그의 정력의 발산을 일이나 학문 등으로 쏟으면 사회에서는 활약할 수 있을 것이다. 잘 조정하는 것은 당신의 솜씨에 있다.

당신의 일지 — 식신성

대등한 입장을 지키고 있을 동안에는 좋은 짝지움이다. 어느쪽도 사람을 도와주기보다 자신은 표면에 서지 않는다는 타입이다. 연애 중에는 심한 언쟁도 자주 있으나 별로 상처나는 일은 없고, 다음 날에는 말끔해진다. 어릴 때 소꿉친구 사이와 같다. 단지 어느쪽이나 주도권을 잡으려고 하면 파국이 온다. 그가 가장노릇을 하려하든지, 당신편이 수입이나 지위가 높아지면 위험하다. 두 사람 모두 침대에서는 기교인으로 이성에게 호감을 사는 탓에 삼각관계를 만들기 쉽다. 더욱 식신성이 너무 많으면 타인에의 이해심이 부족한 이기주의적인 남성으로 된다.

당신의 일지 — 비견성

좋게 말하면 협조성이 있는 그이도 당신에게는 팔방 미인의 경박자로 보일지도 모른다. 무엇이나 뜻대로 안되면 곧 불안해하는 당신은 그이의 행동이 걱정이 되어 못견디게 될 것이다. 달리 좋아하는 사람이 있지나 않을까 짐작해 버린다.

활동적이며 느긋하게 있지 못하는 그이를 혼자 독점하는 것은 무리이므로 그이에게만 매여 있지 말고, 다른 일에 전념해야 할 것이다. 일이나 취미 등 또 다른 것에 사는 보람을 찾아야 한다. 지나친 간섭은 하지 말고 식신성의 사람에게는 미식가가 많으므로 요리전문가가 되어 있는 것도 그이의 마음과 위(胃)를 잡아두기 위해 중요할 것이다.

♥ 식신성의 그이에게 사랑을 받자면

일로 타인의 배를 타지만, 노는 것도 보통 이상이다. 실행력이 있고 활력가인 그이지만 깊이 생각하기를 꺼리고 게다가 타인에게 불쾌한 얼굴을 보이기를 싫어하는 호인이라서 사기를 당하기 쉽고, 일을 잘 하는데도 좋은 평가는 받지 못한다. 이런 사람에게는 두뇌가 좋고 세밀한 곳까지 생각이 미치는 온순한 여성이 이상형이다. 그이가 실수하기 전에 표 안나게 적절한 안내를 할 수 있는 사람이 그이의 마음을 잡게 될 것이다.

그이의 일지 - 비견성(比肩星)과의 상성

당신의 일지 - 편관성

충고나 명령을 받는 것을 싫어하는 그이. 무엇이나 자기 의견으로 결정해 버린다. 그러나 당신은 사람을 부리는 것을 좋아한다. 그이가 자기 생각대로 움직이지 않으면 사랑하지 않는다고 책망하게 될 것이다. 그이가 한걸음 양보하여 당신의 의견을 따르든가, 당신이 그이를 시끄럽게 지도하는 버릇을 고치지 않으면, 오래 계속되지 않을 것이다. 어느쪽도 감정적으로 되기 쉽고, 한번 다투면 화해가 어렵기 때문에 고집을 부리면 파국이 가까워진다.

당신의 일지 - 편재성

편재성은 호기심이 강하고, 자유주의적인 별이다. 이 별을 갖는 여성은 대인관계가 좋다. 그러나 비견성의 남성에는 독점욕이 강한 남자가 많고, 자기중심이 아니면 안심 못한다. 자기에게만 관심을 두는 순종적인 여성을 좋아한다. 착실하고 견실한 그이지만 활발한 당신에게는 약간 딱딱하게 느끼는 면도 있을 것이다. 이런 짝지움은 오해가 없도록 대화에 힘쓰는 것이 중요하다.

당신의 일지 - 편인성

그이가 지도권을 잡고 당신을 마음대로 움직이고 있으면 언젠가는 헤어질 때가 올 것이다.

당신은 어떻게 하면 그이가 더 사랑해줄까를 여러모로 신경을 쓸 것이다. 그러나 그이는 그런데는 무관심하고 별로 당신을 귀하게 여기지 않는다. 예민한 당신은 그이의 자기 중심적인 섹스로 고통이 될지도 모른다. 방치하면 그이는 더욱더 방종하게 될 것이다. 그이의 자존심을 상하지 않게 조금은 자기의 뜻도 주장해야 할 것이다.

당신의 일지— 식신성

친구로서 사귄다면 얼마만큼은 의지할만한 남성으로 여겨질 것이다. 그러나 몇 차례 데이트하는 사이에 당신에게 불만이 쌓일지도 모른다. 「여자의 말은 듣기 싫다」는 것이 그이의 사고방식이고 당신에게조차 경쟁의식을 가질지도 모른다. 결혼하면 당신을 가사에만 전념하도록 할 것이다. 당신이 그의 뜻대로 순종하고 있으면 그이는 만족할 것이다. 많은 시간을 써서 당신의 영역으로 끌어들여야 한다. 전향적으로 살기를 즐기는 그이에게는 사업상의 적도 많을 것이다. 명랑하고 차분한 당신의 인품이 그이의 마음의 휴식처가 되어 있으면 길성이다.

당신의 일지— 비견성

언제나 갈라질 위험을 안고 있는 한 쌍이다. 그러면서도 그런 스릴을 즐기고 있는 사이이다. 어느쪽도 지기 싫어하는 기가 센 데가 있다. 특히 당신은 강기이며, 무엇이나 혼자하려는 고집이 강한 사람이고 그이도 또한 같으므로 서로 뜻이 통하지 않으면 말을 안하는 일이 있을 것이다. 그렇다고 상성이 나쁜가하면 그렇지도 않다. 고집을 부리지 말고 상대의 의견을 들으려는 노력을 하며, 친구처럼 간섭하지 않는 결혼생활이라면 오래 계속할 것이다. 어느쪽이든 당신이 솔직하고 사랑스런 여자의 구실을 해나가면 상성은 그런 대로 유지될 것이다.

♥ 비견성의 그이에게 사랑을 받자면

그이와 서로 사랑해 가자면 조금은 노력이 필요하다. 본디 비견성의 남성에게는 사람과 잘 지내게되는 재치가 부족하다. 타인의 생각 등에는 무관심하고 변덕스런 사람으로 취급되는 일도 있을 것이다. 이런 그이에게 감겨드는 것도 역효과이고 너무 고분고분하는 것도 귀찮게 여긴다. 그에게는 우선 좋아하는 대로 내버려두고 부드러운 말이나 위로를 당신은 기대하지 말 것. 단지 이런 남자에게는 재치있는 편지 등이 의외로 효과를 나타내는 것 같다.

일간이 병(丙)이나 정(丁)으로 식신성과 상관성이 많은 남성은 사랑에는 강인(強引). 패재성과 편재성을 갖는 여성은 놀아나 버릴지도 모른다

♂ 그이의 명식─ 일간이 병이나 정으로 식신성과 상관성이 합해서 세 개 이상 있다

♀ 당신의 명식─ 겁재·패재성과 편재성이 있다

병(丙)이나 정(丁)을 생일로 갖는 남성은 밝고 화려한 것이 좋다. 사교적이고 구변이 좋다. 아름다운 것을 동경하고, 어떤 고가물(高價物)도 탐이나면 다소의 무리를 해서 어떤 수단을 써서라도 손에 넣는다.

특히 식신성과 상관성이 명식에 세 개 이상 있으면 행동력은 발군(拔群)하여 좋아하는 여성을 만나면, 결코 보고 있지만은 않는다. 강인(強引)하게, 또 두뇌를 써서 접근한다. 사람을 믿기 쉬운 당신은 곧 사랑에 빠지게 될 것이다. 그렇다고해서 모든 것을 그이에게 바치는 것은 생각해 볼 일이다. 몇 번의 섹스를 반복하면 그이는 싫증을 느낄지도 모른다. 한 여성을 소중하게 지켜나갈 타입의 남성은 아닌 것 같다. 항상 새롭고 아름다운 꽃을 구하는 남성에게 당신은 가장 놀림을 당하기 쉬운 여성이다. 섹스도 결코 싫지 않고, 돈도 가지고 있다. 게다가 자기의 매력이나 능력에는 자신이 있어서 사기당하고 있는 것을 좀처럼 깨닫지 못한다.

그의 말을 믿고, 열심히 섬기고 있는 것은 아닌가? 특히

겁재·패재성이 많으면 돈을 빌려서라도 섬기기가 쉽다.

　이 호색가이며 빈틈없는 남성으로부터 보면 당신은 관대하고 이해심이 있고 다루기 편한 여자로 여겨지고 있다.

　근무처의 공금에 손을 데면서까지 남성의 마음을 붙잡아 두려는 여성이 있다. 범죄로 내닫는 것이 되지 않으면 다행이지만, 그이는 모든 사람에게 환심을 얻고 싶은 것이다. 만일 그이의 본심을 모른다면 가끔 냉정하게 대해보는 것도 좋을 것이다. 언제나 시키는 대로 나가면 헤어질 때의 상처는 깊어지게 된다.

편관성에 장생이 붙는 여성은 정관성과 식신성이 있는 남성을 상사로 가지면 직장연애에 빠지기 쉽다

♂ 그이의 명식 – 정관성과 식신성이 하나씩 있다
♀ 당신의 명식 – 편관성이 있는 주에 장생(長生)이 붙는다

정관성과 식신성이 있는 남성은 사업가로서는 유능하다. 상사나 부하에게도 평판이 좋고 선택된 가도를 달리는 사람이다. 일은 물론 여성에 대해서도 어지간한 정력가이다. 이 명식의 남성을 상사로 맞는 여성은 직장연애에 빠질 염려가 있다. 특히 당신의 명식에 편관성이 있고, 그 주에 장생이 붙어 있으면 당신은 정신없이 그이의 밑에서 일할 것이다. 편관성의 여성은 의기에 감격하는 타입이다. 그이의 일하는 솜씨에 덧붙여서 그이가 몇 배나 뛰어난 사람으로 느껴지는 것이다.

그러나 당신의 명식에 정관성이 없으면, 아무리 아슬아슬한 사랑에 불타 있어도 그에게는 결혼할 의사는 없을 것이다. 달콤한 청춘의 추억이 될만한 곳에서 그치는 것이 현명할 것이다. 깊이 빠지지 않는 것이 좋을 것이다. 당신에게 편관성에 공망이 붙어 있거나, 병·사·절 등의 약운의 12운성이 붙어 있으면 커다란 추문(醜聞)이 될지도 모른다. 또 경쟁자가 나타나 심한 고민 끝에 버림을 당할지도 모른다.

당신의 경우는 처자있는 남성과의 직장사랑은 조심하여 후회하지 않도록 해야 할 것이다.

진(辰)·술(戌)·괴강(魁罡)을 갖는 남성은 갈등초래자, 상관성, 패재성, 양인(羊刃)을 갖는 여성과는 다투고 갈라지기 쉽다

♂ 그의 명식 - 진과 술이 있고, 괴강성도 있다
♀ 당신의 명식 - 상관성과 겁재·산재성이 있고 양인도 있다

　고서에 의하면 진과 술을 갖는 사람은 싸움이나 의론을 즐기며, 소송문제를 일으키기 쉽다고 쓰여져 있다. 그이가 이 명식에 해당된다면 언쟁이나 폭력사태가 되지 않도록 늘 조심할 것이다. 그이는 여자라하여 조심하지 않을 것이다. 상대에게는 결정적인 상처를 줄 때까지 싸울 것이다.

　특히, 괴강성을 갖는 남성은 행동·언동 모두 대담하여 만일 그를 남편으로 하면 당신은 아내로서 절대 복종을 강요당하는데 반항해서는 안된다. 그이는 꽤 과격하다. 당신에게 상관성·겁재·패재성과 양인이 있으면, 남편을 섬기는 것은 못할 것이다. 당신도 결코 유순하게 인종(忍從)할 타입은 아닌 탓이다.

　이런 한 쌍은 한번 대립하면, 아무래도 이혼설로 꼬이기 쉽다. 두 사람 모두 특별하게 자존심이 강한 탓에 서로 죄를 덮어 씌우는 결과가 될 것이다. 결국 당신 쪽에서 이혼을 선언하게 될 것이다. 그러기 위해서는 면밀한 준비도 해야할 것이다. 그렇지 않으면 위자료도 받지 못하고 목숨만 겨우 살아서 도망치는 일이 될 지 모른다.

같은 운명성을 일지에 갖고, 생일이 서로 간합(干合)하는 한 쌍은 한눈에 반해 격렬한 사랑에 빠진다

♂그이와 ♀당신의 명식— 서로 일지가 같은 운명성으로, 생일이 서로 간합(좌표는 정임의 합. 위는 여성의 명식)

생일이 서로 간합하면, 이상한 힘에 끌리듯 사랑이 싹튼다. 또 일지에 같은 운명성을 갖고 있으면 서로 마음을 이해하기도 빠를 것이다. 꼭 운명적인 만남과 같이 느껴져서 만나는 그날로 격렬하게 타오르고 만다.

그러나 이 두 사람이 반드시 결혼하는 것은 아니다. 도리어 행복하게 골인하는 한 쌍은 많지 않다. 이제까지의 경험으로 생일이 간합하는 한 쌍은 어떤 사정으로 갈라진 경우가 많다. 결혼이 확실하다고 알려진 남녀도 여성이 다른 남성과 전격적으로 결혼해버린 일도 있다.

생일에 같은 운명성을 갖는 상대가 비견성의 경우 이외는 반드시 최고의 동반자가 아닌 것도 이 장(章) 초두에 써 있다. 어느쪽의 명식에 양인이나 비인이 있으면 사랑이 불타는 것도 빠른 대신 식기도 빠를 것이다. 또 홍염·정도화·투화살의 어느 것이 있어도 본디 기가 많은 사람, 바람기가 걱정이지만 간합의 줄로 맺어진 닮은 사람 사이는 억지로라도 이어갈 한 쌍이다.

128

명식표

♀ 1961년 6월 8일 오전 2시 35분 생　　　　　　　　正桃華 － (午戌)

天德貴人 (亥)　天德合 (寅)　　羊刃 (子)　空亡 (戌亥)

四柱	干		支		十二運
	吉凶星	運命星	運命星	吉凶星	
年柱		〔印綬〕 辛	穿 〔正官〕 丑	金輿祿	衰
月柱		〔食神〕 甲	〔偏財〕 午	正桃華 飛刃	胎
日柱	月空	壬	〔偏印〕 申	天耗	長生
時柱	月德合	〔印綬〕 辛	穿 〔正官〕 丑		衰

명식표

♂ 1958년 2월 19일　시　분 생　　　　　　　　正桃華 － (卯亥)

天德貴人 (丁)　天德合 (壬)　　羊刃 (未)　空亡 (戌亥)

四柱	干		支		十二運
	吉凶星	運命星	運命星	吉凶星	
年柱		〔傷官〕 戊	合 〔傷官〕 戌	空亡 将軍 暴敗	養
月柱		〔印綬〕 甲	〔印綬〕 寅	学士 下情 断橋 深水	死
日柱	天德貴人	丁	〔偏印〕 卯	正桃華	病
時柱		〔　〕	〔　〕		

일지가 편인성의 한 쌍으로 어느쪽인가에 색기성(色氣星)이 붙어 있으면 심각한 삼각관계의 갈등이 일어나기 쉽다

♂그이와 ♀당신의 명식 — 일지가 모두 편인성으로, 어느쪽인가에 홍염·
정도화·도화살의 어느 것인가 있다

어느쪽도 편인성의 한 쌍은 섹스로 결합된 사이는 아닐 것이다. 그만큼 섹스를 과대시하지 않으며, 본디 몸으로 사랑을 확인해 간다고는 생각지도 안했을 것이다. 몸으로 타기보다 머리로 타는 정신적인 결합을 중요시하는 두 사람은 상대의 생각을 흰히 아는 탓에 최고의 반려자라고 생각하기 쉽다. 그러나 너무 잘 아는 사이도 고려해야 할 것이다. 결혼하여 일상의 세세한 것까지 눈에 띄이게 되면, 서로의 존재가 귀찮아질지도 모른다.

일지가 편인성의 경우, 사소한 일에도 신경을 곤두세울 결점이 있다. 사소한 일에는 못본체하는 것이 좋은데, 두 사람은 그렇지 못하여 언쟁이 거듭되고, 마음을 의지하게 될 사람을 다른데서 찾게 된다. 거기에 홍염·정도화·도화살이란 소위 색기성이 어느쪽엔가 있으면, 반드시 삼각관계의 갈등이 생긴다. 바람기는 알려지는 것도 빠르고 용서도 안된다.

한평생 서로 바람기를 눈치채지 못하고 눈치채도 죽을 때까지 모른체하고 지내온 부부도 있으나, 그것은 어느쪽인가 매우 호인인 경우이다. 편인성을 일지에 갖는 한 쌍은 서로가 똑똑하여 서로 속이는 일은 여간해서 못할 것이다. 바람기라 하여도 그이도 당신도 돈을 상대에게 요구한다거나 하룻밤의 장난으로 치루는 것이 아니다. 진심으로 다른 여성, 혹은 남성을 사랑하는 것이다. 그런만큼 사태는 더욱더 심각하게 되지 않을 수 없다.

　이런 한 쌍은 절대로 거짓말을 하거나 속여서는 안된다. 성실하게 대하고, 그리고 성실하게 대할 수 없게 되었을 때는 서로 이해하고 헤어지는 것이 가장 좋을 것이다. 외형만이 연인, 부부라는 형태는 노이로제의 원인으로도 된다. 특히, 상처받기 쉬운 약한 신경을 가진 두 사람이다.

편관칠살의 남성과 일지에 비견성과 제왕이 있고, 양인을 갖는 여성과는 이별의 위험성이 높다

♂ 그이의 명식 — 일지가 편관성이며 식신성이 없다(다음 페이지의 아래 표 참조)
♀ 당신의 명식 — 일지에 비견성과 제왕이 있고, 양인이 있다(다음 페이지 위의 표 참조)

남성이 편관성을 생일에 갖고, 명식에 식신성이 없는 경우는 편관칠살의 강하고 격렬한 인생을 걸어간다.

옛날에 정처없이 떠돌이한 사람들이나 집도 없이 방랑하는 무숙자(無宿者)에게 이 편관칠살이 많았다고 한다. 현대에서도 몇 번이나 전직을 거듭하는 사람이나 전근이 잦은 사람, 해외 출장을 자주 나가는 사람은 이 별을 갖는 경우가 많다.

이런 남성과 자기 고집이 강하고 자립심이 있는 당신과의 결혼은 아무래도 헤어질 가능성이 많아진다. 특히 양인을 갖는 여성은 기가 강해서 남자에게 의지하거나 애교를 부리는 것은 본질적으로 서툴다. 너무 똑똑하여 귀여운 점이 없는 것이 결점이다.

'해외 근무라면 당신 혼자 다녀와요.'라고 싸늘한 태도로 단신 부임하는 남편을 전송할 것이다. 그러나 상대편은 그쪽에서 든든한 현지처를 정하고 자기본위로 약한 기색을 보이지 않는다. 한번 꼬이면 처음으로 돌아서기는 어려운 한 쌍이다.

명식표

♀ 1948년 9월 18일 오전 10시 생　　　　　　　　　正桃華 −(子申)
　　　　　天德貴人(寅) 天德合(亥) 羊刃(午) 空亡(寅卯)

四柱	干		支		十三運
	吉凶星	運命星	運命星	吉凶星	
年柱	合	〔食神〕 戊	〔偏官〕 子	正桃華 桃華殺 福生貴人 飛刃	胎
月柱		〔正財〕 辛	〔正財〕 酉	桃華殺 金鎖 暴敗 深水	死
日柱	合	丙	〔比肩〕 午　冲	羊刃 桃華殺 將軍 白衣	帝旺
時柱		〔正官〕 癸	〔敗財〕 巳		建祿

명식표

♂ 1948년 4월 26일　 시　 분 생　　　　　　　　　正桃華 −(子申)
　　　　　天德貴人(壬) 天德合(丁) 羊刃(戌) 空亡(申酉)

四柱	干		支		十三運
	吉凶星	運命星	運命星	吉凶星	
年柱		〔印綬〕 戊	〔傷官〕 子	正桃華 下情	長生
月柱	月空	〔正官〕 合 丙	〔印綬〕 辰	暗祿 將軍 飛刃 天耗	墓
日柱		辛	〔偏官〕 巳	福生貴人 学堂	死
時柱		〔　　〕	〔　　〕		

일지(日支)가 편재성(偏財星)이며 인성(印星)이 있는 남성과 일지가 식신성(食神星)으로 편재성을 갖는 여성과의 한 쌍은 여성 상위로 잘 살게 된다

♂ 그의 명식— 일지가 편재성이고 그 외에 편인성이나 인수성이 있다
♀ 당신의 명식— 일지가 식신성이며 그 외에 편재성이 있다

이런 짜임은 아무래도 여성이 주도권을 잡는다. 일지가 편재성인 남성은 아무리 뽑내어도 일지·식신성의 여성의 사나움에는 당해내지 못한다. 당신은 일하는 것이 조금도 고생스럽지 않은 타입으로 도리어 하루종일 가사나 육아만으로는 마음이 안정되지 못할 것이다. 그이는 회사근무가 고민인데 당신의 수입이 있으면 하고 싶은 일을 마음대로 할 수 있어서 좋을 것이다.

당신은 꽤 장사도 잘하며, 남자 빰치는 배짱도 있다. 젊은 사람이 의지할만한 포용력도 가지고 있을 것이다. 식당이나 대중주점 등의 점포를 가져도 성공한다. 그런 탓에 남편 한 사람 먹여살리는 것은 간단한 일이다. 편재성의 힘으로 점포도 번성하여 돈은 자꾸 벌어진다. 당신은 건강에도 축복받아서 설령 그이가 술을 마시고 사소한 폭력을 쓰는 남자라도 비참한 일은 없다. 타고난 굳센 기상으로 움찔 못하게 할 수도 있겠다.

'다만, 일을 시키면 그이는 무엇을 생각하는가.'라고 고민할 때도 있을지 모른다. 그러나 당신에게 반한 남성을 위해서라면 고생을 고생이라고도 생각지 않는 사람이다. 더구나

인수성이나 편인성을 갖고 있는 남성은 때로는 한평생 동자기둥(들보 위에 세우는 짧은 기둥)을 들지 못하는 사람도 있으나 문학·예술·학문적 분야에 강한 사람이 많을 것 같아서, 활동가인 아내의 그늘에서 소설이나 그림을 그리거나, 발명이나 발견에 몰두하는 경우가 흔히 있다.

'꿈 같은 말만 하지말고, 조금은 일해요'라고 질책을 해서는 안된다.

얼마 뒤에 성공한 남편과 함께 큰 명예의 혜택을 받을 지도 모른다. 그이의 재능을 꽃피우는 것은 당신의 구실이다.

정도화(正桃華)·도화살이 많고 편관칠살(偏官七殺)의 남성은 술과 여자를 아주 좋아한다. 일지(日支)가 편관성(偏官星)이며 상관성이 있는 여성과는 끊어지지 않을 인연이다

♂ 그의 명식― 편관성과 세 개 이상의 정도화나 도화살이 있고 식신성이 없다(우측의 아래표 참조. 정도화가 세 개 있는 명식의 예)
♀ 당신의 명식― 일지에 편관성이 있고 타주에 상관성이 있다(우측 위의 표 참조)

자(子)·오(午)·유(酉)·묘(卯)의 4지 중 세 개가 명식이 있는 경우, 또 4지의 어느 것이나 명식에 두 개 이상 이어 있고, 또 하나 자(子)·오(午)·유(酉)·오(午)의 어느 것이 있을 경우 도화살이라 한다. 이것은 남성이면 여난의 상이므로 섹스로 갈등을 일으키는 암시이다.

정도화를 가지고 있는 사람은 애교가 있고, 누구에게도 환영받고 사랑받으나 이것도 세 개 이상 있으면 도화살처럼 남녀관계의 갈등이 된다. 이에 홍염이 더하면 애인과의 깊은 관계나 그의 청산으로 바빠질 것이다.

이런 면을 갖는 사람은 이성운(異性運)이 변하기 쉽고, 한 사람의 상대로는 안되는 것이 많을 것이다. 편관성이 있고 식신성이 없는 편관칠살이라면 이 경향은 더욱 강해진다. 한편 당신은 잘못이라고 알면서도 이런 남자에게 끌려서 육체관계가 이루어진다면 쉽게 떨어질 수 없게 되니 주의가 필요하다.

명 식 표

♀ 1958년 3월 4일 오후 1시 10분 생　　　　　　　正桃華 ─ (卯亥)

天德貴人 (丁) 天德合 (壬)　羊刃 (辰)　空亡 (午未)

四柱	干		支		十二運
	吉凶星	運命星	運命星	吉凶星	
年柱		〔偏財〕 己	合〔偏印〕 亥	正桃華 学士 暴敗	死
月柱	月德貴人	〔傷官〕 丙	〔劫財〕 寅	下情 深水 断橋	帝旺
日柱		乙	〔偏官〕 酉	将軍 下情 地耗	絶
時柱		〔偏印〕 癸	〔偏財〕 未	空亡	養

명 식 표

♂ 1958년 3월 18일　시　분 생　　　　　　　正桃華 ─ (卯亥)

天德貴人 (申) 天德合 (巳)　羊刃 (未)　空亡 (辰巳)

四柱	干		支		十二運
	吉凶星	運命星	運命星	吉凶星	
年柱		〔比肩〕 己	刑〔偏財〕 亥	正桃華 地耗 暴敗	胎
月柱		〔偏印〕 丁	〔偏官〕 卯	正桃華 断橋	病
日柱		己	〔偏財〕 亥	正桃華 地耗 暴敗	胎
時柱		〔　　〕	〔　　〕		

식신성(食神星)이 많고, 일지(日支)가 편관성(偏官星)이며, 팔풍(八風)이 있는 남성은 정력가이며 현실적. 무드파의 편인성(偏印星)의 여성과는 오래 계속되지 못한다

♂ 그이의 명식— 일지가 편관성으로 식신성이 두 개 이상 있고, 팔풍이 있다(표참조)
♀ 당신의 명식— 일지가 편인성이며, 타의 주에도 편인성이 있다.

섹스에 관해서는 상성이 좋은 한 쌍이라고 할 수 없다. 두 사람의 섹스에 대한 생각이 전혀 정반대인 탓이다.

당신은 분위기 만들기를 중요시하는 타입이므로 언제든지, 어디서든지라는 타입은 아니다. 낭만적인 장식, 배음 음악 등…… 그런대로의 분위기가 갖추어지지 않으면 설령 그이를 사랑하고 있어도 무언가 부족하게 느낄 것이다.

그러나 그이에게는 분위기보다 그때의 충동이 훨씬 중요하므로 분위기 만들기에 시간을 소비하거나 재치있는 위로의 말을 생각하는 것은 귀찮아서 감질나기도 한다. 그이는 꽤 강한 스태미나의 소유자로 당신의 몸의 형편에는 개념치 않고, 자기의 형편으로 일을 진행해 갈 것이다. 섹스에 대한 흥미도 적고, 체력에도 자신이 없는 당신은 그이와의 섹스가 고통일 경우가 많을 것이다. 이런 관계를 계속하면 그는 다른 여성을 구할지도 모른다. 섬세하고 예민한 당신에게는 그이의 바람기는 견디기 힘든 충격일 것이다.

남성다운 것을 자랑으로 하고 있는 그이. 그 남성다움을 섹스만이 아니고, 다른 방면에서 발휘해 주었으면 하고 당

명 식 표

♂1965년 7월 24일   正桃華－(午戌)

天德貴人(甲) 天德合(己)   羊刃(卯)   空亡(午未)

四柱	干		支		十二運
	吉凶星	運命星	運命星	吉凶星	
年柱		〔食神〕 丙	合〔食神〕 午	正桃華 空亡	死
月柱		〔敗財〕 乙	〔正財〕 未	空亡 将軍 地耗 深水	墓
日柱	天德貴人 月德貴人	甲	〔偏官〕 申	八風 紅艶	絶
時柱		〔　　〕	〔　　〕		

신은 바랄 것이다. 당신은 솔직하고 유순한 여성이나 두뇌가 그이보다 우수해서 앞뒤 가리지 못하고 철없는 아이같은 그를 자기의 매력으로 잘 붙잡아둘 수 있을 것이다. 본디 그는 무엇을 시켜도 그런대로 실적을 남길 수 있는 남성이므로 봉급생활자로는 부적당하지만, 개인 사업을 하면 잘 해간다. 당신이 아이디어를 생각해서 두 사람이 같이 사업을 하는 것도 좋을 것이다. 그리고 될 수 있는 대로 그를 일에 골몰하게 하는 것이다.

방해성(妨害星)이 없는 정재성(正財星)을 한 개 갖는 남성과 방해성이 없는 정관성(正官星)을 한 개 갖는 여성은 평생을 해로할 최고의 상성(相性)

♂ 그의 명식 — 충·형·천이 붙지 않는 정재성이 한 개만 있다
♀ 당신의 명식 — 충·형·천이 붙지 않는 정관성이 한 개만 있고, 상관성이 없다.

　여성이 갖는 정관성은 남편을, 남성이 갖는 정재성은 아내를 나타내는 탓에 서로 하나만 가지고 있는 한 쌍은 어느 쪽도 오직 한 사람의 배우자와 평생 해로한다. 단지, 당신에게 편관성이 그이에게 편재성이 있으면 애인이 생기는 암시이다. 그러나 그것을 이유로 부부에게 파국이 오는 것은 아니다. 설령 애인이 생겨도 한번 결혼해버리면, 이혼하는 일은 없을 것이다. 그러나 그것이 과연 행복인가 아닌가는 모를 일이다. '차라리 헤어지는 것이 도리어 행복하다.'고 생각하는 부부도 있을 것이다. 이것은 정관성·정재성이 있는 주에 어떤 12운성이 붙는가로 알 수가 있다. 정관성 아래에 건록이나 관대, 제왕 등의 강운의 별이 있으면, 당신은 남편운에 축복받는다. 평생 남편의 사랑을 받고 행복한 생활일 것이다. 그러나 묘·사·절이면 외형만 부부일는지 모른다. 바람기로 시작한 관계라도 다시 되돌릴 수는 없다. 적지 않은 각오가 필요하다.

상성을 보는 방법의 요점

좋은 상성, 나쁜 상성을 정리해 본다. 일지의 운명성으로 보는 상성은 다음 면의 표를 참고해 보기 바란다.

"길"의 경우는 어느쪽인가 꽤 노력하지 않으면 얽힌 관계 대로이다. "흉"의 경우는 두 사람 모두 여간한 노력을 하지 않으면 잘 나가지 않는다. 대길(大吉), 중길(中吉)이라도 서로의 명식의 길흉성이나 연월시주의 운명성, 12운성을 보고 불길한 암시에 조심해야 한다.

옛부터 전해오는 좋은 상성에는 이외(以外)에

① 서로의 일간이 합(간합)한다.

② 서로의 일지가 자와 축, 인과 혜, 묘와 술, 진과 유, 사 와 신, 오와 미로 합(지합)의 관계에 있다.

③ 서로의 공망의 별이 같은 것 등이다.

남녀로 틀리는 운명성의 뜻

정관성(正官星)은 남편의 별, 편관성(偏官星)은 애인의 별이라 하고 있으나, 이것은 여성이 가졌을 경우이다. 같은 별이라도 남성의 명식에 있으면 뜻이 변하는 일도 있다.

운명성에 의한 남녀의 상성 조견표

♂ 남성의 일지의 운명성 ♡♡♡ 大吉 ♡♡ 中吉
♀ 여성의 일지의 운명성 ♡ 小吉 ♥ 凶

♀ \ ♂	偏官星	偏印星	比肩星	食神星	偏財星
偏官星	♡♡	♡	♥	♡	♡♡♡
偏印星	♡	♡♡	♡	♡♡♡	♡♡
比肩星	♥	♡♡	♡	♡	♡
食神星	♡♡	♡♡	♡♡	♡	♡♡
偏財星	♡♡♡	♡♡	♡	♡♡	♡♡

정관성은 「손위나 지도적인 처지」를 표시한다. 남성에게는 출세운이나 아이들 운의 별, 여성에게는 남편운의 별(여성에게는 남편은 지도적 처지라는 옛 법의 사고법)이다. 정관성을 방해하는 상관성이 있으면 남성은 출세가 어려워지고, 직업이 변하기 쉽다. 또 자식 문제가 나쁘고, 후계자 문제로 고생일 수도 있다. 여성이 정관성과 상관성을 가지고 있을 경우는 남편운은 좋지 않다고 판단한다.

편관성(偏官星)은 권력 지향의 별이다. 남성의 명식에서는 반역심이나 투쟁심의 상징이다.

여성의 경우는 애인관계나 소위 남난(男難)을 표시하고 있다.

정재성(正財星)은 글자대로 재산의 별이다. 부나 번영의 표징이지만, 남성 명식에서는 처운(妻運)도 표시한다.

이 정재성을 많이 가지고 있는 남성은 여성관계가 많다고 판단할 수 있다. 잇따라 처를 바꿀지도 모른다.

편재성은 타인의 재산을 움직이는 별이다. 결국, 다른 남성의 재산(타인의 처나 딸)의 표징이다. 이 별을 갖는 남성은 애인관계를 만들 가능성이 있다.

상관성(傷官星)은 투쟁이나 반역의 별로 여성에게는 남편운이나 자식운을 표시하는 별이다. 이 별을 몇 개나 가지고 있으면 남편이나 자식과의 인연이 적어진다고 판단하고 이혼이나 사별, 또는 자식과의 단절이 고려된다. 길흉성 중에도 남녀의 판단 방법이 약간 달라지는 별이 있다.

장군(將軍)은 사람을 끌어당기는 힘을 가지고 지도권을 잡을 수 있는 길성이다.

단지 여성의 경우는 결혼하면 남편에게 명령하는 처지가 되어 자기 생활의 처리를 하는 등 반드시 행복하다고만 할 수 없을 것이다.

● 명식에 같은 별이 많아도 그 힘이 배가(倍加)한다고는 할 수 없다

사주(四柱)에 같은 운명성이 죽 줄지어진 명식이 있다. 같은 운명성이 두 개 있으면 그 힘이 두 배, 세 개 있으면 세 배가 된다고는 할 수 없다.

정관성은 명식에 하나만 있는 것이 바람직하며, 두 개 이상 있으면 상관성과 같은 성격을 갖게 된다.

명식에 세 개 이상 같은 운명선이 이어 있는 경우 연운(146P 참조)에 어떤 운명성이 돌아오는가를 특히, 주의해 보기

바란다.

가령, 비견성을 많이 가지고 있을 경우 비견성이 돌아오는 해에 4주의 모든 운명성이 비견성에 흡수되어 버린다.

이 경우 고독, 독립의 운세가 더욱 강화되어 영원한 이별이 될 경우가 있다.

● 명식에 양인 · 공망

격렬한 생활 방식을 암시한다는 명식 중의 양인 · 공망. 여기서 명식 중의 양인 · 공망의 작용을 정리해 본다.

● 양인

연지(年支)에 있는 경우 일찍부터 양친에게 의지하지 않고 자력으로 인생을 걸어가기 시작한다.

월지(月支)에 있는 경우 대인관계에서 갈등을 가져온다. 평온한 가정에 등을 돌리고 살아가는 사람도 있다.

일지(日支)에 있는 경우 자만심이 매우 높고 무엇이나 자기 뜻대로 하려한다.

시지(時支)에 있는 경우 만년까지 파란이 많은 인생. 자식들에게 배신을 당하는 일도 있겠다.

● 공망

연지(年支)에 있는 경우 자기의 소원은 아니라도 일찍 집을 나가 독립하게 된다.

월지(月支)에 있는 경우 부부 · 형제의 인연이 엷고, 가족과의 생별 · 사별이 빨리 올 경우도 있다.

시지(時支)에 있는 경우 자식이 일찍 독립하고 만년을 고독하게 보내는 사람이 많을 것이다.

5장
일간행운표(日干行運表)
― 이제부터 10년, 당신에게 어떤 별이 돌아오는가

행운표(行運表)에 나타나는 당신의 매년(每年)의 운세(運勢)

4장까지 읽고 자신만이 아니라, 여러 사람의 명식에 감추어진 운명을 안 당신은 더 자세하게 예를 들면 내년의 내일의 운세를 알게되면 하고 생각하고 있을 것이다. '만일 그때 결혼했더라면……' '자격증을 따 두었더라면……' 등 후회하여도 이제는 돌이킬 수가 없다. 기회가 오더라도 그것을 잡을 준비가 되어 있지 않으면, 좀처럼 행운을 잡을 수가 없다.

사주 추명에는 기회를 사전에 알고, 행운을 잡기 위한 지혜가 있다. 그리고 불길한 전조를 잡고, 흉운을 피하는 지혜를 여기서 당신에게 가르쳐 드리겠다.

● 미래를 아는「행운표」만드는 법

158P에서의 10매의 표를 보기 바란다. 이것은 당신의 일간(명식표의 ⑦)에서 찾아내는 86년에서 10년간의 행운·불운의 파도이다. 이것을 행운표라 한다. 이미 운명성, 12운성, 양인은 명식표에 기입되어 있으나, 이 행운표의 만드는 법을 설명해둔다. 우선 표의 최상단에 86년부터 95년까지의 10년간의 연(年)을 기입한다. 표의 최하단의 간지의 난은 매년의 간지(권말의 달력을 보고 기입)이다. 86년은 병인, 87년은 정묘……로 이어진다.

운명성의 난은 당신의 명식표의 일간「1장의 김씨의 신(辛)」과

신일생(辛日生) 박○○ 씨의 행운표 (例)

年	'86	'87	'88	'89	'90	'91	'92	'93	'94	'95
運命星	正官	偏官	印綬	偏印	劫財	比肩	傷官	食神	正財	偏財
十二運星	胎	絶	墓	死	病	衰	帝旺	建祿	冠帶	沐浴
天德貴人◎ 天德合○				○			◉			
空亡× 羊刃●									●	
干支	丙寅	丁卯	戊辰	己巳	庚午	辛未	壬申	癸酉	甲戌	乙亥

매년의 간을 토대로하여 24P에서 조출표를 보고 기입한다. 신일생의 박씨의 경우 86년의 병은 정관성에 87년의 정은 편관성에 해당하는 것이다. 그 아래 12운성의 난은 일간과 매년의 지(支)를 보고 같은 조출표에서 기입한다. 박씨의 인(寅)년은 86년에 태(胎)가 묘년의 87년에 절(絶)이 돌아온다.

행운표의 최대의 요점은 천덕귀인, 천덕합, 양인, 공망이 언제 돌아오는가를 아는 것이다. 당신의 명식표의 난외의 천덕성의 난(㉜, ㉝), 양인의 난(㉒), 공망의 난(㉓)을 보기 바란다. 그리고 행운표에 이 각각의 길흉성이 돌아오는 해에 ◉, ○, ●, ×를 기입한다. 박씨의 경우 천덕귀인의 신은 92년, 천덕합의 사는 89년, 양인의 술은 94년, 공망의 자와 축은 96년까지 돌아오지 않는다. 매월, 매일의 운세도 행운표로 된다. 만드는 방법은 같다. 권말의 월력을 토대로 만들어 보기 바란다.

결혼, 이혼, 전직 등 운명의 전환기 는 어느 별이 돌아올 때가 기회인가

　명식표에 표시된 별들이 당신 자신을 말해 준 것처럼 행운표의 별들이 그 해의 성격이나 운세를 비춰내고 있다. 158P부터의 당신의 행운표는 당신의 미래의 거울인 것이다.

　자세한 것은 행운표를 보아주기 바라며 여기서는 중요한 요점만 설명한다.

　행운의 기회를 가져오는 별은, 무어라해도 천덕귀인(天德貴人)과 천덕합(天德合) 이 두 개를 천덕성이라 한다. 이 별이 돌아오는 해는 누구라도 행운을 만나는 기회이다. 결혼은 물론 취직, 입학 등도 이 별의 수호를 받고 있을 동안은 모든 것이 원만하게 진행된다. 설령 병으로 수술, 입원을 하는 등 불운을 만나더라도 천덕성의 힘으로 반드시 건강을 회복할 것이다. 식신성, 인수성이 돌아오는 해는 천덕성에 버금가는 행운기이므로 과감성있게 새 것에의 도전을 하도록 한다.

　남성의 취직이나 여성의 결혼의 기회는 정관성의 해이다. 좋은 이야기가 몇 개나 날아들어 선택하기에 곤란할 정도로 남성의 결혼은 정재성의 해에 가장 좋은 인연을 만나 복받게 된다.

　전직, 전업, 독립은 비견성의 해이다. 이사나 신축도 있다. 비견성을 잘 이용하려면 전년부터 준비가 중요하다. 특히 자금 계획이 충분하지 않으면 모처럼의 기회를 살리지 못한다.

건록(建祿)에 해당하는 지「박씨라면 유(酉)」가 돌아온 해와 그의 지와 충(冲), 형(刑), 합(合)의 관계에 있는 지가 돌아온 해에 같은 기회를 혜택받는다. 박씨의 예를 들면 유년이나 유와 충이 되는 묘, 합이 되는 진이 돌아온 해는 비견성의 해와 같이 전직·전업·독립의 호기가 된다. 연인이 생기는 것은 편관성이 돌아오는 해이다. 설령 결혼하지 않고 끝나도 이 해에 만난 남성과는 평생 추억이 남는 훌륭한 사랑이 될 것이다.

사업을 시작하거나 독립하여 자유인이 되려면 편재성의 해에 한다. 설령 적은 빚을 져도 이 해는 금운의 혜택이 있으니 걱정할 필요는 없다. 증·개축 등도 좋다.

건강에 주의하지 않으면 안되는 것은 편인성의 해이다. 과로로 생각지도 못한 병에 걸릴지도 모른다. 두뇌는 맑아진다. 따라서 예술활동, 종교활동에도 적합하다.

부상에 조심해야할 해는 상관성이 돌아오는 해이다. 인간관계의 갈등도 일어나기 쉬운 해이다. 차라리 전직, 이혼을 실행하여 환경을 바꾸기에는 좋은 기회다.

돈의 고생이 많은 것은 역시 겁재성·패재성의 해이다. 가족의 빚을 대신 지거나 사기에 걸리는 등, 돈에 얽힌 불운은 이 해에 일어나기 쉽다.

사고에 만나기 쉽고, 또 재해나 병, 부상을 당하기 쉬운 위험이 많은 양인·공망 이 흉성의 해도 반드시 돌아온다 (양인·공망에 관해서는 뒷면에서 한번 더 상세히 설명한다).

12운성의 도는 방법으로 매년의 운세의 파도를 잡는다

심신의 리듬에도 호·부조(不調)의 리듬이 있듯 운세에도 오르막, 내리막이 있다. 운기의 바이오리듬이라고 할까? 그것이 행운의 12운성이다.

2장에서 설명한 12운성의 특징은 그대로 매년의 행운에도 해당된다. 요컨데 태(胎)에서 건록(建祿)까지가 상승운, 제왕에서 정점을 이룬 후에 쇠에서 절까지가 하강운이다. 그럼 각각의 별이 돌아온 해의 운세와 정신적인 바이오리듬(인체주기율)을 설명하겠다.

- 태(胎)가 돌아올 때―― 오래간만에 희망이 보이는 암시(중운).
- 양(養)이 돌아올 때―― 이제까지의 노력이 조금씩 결실을 맺어 마음이 안정되는 암시(중운).
- 장생(長生)이 돌아올 때―― 발달·성장 등 사물이 발전, 생기가 돈는 암시(강운).
- 목욕(沐浴)이 돌아올 때―― 발달·성장이 일시적으로 정지. 헤매는 일이 많은 암시(중운).
- 관대(冠帶)가 돌아올 때―― 사물이 비약적으로 발전. 기세가 붙는 암시(강운).
- 건록(建祿)이 돌아올 때―― 전업·전직·독립 모두가 원만히 진행될 암시(강운).
- 제왕(帝旺)이 돌아올 때―― 가장 운세가 융성할 상

태. 강기(強氣)로 될 암시(강운).

● 쇠(衰)가 돌아올 때——운세에 그늘이 보여 약기(弱氣)로 되기 시작하는 암시(약운).

● 병(病)이 돌아올 때——운세에 제동이 걸리고 기력이 쇠퇴해갈 암시(약운).

● 사(死)가 돌아올 때——모든 것이 정지. 하락해 버리는 암시(약운).

● 묘(墓)가 돌아올 때——운세는 정체중. 고생이 끊이지 않는 암시(중운).

● 절(絶)이 돌아올 때——가장 운세가 쇠퇴할 때, 기력도 밑바닥에 닿는 암시(약운).

행운에 만나는 합(合)·충(沖)·형(刑)·천(穿)의 작용

　여기서 합(合)·충(沖)·형(刑)·천(穿)에 관해서 다시한 번 설명해 두지 않으면 안된다. 이들은 명식 중의 별만이 아니고, 행운에도 커다란 영향을 주는 것이다.

　간합은 갑·을·병·정·무·기·경·신·임·계의 10간이 사이가 좋은 것끼리 서로 끌어당겨 5조의 쌍을 만드는 것을 말한다. 흉성끼리 간합하면 그 흉 작용이 약화하는 탓에 가령 연·월·시간에 편관성이 붙는 신을 가지고 있는 을일생의 사람은 86년의 병인(丙寅)의 해에 병(丙)과 신(辛)이 간합(干合)하고(33P의 간합표 참조), 편관성이 갖는 이혼이나 이별, 투쟁 등의 암시가 약화한다.

　지합(支合)의 12지중의 2개의 지(支)가 한 쌍이 된다. 지합은 흉성의 힘을 해제시킬 수 있어서, 명식에 공망이나 양인이 있는 사람도 공망·양인이 붙는 지(支)가 행운의 지(支)와 합하는 해는 안심이다. 예를 들면 명식중의 자(子)에 양인이 붙는 사람은 85년의 을축(乙丑)의 해에는 자(子)와 축(丑)이 지합하는 탓에 양인의 흉조가 해제된다는 것이다.

　12지중에서 특히 사이가 좋은 지가 3개씩 모여 집단을 만드는 것이 3합. 명식 중에 3지가 모여 있지 않아도 집단중의 2지가 있으면, 그 2지의 힘으로 또하나의 1지가 불러들여진다. 자(子)·진(辰)·신(申)의 3합을 예로 들어 설명하겠다. 사주에 자(子)와 신(辛)이 있을 경우, 끌어당겨지는 것이 진(辰)이다. 만일 이 진이 양인(羊刃)에 해당한다면 명식에 양인이 숨겨져 있는 것이 되는 것이다. 이것을 숨겨진 양인이라 하고, 명식 중에 태어나면서 숙명으로 양인을 갖는 것과 같은 것이 된다.

또 명식 중에 있는 지와 행운에 돌아온 지의 힘으로, 양인을 불러들이는 일도 있다. 예를 들면 자(子)가 양인이 되는 사람이 사주의 어딘가에 신을 가지고 있는 경우, 88년의 무진의 해에 명식의 신과 행운의 진(辰)이 같은 3합집단의 자를 불러들인다. 이것을 뛰어든 양인이라 하고, 양인의 자년이 돌아왔을 때와 같이 88년이, 양인의 해가 되어버리는 탓에 주의가 필요하다.

충·형·천은 방해하는 관계의 것이다. 그러나 이것이 역으로 의외의 행운을 가져오는 경우도 있다. 천덕귀인·천덕합에 충이 붙어도 길작용이 방해된다고는 할 수 없다. 큰돈을 줍는다, 신제품이 힛트한다, 콘테스트에서 우승한다는 등 의외의 행운이 찾아올지도 모른다. 박씨는 연지 사에 천덕합이 있다. 사(巳)와 충의 관계로 되는 해(亥)의 해가 돌아올 때 결국 95년의 을해(乙亥)의 해가 즐거움이다. 천덕귀인의 신(申)이 돌아오는 것은 92년 임신(壬申)이다. 단지 신을 충(沖)하는(방해하는) 인(寅)은 박씨의 명식에는 없다.

충은 공망의 해도 해제해 주는 작용을 하는 것이 자(子)이다. 시지에 자(子)의 공망을 갖는 박씨도 자를 충하는 오(午)가 돌아오는 해인 90년. 경오의 해에는 공망의 해(害)에서 해체될 수 있을 것이다. 박씨에게 또 하나의 공망은 축(丑)이다. 축년의 공망의 힘을 약화시키려면 축을 충하는

지・미(未)가 명식에 있었으면 하지만, 유감스럽게도 사주에는 미는 없다.

　형・천의 작용은 충에 거의 같다. 단지 형의 힘은 충보다 약하고, 천의 힘은 더욱 약화된다. 그러나 공망의 해(害)는 해제해 주는 탓에 33P의 합・충・형・천의 표와 행운표를 한 번 더 자세히 보기 바란다. 자기가 갖는 공망의 지를 충하는 지는 무엇인가, 또 그 지가 돌아오는 해(年)는 언젠가, 합・충・형・천을 조사하는 것은 조금 귀찮지만 이것을 할 수 있으면 사주 추명의 진수를 맛보게 된다. 공망이나 양인도 너무 두려워할 것은 없을 것이다.

행운·불운의 해를 어떻게 보내는가

세상에는 운이 좋았다, 운이 나빴다 하는 일이 많이 있다. 그러나 복권에 당첨하는가 당첨이 안되는가의 운·불운이라면 말할 것 없고, 항공기 사고의 희생이나 간신히 난을 피하게 된다면 운이 나빴다고 할 수 없는 일이다. 그러나 만일, 생사의 위기조차 크게 운에 좌우된다면 역시 행운을 잡는 법, 불운으로부터의 피하는 법을 알고 있는 편이 좋은 것은 말할 필요가 없다.

● 천덕귀인·천덕합이 돌아올 때는 모든 것이 잘 된다

천덕성이 돌아오면 새로운 것에 도전하고 성공하는 시기이다. 병이나 사고, 재해를 만나도 목숨을 잃을 걱정이 없는 시기라는 것은 앞에서도 몇 번이나 말한 대로이다. 결혼하거나, 상을 타거나, 복권에 당첨하는 것 같은 행운과는 무관하다. 생각하고 있는 사람도, 반드시 무엇인가의 암시를 받을 것이다. 이 시기에 알게 된 친구는 반드시 당신의 생애에 협력자가 된다. 그리고 이 시기에 싹튼 사랑은 언젠가는 당신이 가장 소망하는 방향으로 발전한다. 설령, 처음은 불륜이거나 짝사랑이라 고민하더라도 양인이나 공망을 명식에 가지고 있는 사람이나 행운이 돌아온 사람도 이 시기는 천덕성이 당신을 수호하고 있으니 아무것도 두려워할 필요는 없다. 빚으로 고개가 돌아가지 않아도 범죄에 얽혀들어서 인질의 몸이 되었어도 중병에 걸리고 큰 부상을 당했어도 그리고 실연하게 되었어도 반드시 구조가 될 것이다. 그만한 힘이 천덕성에게 있는 것이다.

● 양인, 공망이 돌아올 때는 병이나 사고에 주의

의외의 재난이나 돌발사고를 가져오는 것이 양인이다. 정관성, 식신성 등 행운을 부르는 운명성의 힘을 약화하여 상관성이나 겁·패재성의 흉의(凶意)를 한층 강화하는 공망이다. 어느쪽도 비상한 파괴력을 갖는 별이다. 이 두 개의 별이 돌아올 때는 사고나 부상을 주의하지 않으면 안된다. 항공기 등은 되도록 피하는 것이 현명하다. 실수나 실언(失言)도 하기 쉬운 시기이지만 싸움은 안된다. 흉기를 쓰게 될 지도 모를 것이다. 천덕성이 같은 시기에 돌아오지 않는다면 새로운 일에 도전하는 것도 멈추는 것이 좋다. 결혼·전직·해외여행 등도 권할 수 없다. 또 이 시기에 만난 남성과는 설사 사랑에 빠져도 바로 육체관계는 맺지 말 것. 당신이 결혼을 바란다면 더욱 그렇다. 심한 배신을 당하거나, 미워져서 갈리거나, 당신은 후회하게 된다. 그러나 사주의 어딘가에 공망이 있어도 공망하는 지의 타주에 제왕, 또는 정관이나 양인이 붙는 명식이 있을 경우는 공망은 무효가 되어 작용하지 않는다.

● 흉운기는 다음의 행운기의 열쇠다

양인이나 공망이 돌아올 때는 참고 견디는 것인가! 사랑도, 여행도, 아무것도 안하는 것이 좋은가!

흉성은 길변(吉變)하는 가능성이 있다. 설령 이 시기에 부상이나 병으로 몸이 부자유하게 된 이유로 도리어 예술가로 대성한 사람, 결혼의 실패를 발판으로 하여 사업에 전념하여 성공한 사람…… 설령 한 때 불행의 구렁에 떨어졌어도 다시 일어나 재출발할 기회는 반드시 있는 것이다. 흉운기는 또 조용히 힘을 축적하는 시기이다. 재출발의 도약판

이라 하겠다. 이 시기를 보내는 방법으로 다음의 행운기가
어떤 것인가 결정된다.

　당신은 이제부터 어떤 별이 돌아올 것인가, 자기의 명식
표의 일간에 의해 다음 면에서 행운표를 보고 운세의 리듬
을 찾아보기 바란다.

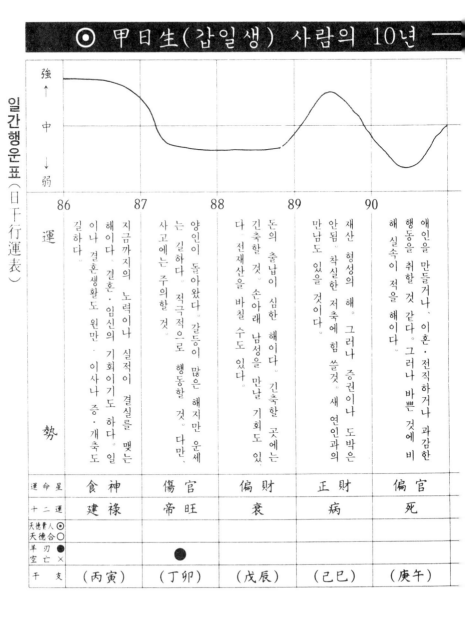

◉ 甲日生(갑일생) 사람의 10년

일간행운표（日干行運表）

	86	87	88	89	90
運〜勢	지금까지의 노력이나 실적이 결실을 맺는 해이다. 결혼·임신의 기회이기도 하다. 일이나 결혼생활도 원만·이사나 증·개축도 길하다.	양인이 돌아왔다. 갈등이 많은 해지만 운세는 길하다. 적극적으로 행동할 것. 다만, 사고에는 주의할 것.	돈의 출납이 심한 해이다. 긴축할 곳에는 긴축할 것. 손아래 남성을 만날 기회도 있다. 선재산을 바칠 수도 있다.	재산 형성의 해. 그러나 증권이나 도박은 안됨. 착실한 저축에 힘쓸것. 새 연인과의 만남도 있을 것이다.	애인을 만들거나, 이혼·전직하거나 과감한 행동을 취할 것 같다. 그러나 바쁜 것에 비해 실속이 적을 해이다.
運命星	食神	傷官	偏財	正財	偏官
十二運	建祿	帝旺	衰	病	死
天德貴人⊙ 天德合○					
羊刃● 空亡×		●			
干支	(丙寅)	(丁卯)	(戊辰)	(己巳)	(庚午)

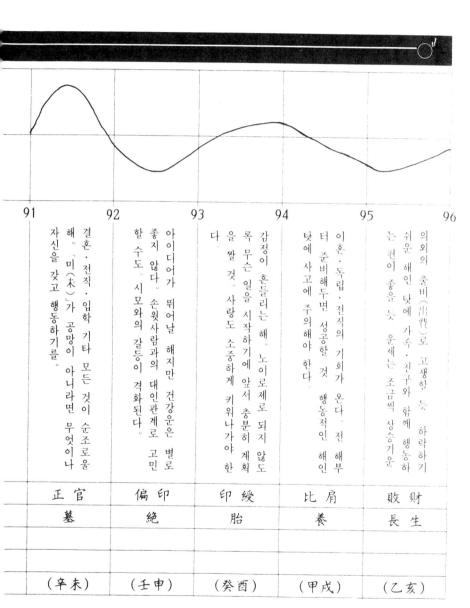

결혼·전직·입학 기타 모든 것이 순조로울 해。「미(未)」가 공망이 아니라면 무엇이나 자신을 갖고 행동하기를。

아이디어가 뛰어날 해지만 건강운은 별로 좋지 않다。손윗사람과의 대인관계로 고민할 수도。시모와의 갈등이 격화된다。

감정이 흔들리는 해。노이로제로 되지 않도록 무슨 일을 시작하기에 앞서 충분히 계획을 짤 것。사랑도 소중하게 키워나가야 한다。

이혼·독립·전직의 기회가 온다。전 해부터 준비해두면 성공할 것。행동적인 해인 탓에 사고에 주의해야 한다。

의외의 출비(出費)로 고생할 듯。하락하기 쉬운 해인 탓에 가족·친구와 함께 행동하는 편이 좋을 듯。운세는 조금씩 상승기운

正官	偏印	印綬	比肩	敗財
墓	絕	胎	養	長生
(辛未)	(壬申)	(癸酉)	(甲戌)	(乙亥)

⊙ 乙日生(을일생) 사람의 10년

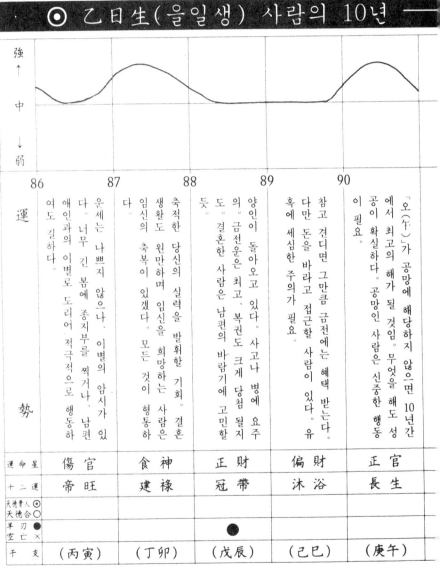

86	87	88	89	90

運勢

86: 운세는 나쁘지 않으나, 이별의 암시가 있다. 너무 긴 봄에 종지부를 찍거나, 남편 애인과의 이별로 도리어 적극적으로 행동하여도 길하다.

87: 축적한 당신의 실력을 발휘할 기회. 결혼생활도 원만하며 임신을 희망하는 사람은 임신의 축복이 있겠다. 모든 것이 형통하다.

88: 양인이 돌아오고 있다. 사고나 병에 요주의. 금전운은 최고, 복권도 크게 당첨 될지도. 결혼한 사람은 남편의 바람기에 고민할 듯.

89: 참고 견디면 그만큼 금전에는 혜택 받는다. 다만 돈을 바라고 접근할 사람이 있다. 유혹에 세심한 주의가 필요.

90: 「오(午)」가 공망에 해당하지 않으면 10년간에서 최고의 해가 될 것임. 무엇을 해도 성공이 확실하다. 공망인 사람은 신중한 행동이 필요.

運命星	傷官	食神	正財	偏財	正官
十二運	帝旺	建祿	冠帶	沐浴	長生
天德貴人◎ 天德合○					
羊刃● 空亡×			●		
干支	(丙寅)	(丁卯)	(戊辰)	(己巳)	(庚午)

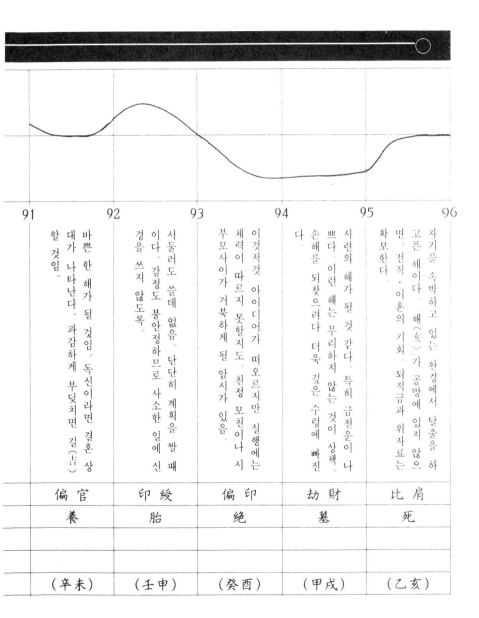

91 92 93 94 95 96

바쁜 한 해가 될 것임. 독신이라면 결혼 상대가 나타난다. 과감하게 부딪치면 길(吉)할 것임.

서둘러도 쓸데 없음. 단단히 계획을 짤 때이다. 감정도 불안정하므로 사소한 일에 신경을 쓰지 않도록.

이것저것 아이디어가 떠오르지만 실행에는 체력이 따르지 못할지도. 친정 모친이나 시부모 사이가 거북하게 될 암시가 있음.

시련의 해가 될 것 같다. 특히 금전운이 나쁘다. 이런 해는 무리하지 않는 것이 상책. 손해를 되찾으려다 더욱 깊은 수렁에 빠진다

자기를 속박하고 있는 환경에서 탈출을 하고픈 해이다. 「해(亥)」가 공망에 있지 않으면, 전직·이혼의 기회. 퇴직금과 위자료는 확보한다.

偏官	印綬	偏印	劫財	比肩
養	胎	絶	墓	死
(辛未)	(壬申)	(癸酉)	(甲戌)	(乙亥)

⊙ 丙日生(병일생) 사람의 10년 ─

일간행운표(日干行運表)

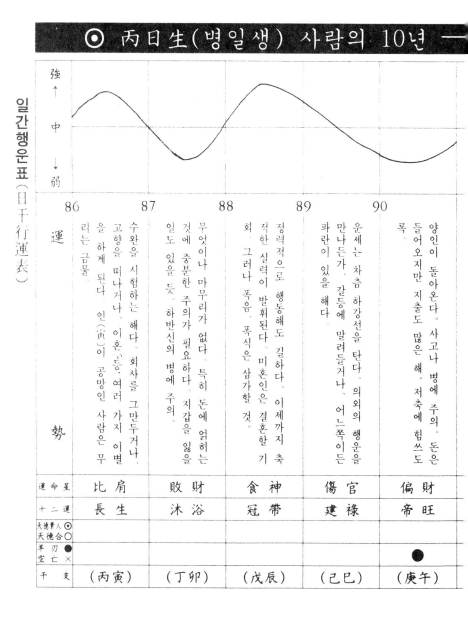

強 ↑ 中 ↓ 弱

運　　勢

	86	87	88	89	90
	수완을 시험하는 해다. 회사를 그만두거나, 고향을 떠나거나, 이혼 등, 여러 가지 이별을 하게 된다. 인(寅)이 공망인 사람은 무리는 금물.	무엇이나 마무리가 없다. 특히 돈에 얽히는 것에 충분한 주의가 필요하다. 지갑을 잃을 일도 있을 듯. 하반신의 병에 주의.	정력적으로 행동해도 길하다. 이제까지 축적한 실력이 발휘된다. 미혼인은 결혼할 기회. 그러나 폭음, 폭식은 삼가할 것.	운세는 차츰 하강선을 탄다. 의외의 행운을 만나든가, 갈등에 말려들거나, 어느쪽이든 파란이 있을 해다.	양인이 돌아온다. 사고나 병에 주의. 돈은 들어오지만 지출도 많은 해. 저축에 힘쓰도록.
運命星	比肩	敗財	食神	傷官	偏財
十二運	長生	沐浴	冠帶	建祿	帝旺
天德貴人◎ 天德合○					
羊刃● 空亡×					●
干支	(丙寅)	(丁卯)	(戊辰)	(己巳)	(庚午)

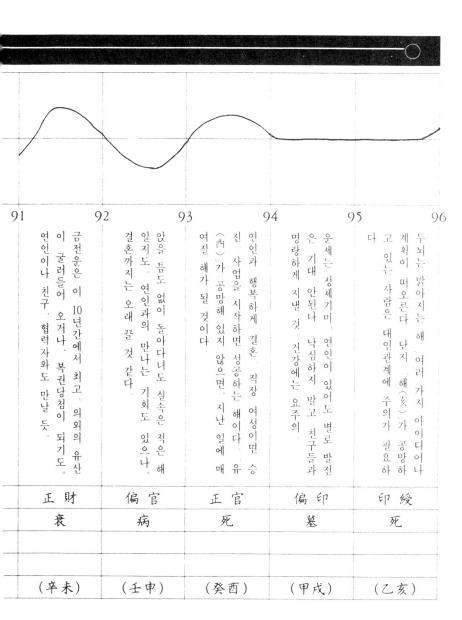

91	92	93	94	95	96

금전운은 이 10년간에서 최고. 의외의 유산이 굴러들어 오거나, 복권당첨이 되기도. 연인이나 친구, 협력자와도 만날 듯.

앉을 틈도 없이 돌아다녀도 실속은 적은 해. 일지도. 연인과의 만나는 기회도 있으나, 결혼까지는 오래 끌 것 같다.

연인과 행복하게 결혼. 직장 여성이면 승진. 사업을 시작하면 성공하는 해이다. 유(酉)가 공망해 있지 않으면. 지난 일에 매여질 해가 될 것이다.

운세는 정체기미. 연인이 있어도 별로 발전은 기대 안된다. 낙심하지 말고 친구들과 명랑하게 지낼 것. 건강에는 요주의.

두뇌는 밝아지는 해. 여러 가지 아이디어나 계획이 떠오른다. 단지 해(亥)가 공망하고 있는 사람은 대인관계에 주의가 필요하다.

正財	偏官	正官	偏印	印綬
衰	病	死	墓	死
(辛未)	(壬申)	(癸酉)	(甲戌)	(乙亥)

⊙ 丁日生(정일생) 사람의 10년 ─

일간행운표(日干行運表)

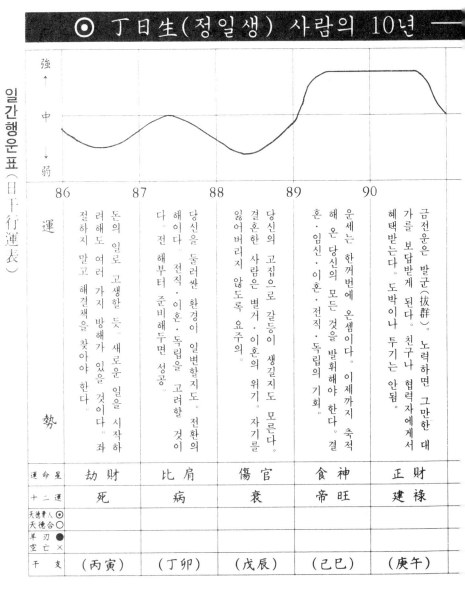

強 ↑ 中 ↓ 弱

86　　87　　88　　89　　90

運 勢

86
돈의 일로 고생할 듯。 새로운 일을 시작하려해도 여러 가지 방해가 있을 것이다。 절하지 말고 해결채을 찾아야 한다。 좌

87
당신을 둘러싼 환경이 일변할지도。 전환의 해이다。 전직・이혼・독립을 고려할 것이다。 전해부터 준비해두면 성공。

88
당신의 고집으로 갈등이 생길지도 모른다。 결혼한 사람은 별거・이혼의 위기。 자기를 잃어버리지 않도록 요주의。

89
운세는 한꺼번에 온셈이다。 이제까지 축적해 온 당신의 모든 것을 발휘해야 한다。 결혼・임신・이혼・전직・독립의 기회。

90
금전운은 발군(拔群)。 노력하면 그만한 대가를 보답받게 된다。 친구나 협력자에게서 혜택받는다。 도박이나 투기는 안됨。

	86	87	88	89	90
運命星	劫財	比肩	傷官	食神	正財
十二運	死	病	衰	帝旺	建祿
天德貴人⊙ 天德合○					
羊刃● 空亡×					
干支	(丙寅)	(丁卯)	(戊辰)	(己巳)	(庚午)

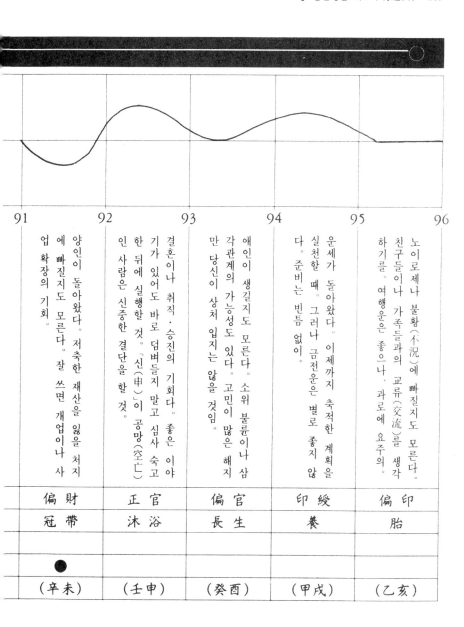

| | 91 | 92 | 93 | 94 | 95 | 96 |

양인이 돌아왔다. 저축한 재산을 잃을 처지에 빠질지도 모른다. 잘 쓰면 개업이나 사업 확장의 기회.	결혼이나 취직·승진의 기회다. 좋은 이야기가 있어도 바로 덤벼들지 말고 심사 숙고한 뒤에 실행할 것. 「신(申)」이 공망(空亡)인 사람은 신중한 결단을 할 것.	애인이 생길지도 모른다. 소위 불륜이나 삼각 관계의 가능성도 있다. 고민이 많은 해지만 당신이 상처 입지는 않을 것임.	운세가 돌아왔다. 이제까지 축적한 계획을 실천할 때. 그러나 금전운은 별로 좋지 않다. 준비는 빈틈 없이.	노이로제나 불황(不況)에 빠질지도 모른다. 친구들이나 가족들과의 교류(交流)를 생각하기를. 여행운은 좋으나, 과로에 요주의.
偏財	正官	偏官	印綬	偏印
冠帶	沐浴	長生	養	胎
●				
(辛未)	(壬申)	(癸酉)	(甲戌)	(乙亥)

⊙ 戊日生(무일생) 사람의 10년 —

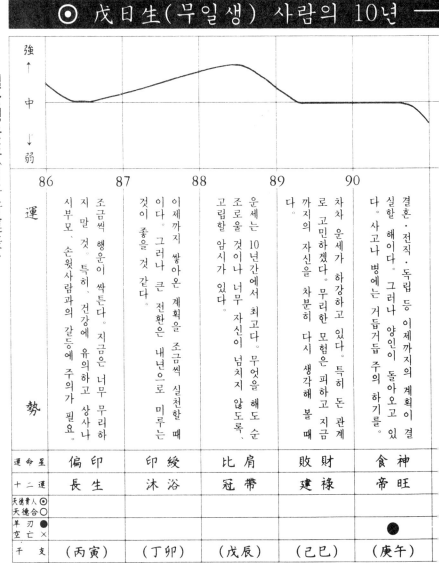

일간행운표(日干行運表)

強 ↑ 中 ↓ 弱

	86	87	88	89	90
運 勢	조금씩 행운이 싹튼다. 지금은 너무 무리하지 말 것. 특히, 건강에 유의하고 상사나 시부모·손윗사람과의 갈등에 주의가 필요.	이제까지 쌓아온 계획을 조금씩 실천할 때이다. 그러나 큰 전환은 내년으로 미루는 것이 좋을 것 같다.	운세는 10년간에서 최고다. 무엇을 해도 순조로울 것이나 너무 자신이 넘치지 않도록, 고립할 암시가 있다.	차차 운세가 하강하고 있다. 특히 돈 관계로 고민하겠다. 무리한 모험은 피하고 지금까지의 자신을 차분히 다시 생각해 볼 때다.	결혼·전직·독립 등 이제까지의 계획이 결실할 해이다. 그러나 양인이 돌아오고 있다. 사고나 병에는 거듭거듭 주의 하기를.
運命星	偏印	印綬	比肩	敗財	食神
十二運	長生	沐浴	冠帶	建祿	帝旺
天德貴人⊙ 天德合○					
羊刃● 空亡×					●
干支	(丙寅)	(丁卯)	(戊辰)	(己巳)	(庚午)

| 1 | 92 | 93 | 94 | 95 | 96 |

남편이나 연인과 싸워 헤어질지도 모른다. 원인은 당신에게 있을 듯. 근무하고 있는 사람은 상사에게 불만이 쌓여 퇴직의 가능성도 있다.

실수에 주의. 큰 갈등으로 발전할지도 모른다. 쓸모 없는 남성에게 깊은 관계를 안 갖는 것이 현명. 의외의 산재(散財)로 이어진다.

재산을 저축할 해이다. 돈에 한하지 않고, 무엇이나 자격을 따거나, 기술을 익히는 것도 좋을 것이다. 연인도 만나게 될 것 같다.

과감하게 도전을 할 것 같은 해. 결혼·이혼·독립·전직 등으로 바쁘게 뛰어다닐 것이다. 고생은 많으나 운세도 돌아온다.

희망하던 결혼·취직 등 성공하는 해다. 좋은 이야기가 여러 가지 굴러들어와 선택은 신중하게. 해(亥)가 공망이라면 특히 주의할 것.

傷官	偏財	正財	偏官	正官
衰	病	死	墓	絶
(辛未)	(壬申)	(癸酉)	(甲戌)	(乙亥)

⊙ 己日生(기일생) 사람의 10년 —

일간행운표(日干行運表)

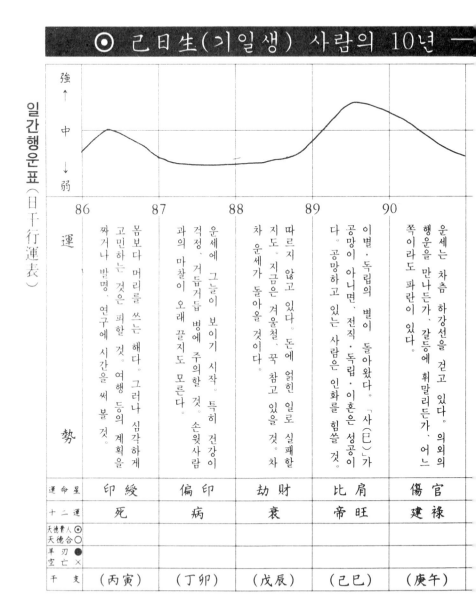

강(強) → 중(中) → 약(弱)

86　87　88　89　90

運勢

86 — 몸보다 머리를 쓰는 해다。그러나 심각하게 고민하는 것은 피할 것。여행 등의 계획을 짜거나 발명·연구에 시간을 써 볼 것.

87 — 운세에 그늘이 보이기 시작。특히 건강이 걱정、거듭거듭 병에 주의할 것。손윗사람과의 마찰이 오래 끌지도 모른다。

88 — 따르지 않고 있다。돈에 얽힌 일로 실패할 지도。지금은 겨울철、꾹 참고 있을 것。차차 운세가 돌아올 것이다.

89 — 이별·독립의 별이 돌아왔다。「사(巳)」가 공망이 아니면、전직·독립·이혼은 성공이다。공망하고 있는 사람은 인화를 힘쓸 것。

90 — 운세는 차츰 하강선을 걷고 있다。의외의 행운을 만나든가、갈등에 휘말리든가、어느 쪽이라도 파란이 있다。

運命星	印綬	偏印	劫財	比肩	傷官
十二運	死	病	衰	帝旺	建祿
天德貴人⊙ 天德合○					
羊刃● 空亡×					
干支	(丙寅)	(丁卯)	(戊辰)	(己巳)	(庚午)

91	92	93	94	95	96
양인이 돌아왔다。기를 살리고 있으면 의외의 갈등에 휘말릴지도。그러나 행동은 소극적으로、결혼의 기회도 있다。	돈이 들어올 해다。재산 만들기의 계획도 세워보라。그러나 도박이나 투기에는 관여하지 말 것。이성운도 있을 듯。	모처럼 들어온 돈을 탕진하게 될 듯。잘 활용하면 사업은 발전한다。신축、증·개축의 자금 융통에도 목표가 세워질 듯。	10년간에서 최고로 붙어 있는 해。결혼·승진·사업의 확장 등이 있을 것이다。「술(戌)」이 공망하고 있는 사람은 적극적인 중에서도 신중한 행동을。	무언가 바쁜 해가 될 듯하다。생활 환경이 바뀔지도 모른다。애인이나 연인과 만나는 기회도 있다。삼각관계는 얽히고 설키게 된다。
食　神	正　財	偏　財	正　官	偏　官
冠　帶	沐　浴	長　生	養	胎
●				
(辛未)	(壬申)	(癸酉)	(甲戌)	(乙亥)

⊙ 庚日生(경일생) 사람의 10년 ──

일간행운표（日干行運表）

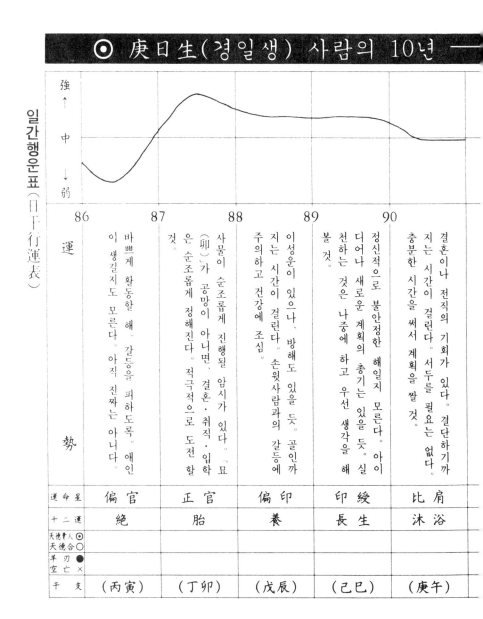

強 ↑ 中 ↓ 弱

86　87　88　89　90

運　　　　　　　　　　　　　　　　　　勢

86: 바쁘게 활동할 해. 갈등을 피하도록. 애인이 생길지도 모른다. 아직 진짜는 아니다.

87: 사물이 순조롭게 진행될 암시가 있다. 「묘(卯)」가 공망이 아니면, 결혼·취직·입학은 순조롭게 정해진다. 적극적으로 도전할 것.

88: 이성운이 있으나, 방해도 있을 듯. 골인까지는 시간이 걸린다. 손윗사람과의 갈등에 주의하고 건강에 조심.

89: 정신적으로 불안정한 해일지 모른다. 아이디어나 새로운 계획의 총기는 있을 듯. 실천하는 것은 나중에 하고 우선 생각을 해볼 것.

90: 결혼이나 전직의 기회가 있다. 결단하기까지는 시간이 걸린다. 서두를 필요는 없다. 충분한 시간을 써서 계획을 짤 것.

運命星	偏官	正官	偏印	印綬	比肩
十二運	絶	胎	養	長生	沐浴
天德貴人⊙ 天德合○					
羊刃● 空亡×					
干　　支	(丙寅)	(丁卯)	(戊辰)	(己巳)	(庚午)

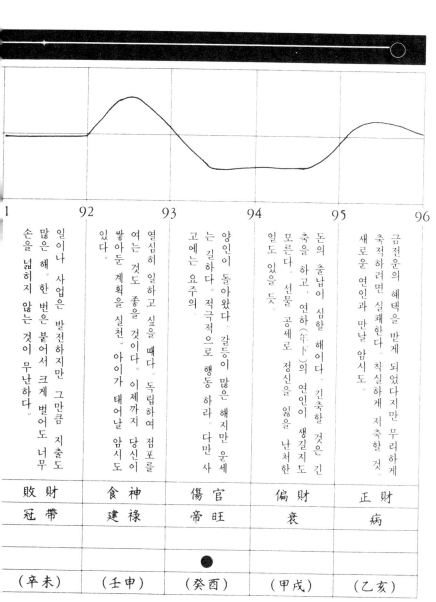

1   92   93   94   95   96

양인이 돌아왔다。 갈등이 많은 해지만 운세는 길하다。 적극적으로 행동하라。 다만 사고에는 요주의。

돈의 출납이 심할 해이다。 긴축할 것은 긴축을 하고、 연하(年下)의 연인이 생길지도 모른다。 선물 공세로 정신을 잃을 난처한 일도 있을 듯。

금전운의 혜택을 받게 되었다지만 무리하게 축적하려면 실패한다。 착실하게 저축할 것。 새로운 연인과 만날 암시도。

열심히 일하고 싶을 때다。 독립하여 점포를 여는 것도 좋을 것이다。 이제까지 당신이 쌓아둔 계획을 실천。 아이가 태어날 암시도 있다。

일이나 사업은 발전하지만 그만큼 지출도 많은 해。 한 번은 붙어서 크게 벌어도 너무 손을 넓히지 않는 것이 무난하다。

敗財	食神	傷官	偏財	正財
冠帶	建祿	帝旺	衰	病
		●		
(辛未)	(壬申)	(癸酉)	(甲戌)	(乙亥)

◉ 辛日生(신일생) 사람의 10년 ━

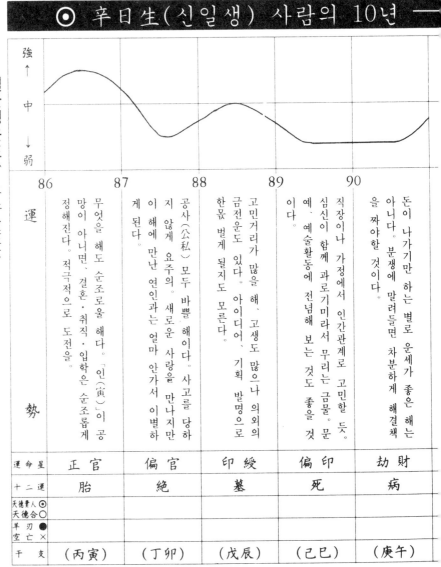

強
↑
中
↓
弱

運   勢

86 運

무엇을 해도 순조로울 해다. 「인(寅)」이 공망이 아니면, 결혼·취직·입학은 순조롭게 정해진다. 적극적으로 도전을.

87

게 된다. 이 해에 만난 연인과는 얼마 안가서 이별하지 않게 요주의. 새로운 사랑을 만나지만 공사(公私) 모두 바쁠 해이다. 사고를 당하

88

고민거리가 많을 해, 고생도 많으나 의외의 금전운도 있다. 아이디어, 기획 발명으로 한몫 벌게 될지도 모른다.

89

직장이나 가정에서 인간관계로 고민할 듯. 심신이 함께 과로기미라서 무리는 금물. 문예·예술활동에 전념해 보는 것도 좋을 것이다.

90

돈이 나가기만 하는 별로 운세가 좋은 해는 아니다. 분쟁에 말려들면 차분하게 해결책을 짜야할 것이다.

	86	87	88	89	90
運命星	正官	偏官	印綬	偏印	劫財
十二運	胎	絶	墓	死	病
天德貴人◉ / 天德合○					
羊刃● / 空亡×					
干支	(丙寅)	(丁卯)	(戊辰)	(己巳)	(庚午)

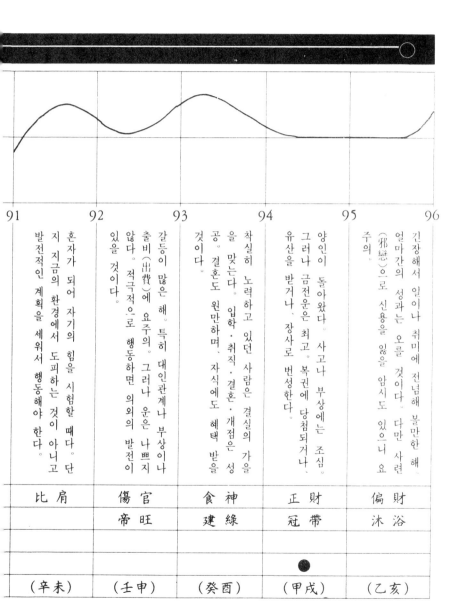

혼자가 되어 자기의 힘을 시험할 때다。단지 지금의 환경에서 도피하는 것이 아니고 발전적인 계획을 세워서 행동해야 한다。	갈등이 많은 해。특히 대인관계나 부상이나 출비(出費)에 요주의。그러나 운은 나쁘지 않다。적극적으로 행동하면 의외의 발전이 있을 것이다。	착실히 노력하고 있던 사람은 결실의 가을을 맞는다。입학・취직・결혼・개점은 성공。결혼도 원만하며、자식에도 혜택 받을 것이다。	양인이 돌아왔다。사고나 부상에는 조심。그러나 금전운은 최고。복권에 당첨되거나、유산을 받거나、장사로 번성한다。	긴장해서 일이나 취미에 전념해 볼만한 해。얼마간의 성과는 오를 것이다。다만 사련(邪戀)으로 신용을 잃을 암시도 있으니 요주의。
比肩	傷官	食神	正財	偏財
	帝旺	建綠	冠帶	沐浴
			●	
(辛未)	(壬申)	(癸酉)	(甲戌)	(乙亥)

⊙ 壬日生(임일생) 사람의 10년 —

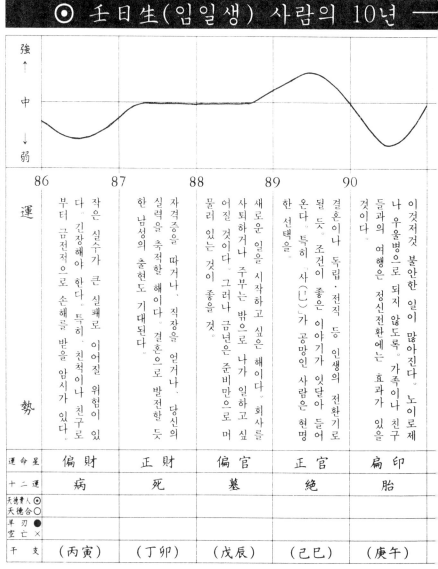

일간행운표(日干行運表)

運勢

86
작은 실수가 큰 실패로 이어질 위험이 있다. 긴장해야 한다. 특히 친척이나 친구로부터 금전적으로 손해를 받을 암시가 있다.

87
자격증을 따거나, 직장을 얻거나, 당신의 실력을 축적할 해이다. 결혼으로 발전할 듯한 남성의 출현도 기대된다.

88
새로운 일을 시작하고 싶은 해이다. 회사를 사퇴하거나 주부는 밖으로 나가 일하고 싶어질 것이다. 그러나 금년은 준비만으로 머물러 있는 것이 좋을 것.

89
결혼이나 독립·전직 등 인생의 전환기로 될 듯. 조건이 좋은 이야기가 잇달아 들어온다. 특히 「사(巳)」가 공망인 사람은 현명한 선택을.

90
이것저것 불안한 일이 많아진다. 노이로제나 우울병으로 되지 않도록. 가족이나 친구들과의 여행은 정신전환에는 효과가 있을 것이다.

	86	87	88	89	90
運命星	偏財	正財	偏官	正官	偏印
十二運	病	死	墓	絶	胎
天德貴人⊙ 天德合○					
羊刃● 空亡×					
干支	(丙寅)	(丁卯)	(戊辰)	(己巳)	(庚午)

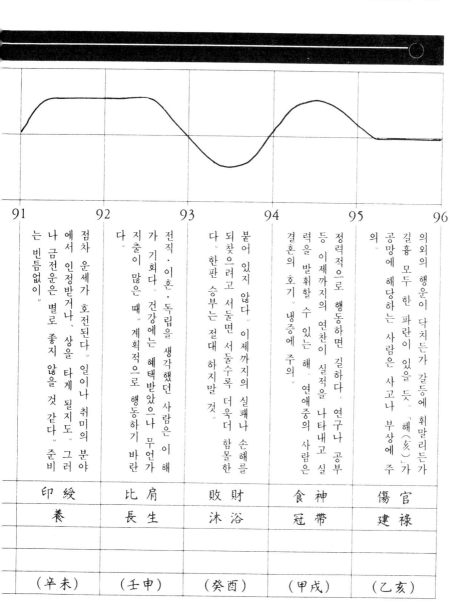

| 91 | 92 | 93 | 94 | 95 | 96 |

점차 운세가 호전된다. 일이나 취미의 분야에서 인정받거나, 상을 타게 될지도. 그러나 금전운은 별로 좋지 않을 것 같다. 준비는 빈틈없이.

전직·이혼·독립을 생각했던 사람은 이해가 기회다. 건강에는 혜택받았으나 무언가 지출이 많은 때. 계획적으로 행동하기 바란다.

붙어 있지 않다. 이제까지의 실패나 손해를 되찾으려고 서둘면 서둘수록 더욱더 함몰한다. 한판 승부는 절대 하지말 것.

정력적으로 행동하면 길하다. 연구나 공부 등 이제까지의 연찬이 실적을 나타내고 실력을 발휘할 수 있는 해. 연애중의 사람은 결혼의 호기. 냉증에 주의.

의외의 행운이 닥치든가 갈등에 휘말리든가 길흉 모두 한 파란이 있을 듯. 「해(亥)」가 공망에 해당하는 사람은 사고나 부상에 주의.

印綬	比肩	敗財	食神	傷官
養	長生	沐浴	冠帶	建祿
(辛未)	(壬申)	(癸酉)	(甲戌)	(乙亥)

⊙ 癸日生(계일생) 사람의 10년 ─

일간행운표(日干行運表)

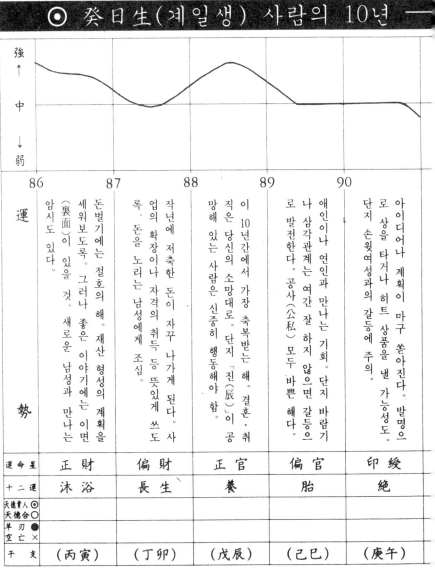

	86	87	88	89	90
運勢	돈벌기에는 절호의 해. 재산 형성의 계획을 세워보도록. 그러나 좋은 이야기에는 이면(裏面)이 있을 것. 새로운 남성과 만나는 암시도 있다.	작년에 저축한 돈이 자꾸 나가게 된다. 사업의 확장이나 자격의 취득 등 뜻있게 쓰도록. 돈을 노리는 남성에게 조심.	이 10년간에서 가장 축복받는 해. 결혼·취직은 당신의 소망대로. 단지 「진(辰)」이 공망해 있는 사람은 신중히 행동해야 함.	애인이나 연인과 만나는 기회. 단지 바람기나 삼각관계는 여간 잘하지 않으면 갈등으로 발전한다. 공사(公私) 모두 바쁜 해다.	아이디어나 계획이 마구 쏟아진다. 발명으로 상을 타거나 히트 상품을 낼 가능성도. 단지 손윗여성과의 갈등에 주의.
運命星	正財	偏財	正官	偏官	印綬
十二運	沐浴	長生	養	胎	絶
天德貴人◎ 天德合○					
羊刃● 空亡×					
干支	(丙寅)	(丁卯)	(戊辰)	(己巳)	(庚午)

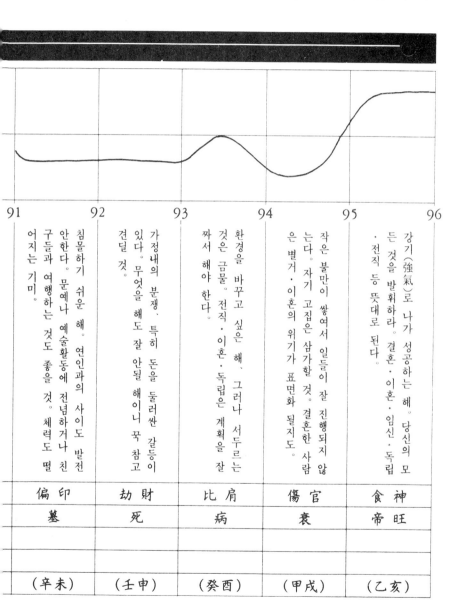

| | 91 | | 92 | | 93 | | 94 | | 95 | | 96 |

침몰하기 쉬운 해. 연인과의 사이도 발전 안한다. 문예나 예술활동에 전념하거나 친구들과 여행하는 것도 좋을 것. 체력도 떨어지는 기미.

가정내의 분쟁, 특히 돈을 둘러싼 갈등이 있다. 무엇을 해도 잘 안될 해이니 꾹 참고 견딜 것.

환경을 바꾸고 싶은 해, 그러나 서두르는 것은 금물. 전직·이혼·독립은 계획을 잘 짜서 해야 한다.

작은 불만이 쌓여서 일들이 잘 진행되지 않는다. 자기 고집은 삼가할 것. 결혼한 사람은 별거·이혼의 위기가 표면화 될지도.

강기(强氣)로 나가 성공하는 해, 당신의 모든 것을 발휘하라. 결혼·이혼·임신·독립·전직 등 뜻대로 된다.

偏印	劫財	比肩	傷官	食神
墓	死	病	衰	帝旺
(辛未)	(壬申)	(癸酉)	(甲戌)	(乙亥)

간지력(干支曆)

1920年 檀紀4253年 庚申(八白) 正桃華－卯亥

己未年 / 前月入節(時間)

日	1月	2月閏	3月	4月	5月	6月	7月	8月	9月	10月	11月	12月	日
(月干支)	丁丑	戊寅	己卯	庚辰	辛巳	壬午	癸未	甲申	乙酉	丙戌	丁亥	戊子	
(節入)	7日子	5日午	6日卯	5日巳	6日卯	6日巳	7日戌	8日卯	8日辰	9日子	8日丑	7日酉	
(時間)	(6日后11.41)	(前11.27)	(前5.51)	(前11.15)	(前5.12)	(前9.51)	(后8.19)	(前5.58)	(前8.27)	(8日后11.30)	(前2.05)	(后6.31)	
5日		癸巳		癸巳									5日
6日		甲午	癸亥	甲午	甲子	乙未							6日
7日	甲子	乙未	甲子	乙未	乙丑	丙申	丙寅					己亥	7日
8日	乙丑	丙申	乙丑	丙申	丙寅	丁酉	丁卯	戊戌	己巳		庚午	庚子	8日
9日	丙寅	丁酉	丙寅	丁酉	丁卯	戊戌	戊辰	己亥	庚午	庚子	辛未	辛丑	9日
10日	丁卯	戊戌	丁卯	戊戌	戊辰	己亥	己巳	庚子	辛未	辛丑	壬申	壬寅	10日
11日	戊辰	己亥	戊辰	己亥	己巳	庚子	庚午	辛丑	壬申	壬寅	癸酉	癸卯	11日
12日	己巳	庚子	己巳	庚子	庚午	辛丑	辛未	壬寅	癸酉	癸卯	甲戌	甲辰	12日
13日	庚午	辛丑	庚午	辛丑	辛未	壬寅	壬申	癸卯	甲戌	甲辰	乙亥	乙巳	13日
14日	辛未	壬寅	辛未	壬寅	壬申	癸卯	癸酉	甲辰	乙亥	乙巳	丙子	丙午	14日
15日	壬申	癸卯	壬申	癸卯	癸酉	甲辰	甲戌	乙巳	丙子	丙午	丁丑	丁未	15日
16日	癸酉	甲辰	癸酉	甲辰	甲戌	乙巳	乙亥	丙午	丁丑	丁未	戊寅	戊申	16日
17日	甲戌	乙巳	甲戌	乙巳	乙亥	丙午	丙子	丁未	戊寅	戊申	己卯	己酉	17日
18日	乙亥	丙午	乙亥	丙午	丙子	丁未	丁丑	戊申	己卯	己酉	庚辰	庚戌	18日
19日	丙子	丁未	丙子	丁未	丁丑	戊申	戊寅	己酉	庚辰	庚戌	辛巳	辛亥	19日
20日	丁丑	戊申	丁丑	戊申	戊寅	己酉	己卯	庚戌	辛巳	辛亥	壬午	壬子	20日
21日	戊寅	己酉	戊寅	己酉	己卯	庚戌	庚辰	辛亥	壬午	壬子	癸未	癸丑	21日
22日	己卯	庚戌	己卯	庚戌	庚辰	辛亥	辛巳	壬子	癸未	癸丑	甲申	甲寅	22日
23日	庚辰	辛亥	庚辰	辛亥	辛巳	壬子	壬午	癸丑	甲申	甲寅	乙酉	乙卯	23日
24日	辛巳	壬子	辛巳	壬子	壬午	癸丑	癸未	甲寅	乙酉	乙卯	丙戌	丙辰	24日
25日	壬午	癸丑	壬午	癸丑	癸未	甲寅	甲申	乙卯	丙戌	丙辰	丁亥	丁巳	25日
26日	癸未	甲寅	癸未	甲寅	甲申	乙卯	乙酉	丙辰	丁亥	丁巳	戊子	戊午	26日
27日	甲申	乙卯	甲申	乙卯	乙酉	丙辰	丙戌	丁巳	戊子	戊午	己丑	己未	27日
28日	乙酉	丙辰	乙酉	丙辰	丙戌	丁巳	丁亥	戊午	己丑	己未	庚寅	庚申	28日
29日	丙戌	丁巳	丙戌	丁巳	丁亥	戊午	戊子	己未	庚寅	庚申	辛卯	辛酉	29日
30日	丁亥		丁亥	戊午	戊子	己未	己丑	庚申	辛卯	辛酉	壬辰	壬戌	30日
31日	戊子		戊子		己丑		庚寅	辛酉		壬戌		癸亥	31日
翌1日	己丑	戊午	己丑	己未	庚寅	庚申	辛卯	壬戌	壬辰	癸亥	癸巳	甲子	翌1日
2日	庚寅	己未	庚寅	庚申	辛卯	辛酉	壬辰	癸亥	癸巳	甲子	甲午	乙丑	2日
3日	辛卯	庚申	辛卯	辛酉	壬辰	壬戌	癸巳	甲子	甲午	乙丑	乙未	丙寅	3日
4日	壬辰	辛酉	壬辰	壬戌	癸巳	癸亥	甲午	乙丑	乙未	丙寅	丙申	丁卯	4日
5日		壬戌	癸巳	癸亥	甲午	甲子	乙未	丙寅	丙申	丁卯	丁酉	戊辰	5日
6日					乙未	乙丑	丙申	丁卯	丁酉	戊辰	戊戌		6日
7日							丁酉	戊辰	戊戌	己巳			7日
8日									己亥				8日

1921年　檀紀4254年　辛酉(七赤)　正桃華－卯亥

庚申年

月 / 日	1月	2月	3月	4月	5月	6月	7月	8月	9月	10月	11月	12月	日
	己丑	庚寅	辛卯	壬辰	癸巳	甲午	乙未	丙申	丁酉	戊戌	己亥	庚子	
	6日卯	4日酉	6日午	5日酉	6日午	6日申	8日丑	8日午	8日未	9日卯	8日未	8日子	
	(前5.34)	(后5.21)	(前11.46)	(后5.09)	(前11.04)	(前3.42)	(前2.07)	(前11.44)	(后2.10)	(前5.11)	(前7.46)	(前0.12)	
4日		戊戌											4日
5日		己亥		戊戌									5日
6日	己巳	庚子	戊辰	己亥	己巳	庚子							6日
7日	庚午	辛丑	己巳	庚子	庚午	辛丑							7日
8日	辛未	壬寅	庚午	辛丑	辛未	壬寅	壬申	癸卯	甲戌		乙亥	乙巳	8日
9日	壬申	癸卯	辛未	壬寅	壬申	癸卯	癸酉	甲辰	乙亥	乙巳	丙子	丙午	9日
10日	癸酉	甲辰	壬申	癸卯	癸酉	甲辰	甲戌	乙巳	丙子	丙午	丁丑	丁未	10日
11日	甲戌	乙巳	癸酉	甲辰	甲戌	乙巳	乙亥	丙午	丁丑	丁未	戊寅	戊申	11日
12日	乙亥	丙午	甲戌	乙巳	乙亥	丙午	丙子	丁未	戊寅	戊申	己卯	己酉	12日
13日	丙子	丁未	乙亥	丙午	丙子	丁未	丁丑	戊申	己卯	己酉	庚辰	庚戌	13日
14日	丁丑	戊申	丙子	丁未	丁丑	戊申	戊寅	己酉	庚辰	庚戌	辛巳	辛亥	14日
15日	戊寅	己酉	丁丑	戊申	戊寅	己酉	己卯	庚戌	辛巳	辛亥	壬午	壬子	15日
16日	己卯	庚戌	戊寅	己酉	己卯	庚戌	庚辰	辛亥	壬午	壬子	癸未	癸丑	16日
17日	庚辰	辛亥	己卯	庚戌	庚辰	辛亥	辛巳	壬子	癸未	癸丑	甲申	甲寅	17日
18日	辛巳	壬子	庚辰	辛亥	辛巳	壬子	壬午	癸丑	甲申	甲寅	乙酉	乙卯	18日
19日	壬午	癸丑	辛巳	壬子	壬午	癸丑	癸未	甲寅	乙酉	乙卯	丙戌	丙辰	19日
20日	癸未	甲寅	壬午	癸丑	癸未	甲寅	甲申	乙卯	丙戌	丙辰	丁亥	丁巳	20日
21日	甲申	乙卯	癸未	甲寅	甲申	乙卯	乙酉	丙辰	丁亥	丁巳	戊子	戊午	21日
22日	乙酉	丙辰	甲申	乙卯	乙酉	丙辰	丙戌	丁巳	戊子	戊午	己丑	己未	22日
23日	丙戌	丁巳	乙酉	丙辰	丙戌	丁巳	丁亥	戊午	己丑	己未	庚寅	庚申	23日
24日	丁亥	戊午	丙戌	丁巳	丁亥	戊午	戊子	己未	庚寅	庚申	辛卯	辛酉	24日
25日	戊子	己未	丁亥	戊午	戊子	己未	己丑	庚申	辛卯	辛酉	壬辰	壬戌	25日
26日	己丑	庚申	戊子	己未	己丑	庚申	庚寅	辛酉	壬辰	壬戌	癸巳	癸亥	26日
27日	庚寅	辛酉	己丑	庚申	庚寅	辛酉	辛卯	壬戌	癸巳	癸亥	甲午	甲子	27日
28日	辛卯	壬戌	庚寅	辛酉	辛卯	壬戌	壬辰	癸亥	甲午	甲子	乙未	乙丑	28日
29日	壬辰		辛卯	壬戌	壬辰	癸亥	癸巳	甲子	乙未	乙丑	丙申	丙寅	29日
30日	癸巳		壬辰	癸亥	癸巳	甲子	甲午	乙丑	丙申	丙寅	丁酉	丁卯	30日
31日	甲午		癸巳		甲午		乙未	丙寅		丁卯		戊辰	31日
翌月1日	乙未	癸亥	甲午	甲子	乙未	乙丑	丙申	丁卯	丁酉	戊辰	戊戌	己巳	翌月1日
2日	丙申	甲子	乙未	乙丑	丙申	丙寅	丁酉	戊辰	戊戌	己巳	己亥	庚午	2日
3日	丁酉	乙丑	丙申	丙寅	丁酉	丁卯	戊戌	己巳	己亥	庚午	庚子	辛未	3日
4日		丙寅	丁酉	丁卯	戊戌	戊辰	己亥	庚午	庚子	辛未	辛丑	壬申	4日
5日		丁卯		戊辰	己亥	己巳	庚子	辛未	辛丑	壬申	壬寅	癸酉	5日
6日						庚午	辛丑	壬申	壬寅	癸酉	癸卯		6日
7日						辛未	壬寅	癸酉	癸卯	甲戌	甲辰		7日
8日									甲辰				8日

1922年　檀紀4255年　壬戌（六白）　正桃華一午戌

辛酉年

月／日	1月 辛丑	2月 壬寅	3月 癸卯	4月 甲辰	5月 乙巳	6月 丙午	7月 丁未	8月 戊申	9月 己酉	10月 庚戌	11月 辛亥	12月 壬子	日
入節	6日午	5日子	6日酉	5日亥	6日申	6日戌	8日辰	8日酉	8日戌	9日午	8日未	8日卯	
(時間)	(前11.17)	(後10.07)	(前5.34)	(後10.58)	(後4.53)	(前9.30)	(後7.57)	(後5.38)	(後8.07)	(前11.10)	(後1.46)	(前6.11)	
5日		甲辰		癸卯									5日
6日	甲戌	乙巳	癸酉	甲辰	甲戌	乙巳							6日
7日	乙亥	丙午	甲戌	乙巳	乙亥	丙午							7日
8日	丙子	丁未	乙亥	丙午	丙子	丁未	丁丑	戊申	己卯		庚辰	庚戌	8日
9日	丁丑	戊申	丙子	丁未	丁丑	戊申	戊寅	己酉	庚辰	庚戌	辛巳	辛亥	9日
10日	戊寅	己酉	丁丑	戊申	戊寅	己酉	己卯	庚戌	辛巳	辛亥	壬午	壬子	10日
11日	己卯	庚戌	戊寅	己酉	己卯	庚戌	庚辰	辛亥	壬午	壬子	癸未	癸丑	11日
12日	庚辰	辛亥	己卯	庚戌	庚辰	辛亥	辛巳	壬子	癸未	癸丑	甲申	甲寅	12日
13日	辛巳	壬子	庚辰	辛亥	辛巳	壬子	壬午	癸丑	甲申	甲寅	乙酉	乙卯	13日
14日	壬午	癸丑	辛巳	壬子	壬午	癸丑	癸未	甲寅	乙酉	乙卯	丙戌	丙辰	14日
15日	癸未	甲寅	壬午	癸丑	癸未	甲寅	甲申	乙卯	丙戌	丙辰	丁亥	丁巳	15日
16日	甲申	乙卯	癸未	甲寅	甲申	乙卯	乙酉	丙辰	丁亥	丁巳	戊子	戊午	16日
17日	乙酉	丙辰	甲申	乙卯	乙酉	丙辰	丙戌	丁巳	戊子	戊午	己丑	己未	17日
18日	丙戌	丁巳	乙酉	丙辰	丙戌	丁巳	丁亥	戊午	己丑	己未	庚寅	庚申	18日
19日	丁亥	戊午	丙戌	丁巳	丁亥	戊午	戊子	己未	庚寅	庚申	辛卯	辛酉	19日
20日	戊子	己未	丁亥	戊午	戊子	己未	己丑	庚申	辛卯	辛酉	壬辰	壬戌	20日
21日	己丑	庚申	戊子	己未	己丑	庚申	庚寅	辛酉	壬辰	壬戌	癸巳	癸亥	21日
22日	庚寅	辛酉	己丑	庚申	庚寅	辛酉	辛卯	壬戌	癸巳	癸亥	甲午	甲子	22日
23日	辛卯	壬戌	庚寅	辛酉	辛卯	壬戌	壬辰	癸亥	甲午	甲子	乙未	乙丑	23日
24日	壬辰	癸亥	辛卯	壬戌	壬辰	癸亥	癸巳	甲子	乙未	乙丑	丙申	丙寅	24日
25日	癸巳	甲子	壬辰	癸亥	癸巳	甲子	甲午	乙丑	丙申	丙寅	丁酉	丁卯	25日
26日	甲午	乙丑	癸巳	甲子	甲午	乙丑	乙未	丙寅	丁酉	丁卯	戊戌	戊辰	26日
27日	乙未	丙寅	甲午	乙丑	乙未	丙寅	丙申	丁卯	戊戌	戊辰	己亥	己巳	27日
28日	丙申	丁卯	乙未	丙寅	丙申	丁卯	丁酉	戊辰	己亥	己巳	庚子	庚午	28日
29日	丁酉		丙申	丁卯	丁酉	戊辰	戊戌	己巳	庚子	庚午	辛丑	辛未	29日
30日	戊戌		丁酉	戊辰	戊戌	己巳	己亥	庚午	辛丑	辛未	壬寅	壬申	30日
31日	己亥		戊戌		己亥		庚子	辛未		壬申		癸酉	31日
翌月 1日	庚子	戊辰	己亥	己巳	庚子	庚午	辛丑	壬申	壬寅	癸酉	癸卯	甲戌	1日
2日	辛丑	己巳	庚子	庚午	辛丑	辛未	壬寅	癸酉	癸卯	甲戌	甲辰	乙亥	2日
3日	壬寅	庚午	辛丑	辛未	壬寅	壬申	癸卯	甲戌	甲辰	乙亥	乙巳	丙子	3日
4日	癸卯	辛未	壬寅	壬申	癸卯	癸酉	甲辰	乙亥	乙巳	丙子	丙午	丁丑	4日
5日		壬申	癸卯	癸酉	甲辰	甲戌	乙巳	丙子	丙午	丁丑	丁未	戊寅	5日
6日						乙亥	丙午	丁丑	丁未	戊寅	戊申		6日
7日						丙子	丁未	戊寅	戊申	己卯	己酉		7日
8日									己酉				8日

1923年　檀紀4256年　癸亥（五黃）　正桃華·午戌

月	1月	2月	3月	4月	5月	6月	7月	8月	9月	10月	11月	12月
月干支	癸丑	甲寅	乙卯	丙辰	丁巳	戊午	己未	庚申	辛酉	壬戌	癸亥	甲子
節入	6日	5日	7日	6日	6日	7日	8日	9日	9日	9日	8日	8日

日	1月	2月	3月	4月	5月	6月	7月	8月	9月	10月	11月	12月	日
5日		己酉											5日
6日	己卯	庚戌		己酉	己卯								6日
7日	庚辰	辛亥	己卯	庚戌	庚辰	辛亥							7日
8日	辛巳	壬子	庚辰	辛亥	辛巳	壬子	壬午				乙酉	乙卯	8日
9日	壬午	癸丑	辛巳	壬子	壬午	癸丑	癸未	甲寅	乙酉	乙卯	丙戌	丙辰	9日
10日	癸未	甲寅	壬午	癸丑	癸未	甲寅	甲申	乙卯	丙戌	丙辰	丁亥	丁巳	10日
11日	甲申	乙卯	癸未	甲寅	甲申	乙卯	乙酉	丙辰	丁亥	丁巳	戊子	戊午	11日
12日	乙酉	丙辰	甲申	乙卯	乙酉	丙辰	丙戌	丁巳	戊子	戊午	己丑	己未	12日
13日	丙戌	丁巳	乙酉	丙辰	丙戌	丁巳	丁亥	戊午	己丑	己未	庚寅	庚申	13日
14日	丁亥	戊午	丙戌	丁巳	丁亥	戊午	戊子	己未	庚寅	庚申	辛卯	辛酉	14日
15日	戊子	己未	丁亥	戊午	戊子	己未	己丑	庚申	辛卯	辛酉	壬辰	壬戌	15日
16日	己丑	庚申	戊子	己未	己丑	庚申	庚寅	辛酉	壬辰	壬戌	癸巳	癸亥	16日
17日	庚寅	辛酉	己丑	庚申	庚寅	辛酉	辛卯	壬戌	癸巳	癸亥	甲午	甲子	17日
18日	辛卯	壬戌	庚寅	辛酉	辛卯	壬戌	壬辰	癸亥	甲午	甲子	乙未	乙丑	18日
19日	壬辰	癸亥	辛卯	壬戌	壬辰	癸亥	癸巳	甲子	乙未	乙丑	丙申	丙寅	19日
20日	癸巳	甲子	壬辰	癸亥	癸巳	甲子	甲午	乙丑	丙申	丙寅	丁酉	丁卯	20日
21日	甲午	乙丑	癸巳	甲子	甲午	乙丑	乙未	丙寅	丁酉	丁卯	戊戌	戊辰	21日
22日	乙未	丙寅	甲午	乙丑	乙未	丙寅	丙申	丁卯	戊戌	戊辰	己亥	己巳	22日
23日	丙申	丁卯	乙未	丙寅	丙申	丁卯	丁酉	戊辰	己亥	己巳	庚子	庚午	23日
24日	丁酉	戊辰	丙申	丁卯	丁酉	戊辰	戊戌	己巳	庚子	庚午	辛丑	辛未	24日
25日	戊戌	己巳	丁酉	戊辰	戊戌	己巳	己亥	庚午	辛丑	辛未	壬寅	壬申	25日
26日	己亥	庚午	戊戌	己巳	己亥	庚午	庚子	辛未	壬寅	壬申	癸卯	癸酉	26日
27日	庚子	辛未	己亥	庚午	庚子	辛未	辛丑	壬申	癸卯	癸酉	甲辰	甲戌	27日
28日	辛丑	壬申	庚子	辛未	辛丑	壬申	壬寅	癸酉	甲辰	甲戌	乙巳	乙亥	28日
29日	壬寅		辛丑	壬申	壬寅	癸酉	癸卯	甲戌	乙巳	乙亥	丙午	丙子	29日
30日	癸卯		壬寅	癸酉	癸卯	甲戌	甲辰	乙亥	丙午	丙子	丁未	丁丑	30日
31日	甲辰		癸卯		甲辰		乙巳	丙子		丁丑		戊寅	31日
翌1日	乙巳	癸酉	甲辰	甲戌	乙巳	乙亥	丙午	丁丑	丁未	戊寅	戊申	己卯	翌1日
2日	丙午	甲戌	乙巳	乙亥	丙午	丙子	丁未	戊寅	戊申	己卯	己酉	庚辰	2日
3日	丁未	乙亥	丙午	丙子	丁未	丁丑	戊申	己卯	己酉	庚辰	庚戌	辛巳	3日
4日	戊申	丙子	丁未	丁丑	戊申	戊寅	己酉	庚辰	庚戌	辛巳	辛亥	壬午	4日
5日		丁丑	戊申	戊寅	己酉	己卯	庚戌	辛巳	辛亥	壬午	壬子	癸未	5日
6日		戊寅			庚戌	庚辰	辛亥	壬午	壬子	癸未	癸丑	甲申	6日
7日						辛巳	壬子	癸未	癸丑	甲申	甲寅		7日
8日							癸丑	甲申	甲寅				8日

1924年　檀紀4257年　甲子（四緑）　正桃華－巳亥

月	1月	2月閏	3月	4月	5月	6月	7月	8月	9月	10月	11月	12月	月
	乙丑	丙寅	丁卯	戊辰	己巳	庚午	辛未	壬申	癸酉	甲戌	乙亥	丙子	日
	7日子	5日巳	6日巳	5日巳	6日寅	6日巳	7日戌	8日卯	8日辰	8日亥	8日丑	7日寅	
日	(後11.06)	(前10.50)	(前5.13)	(前10.33)	(前4.26)	(前9.02)	(後7.30)	(前5.13)	(前7.46)	(後10.53)	(後1.30)	(後5.54)	
5日		甲寅		甲寅									5日
6日		乙卯	甲申	乙卯	乙酉	丙辰							6日
7日	乙酉	丙辰	乙酉	丙辰	丙戌	丁巳	丁亥				庚申		7日
8日	丙戌	丁巳	丙戌	丁巳	丁亥	戊午	戊子	己未	庚寅	庚申	辛卯	辛酉	8日
9日	丁亥	戊午	丁亥	戊午	戊子	己丑	己未	庚申	辛卯	辛酉	壬辰	壬戌	9日
10日	戊子	己未	戊子	己未	己丑	庚寅	庚申	辛酉	壬辰	壬戌	癸巳	癸亥	10日
11日	己丑	庚申	己丑	庚申	庚寅	辛酉	辛卯	壬戌	癸巳	癸亥	甲午	甲子	11日
12日	庚寅	辛酉	庚寅	辛酉	辛卯	壬戌	壬辰	癸亥	甲午	甲子	乙未	乙丑	12日
13日	辛卯	壬戌	辛卯	壬戌	壬辰	癸亥	癸巳	甲子	乙未	乙丑	丙申	丙寅	13日
14日	壬辰	癸亥	壬辰	癸亥	癸巳	甲子	甲午	乙丑	丙申	丙寅	丁酉	丁卯	14日
15日	癸巳	甲子	癸巳	甲子	甲午	乙丑	乙未	丙寅	丁酉	丁卯	戊戌	戊辰	15日
16日	甲午	乙丑	甲午	乙丑	乙未	丙寅	丙申	丁卯	戊戌	戊辰	己亥	己巳	16日
17日	乙未	丙寅	乙未	丙寅	丙申	丁卯	丁酉	戊辰	己亥	己巳	庚子	庚午	17日
18日	丙申	丁卯	丙申	丁卯	丁酉	戊辰	戊戌	己巳	庚子	庚午	辛丑	辛未	18日
19日	丁酉	戊辰	丁酉	戊辰	戊戌	己巳	己亥	庚午	辛丑	辛未	壬寅	壬申	19日
20日	戊戌	己巳	戊戌	己巳	己亥	庚午	庚子	辛未	壬寅	壬申	癸卯	癸酉	20日
21日	己亥	庚午	己亥	庚午	庚子	辛未	辛丑	壬申	癸卯	癸酉	甲辰	甲戌	21日
22日	庚子	辛未	庚子	辛未	辛丑	壬申	壬寅	癸酉	甲辰	甲戌	乙巳	乙亥	22日
23日	辛丑	壬申	辛丑	壬申	壬寅	癸酉	癸卯	甲戌	乙巳	乙亥	丙午	丙子	23日
24日	壬寅	癸酉	壬寅	癸酉	癸卯	甲戌	甲辰	乙亥	丙午	丙子	丁未	丁丑	24日
25日	癸卯	甲戌	癸卯	甲戌	甲辰	乙亥	乙巳	丙子	丁未	丁丑	戊申	戊寅	25日
26日	甲辰	乙亥	甲辰	乙亥	乙巳	丙子	丙午	丁丑	戊申	戊寅	己酉	己卯	26日
27日	乙巳	丙子	乙巳	丙子	丙午	丁丑	丁未	戊寅	己酉	己卯	庚戌	庚辰	27日
28日	丙午	丁丑	丙午	丁丑	丁未	戊寅	戊申	己卯	庚戌	庚辰	辛亥	辛巳	28日
29日	丁未	戊寅	丁未	戊寅	戊申	己卯	己酉	庚辰	辛亥	辛巳	壬子	壬午	29日
30日	戊申		戊申		己酉	庚辰	庚戌	辛巳	壬子	壬午	癸丑	癸未	30日
31日	己酉		己酉		庚戌		辛亥 壬午			癸未		甲申	31日
翌1日	庚戌	己卯	庚戌	庚辰	辛亥	辛巳	壬子	癸未	癸丑	甲申	甲寅	乙酉	翌1日
2日	辛亥	庚辰	辛亥	辛巳	壬子	壬午	癸丑	甲申	甲寅	乙酉	乙卯	丙戌	2日
3日	壬子	辛巳	壬子	壬午	癸丑	癸未	甲寅	乙酉	乙卯	丙戌	丙辰	丁亥	3日
4日	癸丑	壬午	癸丑	癸未	甲寅	甲申	乙卯	丙戌	丙辰	丁亥	丁巳	戊子	4日
5日		癸未		甲申	乙卯	乙酉	丙辰	丁亥	丁巳	戊子	戊午	己丑	5日
6日						丙戌	丁巳	戊子	戊午	己丑	己未		6日
7日							戊午	己丑	己未	庚寅			7日
8日													8日

1925年 檀紀4258年 乙丑(三碧) 正桃華-巳亥

甲子年

日	1月	2月	3月	4月	5月	6月	7月	8月	9月	10月	11月	12月	日
月干支	丁丑	戊寅	己卯	庚辰	辛巳	壬午	癸未	甲申	乙酉	丙戌	丁亥	戊子	
節入	6日寅	4日申	6日巳	5日申	6日巳	6日未	8日丑	8日午	8日未	9日寅	8日辰	8日子	
時刻	(前4 53)	(后4 37)	(前11 00)	(后4 23)	(前10 18)	(后2 58)	(前1 25)	(后11 05)	(后1 40)	(前4 48)	(前7 27)	(后11 35)	
4日		己未											4日
5日		庚申		己未									5日
6日	庚寅	辛酉	己丑	庚申	庚寅	辛酉							6日
7日	辛卯	壬戌	庚寅	辛酉	辛卯	壬戌							7日
8日	壬辰	癸亥	辛卯	壬戌	壬辰	癸亥	癸巳	甲子	乙未		丙申	丙寅	8日
9日	癸巳	甲子	壬辰	癸亥	癸巳	甲子	甲午	乙丑	丙申	丙寅	丁酉	丁卯	9日
10日	甲午	乙丑	癸巳	甲子	甲午	乙丑	乙未	丙寅	丁酉	丁卯	戊戌	戊辰	10日
11日	乙未	丙寅	甲午	乙丑	乙未	丙寅	丙申	丁卯	戊戌	戊辰	己亥	己巳	11日
12日	丙申	丁卯	乙未	丙寅	丙申	丁卯	丁酉	戊辰	己亥	己巳	庚子	庚午	12日
13日	丁酉	戊辰	丙申	丁卯	丁酉	戊辰	戊戌	己巳	庚子	庚午	辛丑	辛未	13日
14日	戊戌	己巳	丁酉	戊辰	戊戌	己巳	己亥	庚午	辛丑	辛未	壬寅	壬申	14日
15日	己亥	庚午	戊戌	己巳	己亥	庚午	庚子	辛未	壬寅	壬申	癸卯	癸酉	15日
16日	庚子	辛未	己亥	庚午	庚子	辛未	辛丑	壬申	癸卯	癸酉	甲辰	甲戌	16日
17日	辛丑	壬申	庚子	辛未	辛丑	壬申	壬寅	癸酉	甲辰	甲戌	乙巳	乙亥	17日
18日	壬寅	癸酉	辛丑	壬申	壬寅	癸酉	癸卯	甲戌	乙巳	乙亥	丙午	丙子	18日
19日	癸卯	甲戌	壬寅	癸酉	癸卯	甲戌	甲辰	乙亥	丙午	丙子	丁未	丁丑	19日
20日	甲辰	乙亥	癸卯	甲戌	甲辰	乙亥	乙巳	丙子	丁未	丁丑	戊申	戊寅	20日
21日	乙巳	丙子	甲辰	乙亥	乙巳	丙子	丙午	丁丑	戊申	戊寅	己酉	己卯	21日
22日	丙午	丁丑	乙巳	丙子	丙午	丁丑	丁未	戊寅	己酉	己卯	庚戌	庚辰	22日
23日	丁未	戊寅	丙午	丁丑	丁未	戊寅	戊申	己卯	庚戌	庚辰	辛亥	辛巳	23日
24日	戊申	己卯	丁未	戊寅	戊申	己卯	己酉	庚辰	辛亥	辛巳	壬子	壬午	24日
25日	己酉	庚辰	戊申	己卯	己酉	庚辰	庚戌	辛巳	壬子	壬午	癸丑	癸未	25日
26日	庚戌	辛巳	己酉	庚辰	庚戌	辛巳	辛亥	壬午	癸丑	癸未	甲寅	甲申	26日
27日	辛亥	壬午	庚戌	辛巳	辛亥	壬午	壬子	癸未	甲寅	甲申	乙卯	乙酉	27日
28日	壬子	癸未	辛亥	壬午	壬子	癸未	癸丑	甲申	乙卯	乙酉	丙辰	丙戌	28日
29日	癸丑		壬子	癸未	癸丑	甲申	甲寅	乙酉	丙辰	丙戌	丁巳	丁亥	29日
30日	甲寅		癸丑	甲申	甲寅	乙酉	乙卯	丙戌	丁巳	丁亥	戊午	戊子	30日
31日	乙卯		甲寅		乙卯		丙辰	丁亥		戊子		己丑	31日
翌月1日	丙辰	甲申	乙卯	乙酉	丙辰	丙戌	丁巳	戊子	戊午	己丑	己未	庚寅	翌月1日
2日	丁巳	乙酉	丙辰	丙戌	丁巳	丁亥	戊午	己丑	己未	庚寅	庚申	辛卯	2日
3日	戊午	丙戌	丁巳	丁亥	戊午	戊子	己未	庚寅	庚申	辛卯	辛酉	壬辰	3日
4日		丁亥	戊午	戊子	己未	己丑	庚申	辛卯	辛酉	壬辰	壬戌	癸巳	4日
5日		戊子		己丑	庚申	庚寅	辛酉	壬辰	壬戌	癸巳	癸亥	甲午	5日
6日						辛卯	壬戌	癸巳	癸亥	甲午	甲子		6日
7日						壬辰	癸亥	甲午	甲子	乙未	乙丑		7日
8日									乙丑				8日

1926年　檀紀4259年　丙寅（二黒）　正桃華－子申

乙丑年 月 / 節入日(時間) / 日	1月	2月	3月	4月	5月	6月	7月	8月	9月	10月	11月	12月	月 / 日
(干支)	己丑	庚寅	辛卯	壬辰	癸巳	甲午	乙未	丙申	丁酉	戊戌	己亥	庚子	
(節入日)	6日巳	4日亥	6日酉	5日申	6日申	6日戌	8日辰	8日申	8日戌	9日巳	8日未	8日卯	
(時間)	(前10.55)	(后10.39)	(后5.00)	(后10.19)	(后4.09)	(后8.42)	(后7.06)	(后4.45)	(后7.16)	(前10.29)	(后1.08)	(后5.39)	
4日		甲子											4日
5日		乙丑		甲子									5日
6日	乙未	丙寅	甲午	乙丑	乙未	丙寅							6日
7日	丙申	丁卯	乙未	丙寅	丙申	丁卯							7日
8日	丁酉	戊辰	丙申	丁卯	丁酉	戊辰	戊戌	己巳	庚子		辛丑	辛未	8日
9日	戊戌	己巳	丁酉	戊辰	戊戌	己巳	己亥	庚午	辛丑	辛未	壬寅	壬申	9日
10日	己亥	庚午	戊戌	己巳	己亥	庚午	庚子	辛未	壬寅	壬申	癸卯	癸酉	10日
11日	庚子	辛未	己亥	庚午	庚子	辛未	辛丑	壬申	癸卯	癸酉	甲辰	甲戌	11日
12日	辛丑	壬申	庚子	辛未	辛丑	壬申	壬寅	癸酉	甲辰	甲戌	乙巳	乙亥	12日
13日	壬寅	癸酉	辛丑	壬申	壬寅	癸酉	癸卯	甲戌	乙巳	乙亥	丙午	丙子	13日
14日	癸卯	甲戌	壬寅	癸酉	癸卯	甲戌	甲辰	乙亥	丙午	丙子	丁未	丁丑	14日
15日	甲辰	乙亥	癸卯	甲戌	甲辰	乙亥	乙巳	丙子	丁未	丁丑	戊申	戊寅	15日
16日	乙巳	丙子	甲辰	乙亥	乙巳	丙子	丙午	丁丑	戊申	戊寅	己酉	己卯	16日
17日	丙午	丁丑	乙巳	丙子	丙午	丁丑	丁未	戊寅	己酉	己卯	庚戌	庚辰	17日
18日	丁未	戊寅	丙午	丁丑	丁未	戊寅	戊申	己卯	庚戌	庚辰	辛亥	辛巳	18日
19日	戊申	己卯	丁未	戊寅	戊申	己卯	己酉	庚辰	辛亥	辛巳	壬子	壬午	19日
20日	己酉	庚辰	戊申	己卯	己酉	庚辰	庚戌	辛巳	壬子	壬午	癸丑	癸未	20日
21日	庚戌	辛巳	己酉	庚辰	庚戌	辛巳	辛亥	壬午	癸丑	癸未	甲寅	甲申	21日
22日	辛亥	壬午	庚戌	辛巳	辛亥	壬午	壬子	癸未	甲寅	甲申	乙卯	乙酉	22日
23日	壬子	癸未	辛亥	壬午	壬子	癸未	癸丑	甲申	乙卯	乙酉	丙辰	丙戌	23日
24日	癸丑	甲申	壬子	癸未	癸丑	甲申	甲寅	乙酉	丙辰	丙戌	丁巳	丁亥	24日
25日	甲寅	乙酉	癸丑	甲申	甲寅	乙酉	乙卯	丙戌	丁巳	丁亥	戊午	戊子	25日
26日	乙卯	丙戌	甲寅	乙酉	乙卯	丙戌	丙辰	丁亥	戊午	戊子	己未	己丑	26日
27日	丙辰	丁亥	乙卯	丙戌	丙辰	丁亥	丁巳	戊子	己未	己丑	庚申	庚寅	27日
28日	丁巳	戊子	丙辰	丁亥	丁巳	戊子	戊午	己丑	庚申	庚寅	辛酉	辛卯	28日
29日	戊午		丁巳	戊子	戊午	己丑	己未	庚寅	辛酉	辛卯	壬戌	壬辰	29日
30日	己未		戊午	己丑	己未	庚寅	庚申	辛卯	壬戌	壬辰	癸亥	癸巳	30日
31日	庚申		己未		庚申		辛酉	壬辰		癸巳		甲午	31日
翌月1日	辛酉	己丑	庚申	庚寅	辛酉	辛卯	壬戌	癸巳	癸亥	甲午	甲子	乙未	翌月1日
2日	壬戌	庚寅	辛酉	辛卯	壬戌	壬辰	癸亥	甲午	甲子	乙未	乙丑	丙申	2日
3日	癸亥	辛卯	壬戌	壬辰	癸亥	癸巳	甲子	乙未	乙丑	丙申	丙寅	丁酉	3日
4日		壬辰	癸亥	癸巳	甲子	甲午	乙丑	丙申	丙寅	丁酉	丁卯	戊戌	4日
5日		癸巳		甲午	乙丑	乙未	丙寅	丁酉	丁卯	戊戌	戊辰	己亥	5日
6日						丙申	丁卯	戊戌	戊辰	己亥	己巳		6日
7日						丁酉	戊辰	己亥	己巳	庚子	庚午		7日
8日									庚午				8日

1927年　檀紀4260年　丁卯 (一白)　正桃華－子申

丙寅年 \ 月	1月	2月	3月	4月	5月	6月	7月	8月	9月	10月	11月	12月	日
	辛丑	壬寅	癸卯	甲辰	乙巳	丙午	丁未	戊申	己酉	庚戌	辛亥	壬子	
	6日申	5日寅	6日亥	6日寅	6日巳	7日丑	8日午	8日亥	9日丑	9日申	8日酉	8日巳	
	(后4 45)	(前4 31)	(后10 53)	(前4 07)	(后9 54)	(前2 25)	(后0 50)	(后10 32)	(前1 06)	(前4 16)	(后6 57)	(后11 27)	
5日		庚午											5日
6日	庚子	辛未	己亥	庚午	庚子								6日
7日	辛丑	壬申	庚子	辛未	辛丑	壬申							7日
8日	壬寅	癸酉	辛丑	壬申	壬寅	癸酉	癸卯	甲戌			丙午	丙子	8日
9日	癸卯	甲戌	壬寅	癸酉	癸卯	甲戌	甲辰	乙亥	丙午	丙子	丁未	丁丑	9日
10日	甲辰	乙亥	癸卯	甲戌	甲辰	乙亥	乙巳	丙子	丁未	丁丑	戊申	戊寅	10日
11日	乙巳	丙子	甲辰	乙亥	乙巳	丙子	丙午	丁丑	戊申	戊寅	己酉	己卯	11日
12日	丙午	丁丑	乙巳	丙子	丙午	丁丑	丁未	戊寅	己酉	己卯	庚戌	庚辰	12日
13日	丁未	戊寅	丙午	丁丑	丁未	戊寅	戊申	己卯	庚戌	庚辰	辛亥	辛巳	13日
14日	戊申	己卯	丁未	戊寅	戊申	己卯	己酉	庚辰	辛亥	辛巳	壬子	壬午	14日
15日	己酉	庚辰	戊申	己卯	己酉	庚辰	庚戌	辛巳	壬子	壬午	癸丑	癸未	15日
16日	庚戌	辛巳	己酉	庚辰	庚戌	辛巳	辛亥	壬午	癸丑	癸未	甲寅	甲申	16日
17日	辛亥	壬午	庚戌	辛巳	辛亥	壬午	壬子	癸未	甲寅	甲申	乙卯	乙酉	17日
18日	壬子	癸未	辛亥	壬午	壬子	癸未	癸丑	甲申	乙卯	乙酉	丙辰	丙戌	18日
19日	癸丑	甲申	壬子	癸未	癸丑	甲申	甲寅	乙酉	丙辰	丙戌	丁巳	丁亥	19日
20日	甲寅	乙酉	癸丑	甲申	甲寅	乙酉	乙卯	丙戌	丁巳	丁亥	戊午	戊子	20日
21日	乙卯	丙戌	甲寅	乙酉	乙卯	丙戌	丙辰	丁亥	戊午	戊子	己未	己丑	21日
22日	丙辰	丁亥	乙卯	丙戌	丙辰	丁亥	丁巳	戊子	己未	己丑	庚申	庚寅	22日
23日	丁巳	戊子	丙辰	丁亥	丁巳	戊子	戊午	己丑	庚申	庚寅	辛酉	辛卯	23日
24日	戊午	己丑	丁巳	戊子	戊午	己丑	己未	庚寅	辛酉	辛卯	壬戌	壬辰	24日
25日	己未	庚寅	戊午	己丑	己未	庚寅	庚申	辛卯	壬戌	壬辰	癸亥	癸巳	25日
26日	庚申	辛卯	己未	庚寅	庚申	辛卯	辛酉	壬辰	癸亥	癸巳	甲子	甲午	26日
27日	辛酉	壬辰	庚申	辛卯	辛酉	壬辰	壬戌	癸巳	甲子	甲午	乙丑	乙未	27日
28日	壬戌	癸巳	辛酉	壬辰	壬戌	癸巳	癸亥	甲午	乙丑	乙未	丙寅	丙申	28日
29日	癸亥		壬戌	癸巳	癸亥	甲午	甲子	乙未	丙寅	丙申	丁卯	丁酉	29日
30日	甲子		癸亥	甲午	甲子	乙未	乙丑	丙申	丁卯	丁酉	戊辰	戊戌	30日
31日	乙丑		甲子		乙丑		丙寅	丁酉		戊戌		己亥	31日
翌月1日	丙寅	甲午	乙丑	乙未	丙寅	丙申	丁卯	戊戌	戊辰	己亥	己巳	庚子	翌月1日
2日	丁卯	乙未	丙寅	丙申	丁卯	丁酉	戊辰	己亥	己巳	庚子	庚午	辛丑	2日
3日	戊辰	丙申	丁卯	丁酉	戊辰	戊戌	己巳	庚子	庚午	辛丑	辛未	壬寅	3日
4日	己巳	丁酉	戊辰	戊戌	己巳	己亥	庚午	辛丑	辛未	壬寅	壬申	癸卯	4日
5日		戊戌	己巳	己亥	庚午	庚子	辛未	壬寅	壬申	癸卯	癸酉	甲辰	5日
6日					辛未	辛丑	壬申	癸卯	癸酉	甲辰	甲戌		6日
7日						壬寅	癸酉	甲辰	甲戌	乙巳	乙亥		7日
8日								乙巳	乙亥				8日

1928年　檀紀4261　戊辰（九紫）　正桃華－卯亥

丁卯年

產入日月 / 月\日	1月	2月閏	3月	4月	5月	6月	7月	8月	9月	10月	11月	12月	月
（時間）	癸丑	甲寅	乙卯	丙辰	丁巳	戊午	己未	庚申	辛酉	壬戌	癸亥	甲子	日
	6日亥	5日巳	6日寅	5日巳	6日寅	6日寅	7日酉	8日寅	8日辰	8日辰	8日子	7日酉	
日	（后10.32）	（前10.17）	（前4.38）	（前9.55）	（前3.44）	（后8.18）	（后6.45）	（前4.28）	（前7.02）	（后10.11）	（后0.50）	（后5.18）	日
5日		乙亥		乙亥									5日
6日	乙巳	丙子	乙巳	丙子	丙午	丁丑							6日
7日	丙午	丁丑	丙午	丁丑	丁未	戊寅	戊申					辛巳	7日
8日	丁未	戊寅	丁未	戊寅	戊申	己卯	己酉	庚辰	辛亥	辛巳	壬子	壬午	8日
9日	戊申	己卯	戊申	己卯	己酉	庚辰	庚戌	辛巳	壬子	壬午	癸丑	癸未	9日
10日	己酉	庚辰	己酉	庚辰	庚戌	辛巳	辛亥	壬午	癸丑	癸未	甲寅	甲申	10日
11日	庚戌	辛巳	庚戌	辛巳	辛亥	壬午	壬子	癸未	甲寅	甲申	乙卯	乙酉	11日
12日	辛亥	壬午	辛亥	壬午	壬子	癸未	癸丑	甲申	乙卯	乙酉	丙辰	丙戌	12日
13日	壬子	癸未	壬子	癸未	癸丑	甲申	甲寅	乙酉	丙辰	丙戌	丁巳	丁亥	13日
14日	癸丑	甲申	癸丑	甲申	甲寅	乙酉	乙卯	丙戌	丁巳	丁亥	戊午	戊子	14日
15日	甲寅	乙酉	甲寅	乙酉	乙卯	丙戌	丙辰	丁亥	戊午	戊子	己未	己丑	15日
16日	乙卯	丙戌	乙卯	丙戌	丙辰	丁亥	丁巳	戊子	己未	己丑	庚申	庚寅	16日
17日	丙辰	丁亥	丙辰	丁亥	丁巳	戊子	戊午	己丑	庚申	庚寅	辛酉	辛卯	17日
18日	丁巳	戊子	丁巳	戊子	戊午	己丑	己未	庚寅	辛酉	辛卯	壬戌	壬辰	18日
19日	戊午	己丑	戊午	己丑	己未	庚寅	庚申	辛卯	壬戌	壬辰	癸亥	癸巳	19日
20日	己未	庚寅	己未	庚寅	庚申	辛卯	辛酉	壬辰	癸亥	癸巳	甲子	甲午	20日
21日	庚申	辛卯	庚申	辛卯	辛酉	壬辰	壬戌	癸巳	甲子	甲午	乙丑	乙未	21日
22日	辛酉	壬辰	辛酉	壬辰	壬戌	癸巳	癸亥	甲午	乙丑	乙未	丙寅	丙申	22日
23日	壬戌	癸巳	壬戌	癸巳	癸亥	甲午	甲子	乙未	丙寅	丙申	丁卯	丁酉	23日
24日	癸亥	甲午	癸亥	甲午	甲子	乙未	乙丑	丙申	丁卯	丁酉	戊辰	戊戌	24日
25日	甲子	乙未	甲子	乙未	乙丑	丙申	丙寅	丁酉	戊辰	戊戌	己巳	己亥	25日
26日	乙丑	丙申	乙丑	丙申	丙寅	丁酉	丁卯	戊戌	己巳	己亥	庚午	庚子	26日
27日	丙寅	丁酉	丙寅	丁酉	丁卯	戊戌	戊辰	己亥	庚午	庚子	辛未	辛丑	27日
28日	丁卯	戊戌	丁卯	戊戌	戊辰	己亥	己巳	庚子	辛未	辛丑	壬申	壬寅	28日
29日	戊辰	己亥	戊辰	己亥	己巳	庚子	庚午	辛丑	壬申	壬寅	癸酉	癸卯	29日
30日	己巳		己巳	庚子	庚午	辛丑	辛未	壬寅	癸酉	癸卯	甲戌	甲辰	30日
31日	庚午		庚午		辛未		壬申	癸卯		甲辰		乙巳	31日
翌1日	辛未	庚子	辛未	辛丑	壬申	壬寅	癸酉	甲辰	甲戌	乙巳	乙亥	丙午	1日
2日	壬申	辛丑	壬申	壬寅	癸酉	癸卯	甲戌	乙巳	乙亥	丙午	丙子	丁未	2日
3日	癸酉	壬寅	癸酉	癸卯	甲戌	甲辰	乙亥	丙午	丙子	丁未	丁丑	戊申	3日
4日	甲戌	癸卯	甲戌	甲辰	乙亥	乙巳	丙子	丁未	丁丑	戊申	戊寅	己酉	4日
5日		甲辰		乙巳	丙子	丙午	丁丑	戊申	戊寅	己酉	己卯	庚戌	5日
6日						丁未	戊寅	己酉	己卯	庚戌	庚辰		6日
7日							己卯	庚戌	庚辰	辛亥			7日
8日													8日

1929年　檀紀4262年　己巳(八白)　正桃華－卯亥

戊辰年

月 新入月日 (時間) 日	1月	2月	3月	4月	5月	6月	7月	8月	9月	10月	11月	12月	月 日
	乙丑	丙寅	丁卯	戊辰	己巳	庚午	辛未	壬申	癸酉	甲戌	乙亥	丙子	
	6日寅	4日申	6日巳	5日申	6日巳	6日未	8日子	8日巳	8日午	9日寅	8日卯	7日亥	
	(前4.23)	(后4.09)	(后10.32)	(后3.52)	(前9.41)	(后2.11)	(前0.32)	(前10.09)	(后0.40)	(前3.48)	(后6.28)	(后10.57)	
4日		庚辰											4日
5日		辛巳		庚辰									5日
6日	辛亥	壬午	庚戌	辛巳	辛亥	壬午							6日
7日	壬子	癸未	辛亥	壬午	壬子	癸未						丙戌	7日
8日	癸丑	甲申	壬子	癸未	癸丑	甲申	甲寅	乙酉	丙辰		丁巳	丁亥	8日
9日	甲寅	乙酉	癸丑	甲申	甲寅	乙酉	乙卯	丙戌	丁巳	丁亥	戊午	戊子	9日
10日	乙卯	丙戌	甲寅	乙酉	乙卯	丙戌	丙辰	丁亥	戊午	戊子	己未	己丑	10日
11日	丙辰	丁亥	乙卯	丙戌	丙辰	丁亥	丁巳	戊子	己未	己丑	庚申	庚寅	11日
12日	丁巳	戊子	丙辰	丁亥	丁巳	戊子	戊午	己丑	庚申	庚寅	辛酉	辛卯	12日
13日	戊午	己丑	丁巳	戊子	戊午	己丑	己未	庚寅	辛酉	辛卯	壬戌	壬辰	14日
14日	己未	庚寅	戊午	己丑	己未	庚寅	庚申	辛卯	壬戌	壬辰	癸亥	癸巳	13日
15日	庚申	辛卯	己未	庚寅	庚申	辛卯	辛酉	壬辰	癸亥	癸巳	甲子	甲午	15日
16日	辛酉	壬辰	庚申	辛卯	辛酉	壬辰	壬戌	癸巳	甲子	甲午	乙丑	乙未	16日
17日	壬戌	癸巳	辛酉	壬辰	壬戌	癸巳	癸亥	甲午	乙丑	乙未	丙寅	丙申	17日
18日	癸亥	甲午	壬戌	癸巳	癸亥	甲午	甲子	乙未	丙寅	丙申	丁卯	丁酉	18日
19日	甲子	乙未	癸亥	甲午	甲子	乙未	乙丑	丙申	丁卯	丁酉	戊辰	戊戌	19日
20日	乙丑	丙申	甲子	乙未	乙丑	丙申	丙寅	丁酉	戊辰	戊戌	己巳	己亥	20日
21日	丙寅	丁酉	乙丑	丙申	丙寅	丁酉	丁卯	戊戌	己巳	己亥	庚午	庚子	21日
22日	丁卯	戊戌	丙寅	丁酉	丁卯	戊戌	戊辰	己亥	庚午	庚子	辛未	辛丑	22日
23日	戊辰	己亥	丁卯	戊戌	戊辰	己亥	己巳	庚子	辛未	辛丑	壬申	壬寅	23日
24日	己巳	庚子	戊辰	己亥	己巳	庚子	庚午	辛丑	壬申	壬寅	癸酉	癸卯	24日
25日	庚午	辛丑	己巳	庚子	庚午	辛丑	辛未	壬寅	癸酉	癸卯	甲戌	甲辰	25日
26日	辛未	壬寅	庚午	辛丑	辛未	壬寅	壬申	癸卯	甲戌	甲辰	乙亥	乙巳	26日
27日	壬申	癸卯	辛未	壬寅	壬申	癸卯	癸酉	甲辰	乙亥	乙巳	丙子	丙午	27日
28日	癸酉	甲辰	壬申	癸卯	癸酉	甲辰	甲戌	乙巳	丙子	丙午	丁丑	丁未	28日
29日	甲戌		癸酉	甲辰	甲戌	乙巳	乙亥	丙午	丁丑	丁未	戊寅	戊申	29日
30日	乙亥		甲戌	乙巳	乙亥	丙午	丙子	丁未	戊寅	戊申	己卯	己酉	30日
31日	丙子		乙亥		丙子		丁丑	戊申		己酉		庚戌	31日
翌1日	丁丑	乙巳	丙子	丙午	丁丑	丁未	戊寅	己酉	己卯	庚戌	庚辰	辛亥	翌1日
2日	戊寅	丙午	丁丑	丁未	戊寅	戊申	己卯	庚戌	庚辰	辛亥	辛巳	壬子	2日
3日	己卯	丁未	戊寅	戊申	己卯	己酉	庚辰	辛亥	辛巳	壬子	壬午	癸丑	3日
4日		戊申	己卯	己酉	庚辰	庚戌	辛巳	壬子	壬午	癸丑	癸未	甲寅	4日
5日		己酉		庚戌	辛巳	辛亥	壬午	癸丑	癸未	甲寅	甲申	乙卯	5日
6日						壬子	癸未	甲寅	甲申	乙卯	乙酉		6日
7日						癸丑	甲申	乙卯	乙酉	丙辰			7日
8日									丙戌				8日

1930年　檀紀4263年　庚午(七赤)　正桃華－戊午

己巳年

月 / 日	1月	2月	3月	4月	5月	6月	7月	8月	9月	10月	11月	12月	日
月干支	丁丑	戊寅	己卯	庚辰	辛巳	壬午	癸未	甲申	乙酉	丙戌	丁亥	戊子	
節入日時	6日巳	4日亥	6日申	5日亥	6日申	6日戌	8日卯	8日申	8日酉	9日巳	8日午	8日寅	
	(前10.03)	(后9.52)	(后4.17)	(后9.38)	(后3.28)	(后7.58)	(后6.20)	(后3.58)	(后6.29)	(前9.38)	(后0.21)	(前4.51)	
4日		乙酉											4日
5日		丙戌		乙酉									5日
6日	丙辰	丁亥	乙卯	丙戌	丙辰	丁亥							6日
7日	丁巳	戊子	丙辰	丁亥	丁巳	戊子							7日
8日	戊午	己丑	丁巳	戊子	戊午	己丑	己未	庚寅	辛酉		壬戌	壬辰	8日
9日	己未	庚寅	戊午	己丑	己未	庚寅	庚申	辛酉	壬戌	壬辰	癸亥	癸巳	9日
10日	庚申	辛卯	己未	庚寅	庚申	辛卯	辛酉	壬戌	癸亥	癸巳	甲子	甲午	10日
11日	辛酉	壬辰	庚申	辛卯	辛酉	壬辰	壬戌	癸巳	甲子	甲午	乙丑	乙未	11日
12日	壬戌	癸巳	辛酉	壬辰	壬戌	癸巳	癸亥	甲午	乙丑	乙未	丙寅	丙申	12日
13日	癸亥	甲午	壬戌	癸巳	癸亥	甲午	甲子	乙未	丙寅	丙申	丁卯	丁酉	13日
14日	甲子	乙未	癸亥	甲午	甲子	乙未	乙丑	丙申	丁卯	丁酉	戊辰	戊戌	14日
15日	乙丑	丙申	甲子	乙未	乙丑	丙申	丙寅	丁酉	戊辰	戊戌	己巳	己亥	15日
16日	丙寅	丁酉	乙丑	丙申	丙寅	丁酉	丁卯	戊戌	己巳	己亥	庚午	庚子	16日
17日	丁卯	戊戌	丙寅	丁酉	丁卯	戊戌	戊辰	己亥	庚午	庚子	辛未	辛丑	17日
18日	戊辰	己亥	丁卯	戊戌	戊辰	己亥	己巳	庚子	辛未	辛丑	壬申	壬寅	18日
19日	己巳	庚子	戊辰	己亥	己巳	庚子	庚午	辛丑	壬申	壬寅	癸酉	癸卯	19日
20日	庚午	辛丑	己巳	庚子	庚午	辛丑	辛未	壬寅	癸酉	癸卯	甲戌	甲辰	20日
21日	辛未	壬寅	庚午	辛丑	辛未	壬寅	壬申	癸卯	甲戌	甲辰	乙亥	乙巳	21日
22日	壬申	癸卯	辛未	壬寅	壬申	癸卯	癸酉	甲辰	乙亥	乙巳	丙子	丙午	22日
23日	癸酉	甲辰	壬申	癸卯	癸酉	甲辰	甲戌	乙巳	丙子	丙午	丁丑	丁未	23日
24日	甲戌	乙巳	癸酉	甲辰	甲戌	乙巳	乙亥	丙午	丁丑	丁未	戊寅	戊申	24日
25日	乙亥	丙午	甲戌	乙巳	乙亥	丙午	丙子	丁未	戊寅	戊申	己卯	己酉	25日
26日	丙子	丁未	乙亥	丙午	丙子	丁未	丁丑	戊申	己卯	己酉	庚辰	庚戌	26日
27日	丁丑	戊申	丙子	丁未	丁丑	戊申	戊寅	己酉	庚辰	庚戌	辛巳	辛亥	27日
28日	戊寅	己酉	丁丑	戊申	戊寅	己酉	己卯	庚戌	辛巳	辛亥	壬午	壬子	28日
29日	己卯		戊寅	己酉	己卯	庚戌	庚辰	辛亥	壬午	壬子	癸未	癸丑	29日
30日	庚辰		己卯	庚戌	庚辰	辛亥	辛巳	壬子	癸未	癸丑	甲申	甲寅	30日
31日	辛巳		庚辰		辛巳		壬午	癸丑		甲寅		乙卯	31日
翌月1日	壬午	庚戌	辛巳	辛亥	壬午	壬子	癸未	甲寅	甲申	乙卯	乙酉	丙辰	1日
2日	癸未	辛亥	壬午	壬子	癸未	癸丑	甲申	乙卯	乙酉	丙辰	丙戌	丁巳	2日
3日	甲申	壬子	癸未	癸丑	甲申	甲寅	乙酉	丙辰	丙戌	丁巳	丁亥	戊午	3日
4日		癸丑	甲申	甲寅	乙酉	乙卯	丙戌	丁巳	丁亥	戊午	戊子	己未	4日
5日		甲寅		乙卯	丙戌	丙辰	丁亥	戊午	戊子	己未	己丑	庚申	5日
6日						丁巳	戊子	己未	己丑	庚申	庚寅		6日
7日						戊午	己丑	庚申	庚寅	辛酉	辛卯		7日
8日									辛卯				8日

1931年　檀紀4264年　辛未(六白)　正桃華－戌午

庚午年

月＼日（時間）日	1月	2月	3月	4月	5月	6月	7月	8月	9月	10月	11月	12月	日
	己丑	庚寅	辛卯	壬辰	癸巳	甲午	乙未	丙申	丁酉	戊戌	己亥	庚子	
	6日申	5日辰	6日亥	6日寅	6日亥	7日丑	8日午	8日亥	9日子	9日申	8日酉	8日巳	
	(后3.56)	(前3.41)	(后10.03)	(前3.21)	(后9.10)	(前1.42)	(后0.06)	(后9.45)	(前0.18)	(后3.27)	(后6.10)	(前10.41)	
5日		辛卯											5日
6日	辛酉	壬辰	庚申	辛卯	辛酉								6日
7日	壬戌	癸巳	辛酉	壬辰	壬戌	癸巳							7日
8日	癸亥	甲午	壬戌	癸巳	癸亥	甲午	甲子	乙未			丁卯	丁酉	8日
9日	甲子	乙未	癸亥	甲午	甲子	乙未	乙丑	丙申	丁卯	丁酉	戊辰	戊戌	9日
10日	乙丑	丙申	甲子	乙未	乙丑	丙申	丙寅	丁酉	戊辰	戊戌	己巳	己亥	10日
11日	丙寅	丁酉	乙丑	丙申	丙寅	丁酉	丁卯	戊戌	己巳	己亥	庚午	庚子	11日
12日	丁卯	戊戌	丙寅	丁酉	丁卯	戊戌	戊辰	己亥	庚午	庚子	辛未	辛丑	12日
13日	戊辰	己亥	丁卯	戊戌	戊辰	己亥	己巳	庚子	辛未	辛丑	壬申	壬寅	13日
14日	己巳	庚子	戊辰	己亥	己巳	庚子	庚午	辛丑	壬申	壬寅	癸酉	癸卯	14日
15日	庚午	辛丑	己巳	庚子	庚午	辛丑	辛未	壬寅	癸酉	癸卯	甲戌	甲辰	15日
16日	辛未	壬寅	庚午	辛丑	辛未	壬寅	壬申	癸卯	甲戌	甲辰	乙亥	乙巳	16日
17日	壬申	癸卯	辛未	壬寅	壬申	癸卯	癸酉	甲辰	乙亥	乙巳	丙子	丙午	17日
18日	癸酉	甲辰	壬申	癸卯	癸酉	甲辰	甲戌	乙巳	丙子	丙午	丁丑	丁未	18日
19日	甲戌	乙巳	癸酉	甲辰	甲戌	乙巳	乙亥	丙午	丁丑	丁未	戊寅	戊申	19日
20日	乙亥	丙午	甲戌	乙巳	乙亥	丙午	丙子	丁未	戊寅	戊申	己卯	己酉	20日
21日	丙子	丁未	乙亥	丙午	丙子	丁未	丁丑	戊申	己卯	己酉	庚辰	庚戌	21日
22日	丁丑	戊申	丙子	丁未	丁丑	戊申	戊寅	己酉	庚辰	庚戌	辛巳	辛亥	22日
23日	戊寅	己酉	丁丑	戊申	戊寅	己酉	己卯	庚戌	辛巳	辛亥	壬午	壬子	23日
24日	己卯	庚戌	戊寅	己酉	己卯	庚戌	庚辰	辛亥	壬午	壬子	癸未	癸丑	24日
25日	庚辰	辛亥	己卯	庚戌	庚辰	辛亥	辛巳	壬子	癸未	癸丑	甲申	甲寅	25日
26日	辛巳	壬子	庚辰	辛亥	辛巳	壬子	壬午	癸丑	甲申	甲寅	乙酉	乙卯	26日
27日	壬午	癸丑	辛巳	壬子	壬午	癸丑	癸未	甲寅	乙酉	乙卯	丙戌	丙辰	27日
28日	癸未	甲寅	壬午	癸丑	癸未	甲寅	甲申	乙卯	丙戌	丙辰	丁亥	丁巳	28日
29日	甲申		癸未	甲寅	甲申	乙卯	乙酉	丙辰	丁亥	丁巳	戊子	戊午	29日
30日	乙酉		甲申	乙卯	乙酉	丙辰	丙戌	丁巳	戊子	戊午	己丑	己未	30日
31日	丙戌		乙酉		丙戌		丁亥	戊午		己未		庚申	31日
翌1日	丁亥	乙卯	丙戌	丙辰	丁亥	丁巳	戊子	己未	己丑	庚申	庚寅	辛酉	翌1日
2日	戊子	丙辰	丁亥	丁巳	戊子	戊午	己丑	庚申	庚寅	辛酉	辛卯	壬戌	2日
3日	己丑	丁巳	戊子	戊午	己丑	己未	庚寅	辛酉	辛卯	壬戌	壬辰	癸亥	3日
4日	庚寅	戊午	己丑	己未	庚寅	庚申	辛卯	壬戌	壬辰	癸亥	癸巳	甲子	4日
5日		己未	庚寅	庚申	辛卯	辛酉	壬辰	癸亥	癸巳	甲子	甲午	乙丑	5日
6日					壬辰	壬戌	癸巳	甲子	甲午	乙丑	乙未		6日
7日						癸亥	甲午	乙丑	乙未	丙寅	丙申		7日
8日								丙寅	丙申				8日

1932年　檀紀4265年　壬申 (五黃)　正桃華－巳亥

辛未年

（節入日時間）

月	1月	2月	3月	4月	5月	6月	7月	8月	9月	10月	11月	12月	日
干支	辛丑	壬寅	癸卯	甲辰	乙巳	丙午	丁未	戊申	己酉	庚戌	辛亥	壬子	日
節入	6日亥	5日寅	6日寅	5日巳	6日丑	6日辰	7日亥	8日寅	8日卯	8日亥	8日子	7日申	
時刻	(后9.46)	(前9.30)	(前3.50)	(前9.07)	(前2.55)	(后7.28)	(后5.53)	(前3.32)	(前6.03)	(后9.10)	(7日后11.50)	(后4.19)	
5日		丙申		丙申									5日
6日	丙寅	丁酉	丙寅	丁酉	丁卯	戊戌							6日
7日	丁卯	戊戌	丁卯	戊戌	戊辰	己亥	己巳					壬寅	7日
8日	戊辰	己亥	戊辰	己亥	己巳	庚子	庚午	辛丑	壬申	壬寅	癸酉	癸卯	8日
9日	己巳	庚子	己巳	庚子	庚午	辛丑	辛未	壬寅	癸酉	癸卯	甲戌	甲辰	9日
10日	庚午	辛丑	庚午	辛丑	辛未	壬寅	壬申	癸卯	甲戌	甲辰	乙亥	乙巳	10日
11日	辛未	壬寅	辛未	壬寅	壬申	癸卯	癸酉	甲辰	乙亥	乙巳	丙子	丙午	11日
12日	壬申	癸卯	壬申	癸卯	癸酉	甲辰	甲戌	乙巳	丙子	丙午	丁丑	丁未	12日
13日	癸酉	甲辰	癸酉	甲辰	甲戌	乙巳	乙亥	丙午	丁丑	丁未	戊寅	戊申	13日
14日	甲戌	乙巳	甲戌	乙巳	乙亥	丙午	丙子	丁未	戊寅	戊申	己卯	己酉	14日
15日	乙亥	丙午	乙亥	丙午	丙子	丁未	丁丑	戊申	己卯	己酉	庚辰	庚戌	15日
16日	丙子	丁未	丙子	丁未	丁丑	戊申	戊寅	己酉	庚辰	庚戌	辛巳	辛亥	16日
17日	丁丑	戊申	丁丑	戊申	戊寅	己酉	己卯	庚戌	辛巳	辛亥	壬午	壬子	17日
18日	戊寅	己酉	戊寅	己酉	己卯	庚戌	庚辰	辛亥	壬午	壬子	癸未	癸丑	18日
19日	己卯	庚戌	己卯	庚戌	庚辰	辛亥	辛巳	壬子	癸未	癸丑	甲申	甲寅	19日
20日	庚辰	辛亥	庚辰	辛亥	辛巳	壬子	壬午	癸丑	甲申	甲寅	乙酉	乙卯	20日
21日	辛巳	壬子	辛巳	壬子	壬午	癸丑	癸未	甲寅	乙酉	乙卯	丙戌	丙辰	21日
22日	壬午	癸丑	壬午	癸丑	癸未	甲寅	甲申	乙卯	丙戌	丙辰	丁亥	丁巳	22日
23日	癸未	甲寅	癸未	甲寅	甲申	乙卯	乙酉	丙辰	丁亥	丁巳	戊子	戊午	23日
24日	甲申	乙卯	甲申	乙卯	乙酉	丙辰	丙戌	丁巳	戊子	戊午	己丑	己未	24日
25日	乙酉	丙辰	乙酉	丙辰	丙戌	丁巳	丁亥	戊午	己丑	己未	庚寅	庚申	25日
26日	丙戌	丁巳	丙戌	丁巳	丁亥	戊午	戊子	己未	庚寅	庚申	辛卯	辛酉	26日
27日	丁亥	戊午	丁亥	戊午	戊子	己未	己丑	庚申	辛卯	辛酉	壬辰	壬戌	27日
28日	戊子	己未	戊子	己未	己丑	庚申	庚寅	辛酉	壬辰	壬戌	癸巳	癸亥	28日
29日	己丑	庚申	己丑	庚申	庚寅	辛酉	辛卯	壬戌	癸巳	癸亥	甲午	甲子	29日
30日	庚寅		庚寅	辛酉	辛卯	壬戌	壬辰	癸亥	甲午	甲子	乙未	乙丑	30日
31日	辛卯		辛卯		壬辰		癸巳	甲子		乙丑		丙寅	31日
翌1日	壬辰	辛酉	壬辰	壬戌	癸巳	癸亥	甲午	乙丑	乙未	丙寅	丙申	丁卯	翌1日
2日	癸巳	壬戌	癸巳	癸亥	甲午	甲子	乙未	丙寅	丙申	丁卯	丁酉	戊辰	2日
3日	甲午	癸亥	甲午	甲子	乙未	乙丑	丙申	丁卯	丁酉	戊辰	戊戌	己巳	3日
4日	乙未	甲子	乙未	乙丑	丙申	丙寅	丁酉	戊辰	戊戌	己巳	己亥	庚午	4日
5日		乙丑		丙寅	丁酉	丁卯	戊戌	己巳	己亥	庚午	庚子	辛未	5日
6日						戊辰	己亥	庚午	庚子	辛未	辛丑		6日
7日							庚子	辛未	辛丑	壬申			7日

1933年 檀紀4266年 癸酉(四綠) 正桃華－巳亥

月日	1月	2月	3月	4月	5月	6月	7月	8月	9月	10月	11月	12月	月日
壬申年 節入日(時間)	癸丑	甲寅	乙卯	丙辰	丁巳	戊午	己未	庚申	辛酉	壬戌	癸亥	甲子	
	6日寅	4日申	6日巳	5日未	6日辰	6日未	8日子	8日巳	8日午	9日寅	8日卯	7日亥	
	(前3.23)	(后3.09)	(前9.32)	(后2.51)	(前8.43)	(后1.18)	(7日后11.45)	(前9.26)	(前11.59)	(前3.04)	(后5.43)	(后10.12)	
4日		辛丑											4日
5日		壬寅		辛丑									5日
6日	壬申	癸卯	辛未	壬寅	壬申	癸卯							6日
7日	癸酉	甲辰	壬申	癸卯	癸酉	甲辰						丁未	7日
8日	甲戌	乙巳	癸酉	甲辰	甲戌	乙巳	乙亥	丙午	丁丑		戊寅	戊申	8日
9日	乙亥	丙午	甲戌	乙巳	乙亥	丙午	丙子	丁未	戊寅	戊申	己卯	己酉	9日
10日	丙子	丁未	乙亥	丙午	丙子	丁未	丁丑	戊申	己卯	己酉	庚辰	庚戌	10日
11日	丁丑	戊申	丙子	丁未	丁丑	戊申	戊寅	己酉	庚辰	庚戌	辛巳	辛亥	11日
12日	戊寅	己酉	丁丑	戊申	戊寅	己酉	己卯	庚戌	辛巳	辛亥	壬午	壬子	12日
13日	己卯	庚戌	戊寅	己酉	己卯	庚戌	庚辰	辛亥	壬午	壬子	癸未	癸丑	13日
14日	庚辰	辛亥	己卯	庚戌	庚辰	辛亥	辛巳	壬子	癸未	癸丑	甲申	甲寅	14日
15日	辛巳	壬子	庚辰	辛亥	辛巳	壬子	壬午	癸丑	甲申	甲寅	乙酉	乙卯	15日
16日	壬午	癸丑	辛巳	壬子	壬午	癸丑	癸未	甲寅	乙酉	乙卯	丙戌	丙辰	16日
17日	癸未	甲寅	壬午	癸丑	癸未	甲寅	甲申	乙卯	丙戌	丙辰	丁亥	丁巳	17日
18日	甲申	乙卯	癸未	甲寅	甲申	乙卯	乙酉	丙辰	丁亥	丁巳	戊子	戊午	18日
19日	乙酉	丙辰	甲申	乙卯	乙酉	丙辰	丙戌	丁巳	戊子	戊午	己丑	己未	19日
20日	丙戌	丁巳	乙酉	丙辰	丙戌	丁巳	丁亥	戊午	己丑	己未	庚寅	庚申	20日
21日	丁亥	戊午	丙戌	丁巳	丁亥	戊午	戊子	己未	庚寅	庚申	辛卯	辛酉	21日
22日	戊子	己未	丁亥	戊午	戊子	己未	己丑	庚申	辛卯	辛酉	壬辰	壬戌	22日
23日	己丑	庚申	戊子	己未	己丑	庚申	庚寅	辛酉	壬辰	壬戌	癸巳	癸亥	23日
24日	庚寅	辛酉	己丑	庚申	庚寅	辛酉	辛卯	壬戌	癸巳	癸亥	甲午	甲子	24日
25日	辛卯	壬戌	庚寅	辛酉	辛卯	壬戌	壬辰	癸亥	甲午	甲子	乙未	乙丑	25日
26日	壬辰	癸亥	辛卯	壬戌	壬辰	癸亥	癸巳	甲子	乙未	乙丑	丙申	丙寅	26日
27日	癸巳	甲子	壬辰	癸亥	癸巳	甲子	甲午	乙丑	丙申	丙寅	丁酉	丁卯	27日
28日	甲午	乙丑	癸巳	甲子	甲午	乙丑	乙未	丙寅	丁酉	丁卯	戊戌	戊辰	28日
29日	乙未		甲午	乙丑	乙未	丙寅	丙申	丁卯	戊戌	戊辰	己亥	己巳	29日
30日	丙申		乙未	丙寅	丙申	丁卯	丁酉	戊辰	己亥	己巳	庚子	庚午	30日
31日	丁酉		丙申		丁酉		戊戌	己巳		庚午		辛未	31日
翌1日	戊戌	丙寅	丁酉	丁卯	戊戌	戊辰	己亥	庚午	庚子	辛未	辛丑	壬申	翌1日
2日	己亥	丁卯	戊戌	戊辰	己亥	己巳	庚子	辛未	辛丑	壬申	壬寅	癸酉	2日
3日	庚子	戊辰	己亥	己巳	庚子	庚午	辛丑	壬申	壬寅	癸酉	癸卯	甲戌	3日
4日		己巳	庚子	庚午	辛丑	辛未	壬寅	癸酉	癸卯	甲戌	甲辰	乙亥	4日
5日		庚午		辛未	壬寅	壬申	癸卯	甲戌	甲辰	乙亥	乙巳	丙子	5日
6日						癸酉	甲辰	乙亥	乙巳	丙子	丙午		6日
7日						甲戌	乙巳	丙子	丙午	丁丑	丁未		7日
8日									丁未				8日

1934年 檀紀4267年 甲戌(三碧) 正桃華-子申

癸酉年

月/日	1月	2月	3月	4月	5月	6月	7月	8月	9月	10月	11月	12月	日
	乙丑	丙寅	丁卯	戊辰	己巳	庚午	辛未	壬申	癸酉	甲戌	乙亥	丙子	
	6日巳	4日亥	6日申	5日戌	6日未	6日戌	8日卯	8日申	8日酉	9日酉	8日午	8日寅	
	(前9 17)	(后9 04)	(后3 27)	(后8 44)	(后2 31)	(后7 02)	(后5 25)	(后3 04)	(后5 37)	(前8 46)	(前11 27)	(后3 57)	
4日		丙午											4日
5日		丁未		丙午									5日
6日	丁丑	戊申	丙子	丁未	丁丑	戊申							6日
7日	戊寅	己酉	丁丑	戊申	戊寅	己酉							7日
8日	己卯	庚戌	戊寅	己酉	己卯	庚戌	庚辰	辛亥	壬午		癸未	癸丑	8日
9日	庚辰	辛亥	己卯	庚戌	庚辰	辛亥	辛巳	壬子	癸未	癸丑	甲申	甲寅	9日
10日	辛巳	壬子	庚辰	辛亥	辛巳	壬子	壬午	癸丑	甲申	甲寅	乙酉	乙卯	10日
11日	壬午	癸丑	辛巳	壬子	壬午	癸丑	癸未	甲寅	乙酉	乙卯	丙戌	丙辰	11日
12日	癸未	甲寅	壬午	癸丑	癸未	甲寅	甲申	乙卯	丙戌	丙辰	丁亥	丁巳	12日
13日	甲申	乙卯	癸未	甲寅	甲申	乙卯	乙酉	丙辰	丁亥	丁巳	戊子	戊午	13日
14日	乙酉	丙辰	甲申	乙卯	乙酉	丙辰	丙戌	丁巳	戊子	戊午	己丑	己未	14日
15日	丙戌	丁巳	乙酉	丙辰	丙戌	丁巳	丁亥	戊午	己丑	己未	庚寅	庚申	15日
16日	丁亥	戊午	丙戌	丁巳	丁亥	戊午	戊子	己未	庚寅	庚申	辛卯	辛酉	16日
17日	戊子	己未	丁亥	戊午	戊子	己未	己丑	庚申	辛卯	辛酉	壬辰	壬戌	17日
18日	己丑	庚申	戊子	己未	己丑	庚申	庚寅	辛酉	壬辰	壬戌	癸巳	癸亥	18日
19日	庚寅	辛酉	己丑	庚申	庚寅	辛酉	辛卯	壬戌	癸巳	癸亥	甲午	甲子	19日
20日	辛卯	壬戌	庚寅	辛酉	辛卯	壬戌	壬辰	癸亥	甲午	甲子	乙未	乙丑	20日
21日	壬辰	癸亥	辛卯	壬戌	壬辰	癸亥	癸巳	甲子	乙未	乙丑	丙申	丙寅	21日
22日	癸巳	甲子	壬辰	癸亥	癸巳	甲子	甲午	乙丑	丙申	丙寅	丁酉	丁卯	22日
23日	甲午	乙丑	癸巳	甲子	甲午	乙丑	乙未	丙寅	丁酉	丁卯	戊戌	戊辰	23日
24日	乙未	丙寅	甲午	乙丑	乙未	丙寅	丙申	丁卯	戊戌	戊辰	己亥	己巳	24日
25日	丙申	丁卯	乙未	丙寅	丙申	丁卯	丁酉	戊辰	己亥	己巳	庚子	庚午	25日
26日	丁酉	戊辰	丙申	丁卯	丁酉	戊辰	戊戌	己巳	庚子	庚午	辛丑	辛未	26日
27日	戊戌	己巳	丁酉	戊辰	戊戌	己巳	己亥	庚午	辛丑	辛未	壬寅	壬申	27日
28日	己亥	庚午	戊戌	己巳	己亥	庚午	庚子	辛未	壬寅	壬申	癸卯	癸酉	28日
29日	庚子		己亥	庚午	庚子	辛未	辛丑	壬申	癸卯	癸酉	甲辰	甲戌	29日
30日	辛丑		庚子	辛未	辛丑	壬申	壬寅	癸酉	甲辰	甲戌	乙巳	乙亥	30日
31日	壬寅		辛丑		壬寅		癸卯	甲戌		乙亥		丙子	31日
翌月1日	癸卯	辛未	壬寅	壬申	癸卯	癸酉	甲辰	乙亥	乙巳	丙子	丙午	丁丑	翌月1日
2日	甲辰	壬申	癸卯	癸酉	甲辰	甲戌	乙巳	丙子	丙午	丁丑	丁未	戊寅	2日
3日	乙巳	癸酉	甲辰	甲戌	乙巳	乙亥	丙午	丁丑	丁未	戊寅	戊申	己卯	3日
4日		甲戌	乙巳	乙亥	丙午	丙子	丁未	戊寅	戊申	己卯	己酉	庚辰	4日
5日		乙亥		丙子	丁未	丁丑	戊申	己卯	己酉	庚辰	庚戌	辛巳	5日
6日						戊寅	己酉	庚辰	庚戌	辛巳	辛亥		6日
7日						己卯	庚戌	辛巳	辛亥	壬午	壬子		7日
8日							壬子						8日

1935年　檀紀4268年　乙亥（二黑）　正桃華－子申

甲戌年

日 ＼ 月	1月	2月	3月	4月	5月	6月	7月	8月	9月	10月	11月	12月	月 ＼ 日
	丁丑	戊寅	己卯	庚辰	辛巳	壬午	癸未	甲申	乙酉	丙戌	丁亥	戊子	
	6日申	5日丑	6日亥	6日丑	6日戌	7日午	8日午	8日戌	10日子	9日未	8日酉	8日巳	
	(后3 03)	(前2 49)	(后9 11)	(前2 27)	(后8 12)	(前0 42)	(后11 06)	(后8 48)	(后11 25)	(后2 36)	(后5 18)	(前9 45)	
5日		壬子											5日
6日	壬午	癸丑	辛巳	壬子	壬午								6日
7日	癸未	甲寅	壬午	癸丑	癸未	甲寅							7日
8日	甲申	乙卯	癸未	甲寅	甲申	乙卯	乙酉	丙辰			戊子	戊午	8日
9日	乙酉	丙辰	甲申	乙卯	乙酉	丙辰	丙戌	丁巳		戊午	己丑	己未	9日
10日	丙戌	丁巳	乙酉	丙辰	丙戌	丁巳	丁亥	戊午	己丑	己未	庚寅	庚申	10日
11日	丁亥	戊午	丙戌	丁巳	丁亥	戊午	戊子	己未	庚寅	庚申	辛卯	辛酉	11日
12日	戊子	己未	丁亥	戊午	戊子	己未	己丑	庚申	辛卯	辛酉	壬辰	壬戌	12日
13日	己丑	庚申	戊子	己未	己丑	庚申	庚寅	辛酉	壬辰	壬戌	癸巳	癸亥	13日
14日	庚寅	辛酉	己丑	庚申	庚寅	辛酉	辛卯	壬戌	癸巳	癸亥	甲午	甲子	14日
15日	辛卯	壬戌	庚寅	辛酉	辛卯	壬戌	壬辰	癸亥	甲午	甲子	乙未	乙丑	15日
16日	壬辰	癸亥	辛卯	壬戌	壬辰	癸亥	癸巳	甲子	乙未	乙丑	丙申	丙寅	16日
17日	癸巳	甲子	壬辰	癸亥	癸巳	甲子	甲午	乙丑	丙申	丙寅	丁酉	丁卯	17日
18日	甲午	乙丑	癸巳	甲子	甲午	乙丑	乙未	丙寅	丁酉	丁卯	戊戌	戊辰	18日
19日	乙未	丙寅	甲午	乙丑	乙未	丙寅	丙申	丁卯	戊戌	戊辰	己亥	己巳	19日
20日	丙申	丁卯	乙未	丙寅	丙申	丁卯	丁酉	戊辰	己亥	己巳	庚子	庚午	20日
21日	丁酉	戊辰	丙申	丁卯	丁酉	戊辰	戊戌	己巳	庚子	庚午	辛丑	辛未	21日
22日	戊戌	己巳	丁酉	戊辰	戊戌	己巳	己亥	庚午	辛丑	辛未	壬寅	壬申	22日
23日	己亥	庚午	戊戌	己巳	己亥	庚午	庚子	辛未	壬寅	壬申	癸卯	癸酉	23日
24日	庚子	辛未	己亥	庚午	庚子	辛未	辛丑	壬申	癸卯	癸酉	甲辰	甲戌	24日
25日	辛丑	壬申	庚子	辛未	辛丑	壬申	壬寅	癸酉	甲辰	甲戌	乙巳	乙亥	25日
26日	壬寅	癸酉	辛丑	壬申	壬寅	癸酉	癸卯	甲戌	乙巳	乙亥	丙午	丙子	26日
27日	癸卯	甲戌	壬寅	癸酉	癸卯	甲戌	甲辰	乙亥	丙午	丙子	丁未	丁丑	27日
28日	甲辰	乙亥	癸卯	甲戌	甲辰	乙亥	乙巳	丙子	丁未	丁丑	戊申	戊寅	28日
29日	乙巳		甲辰	乙亥	乙巳	丙子	丙午	丁丑	戊申	戊寅	己酉	己卯	29日
30日	丙午		乙巳	丙子	丙午	丁丑	丁未	戊寅	己酉	己卯	庚戌	庚辰	30日
31日	丁未		丙午		丁未		戊申	己卯		庚辰		辛巳	31日
翌月1日	戊申	丙子	丁未	丁丑	戊申	戊寅	己酉	庚辰	庚戌	辛巳	辛亥	壬午	1日
2日	己酉	丁丑	戊申	戊寅	己酉	己卯	庚戌	辛巳	辛亥	壬午	壬子	癸未	2日
3日	庚戌	戊寅	己酉	己卯	庚戌	庚辰	辛亥	壬午	壬子	癸未	癸丑	甲申	3日
4日	辛亥	己卯	庚戌	庚辰	辛亥	辛巳	壬子	癸未	癸丑	甲申	甲寅	乙酉	4日
5日		庚辰	辛亥	辛巳	壬子	壬午	癸丑	甲申	甲寅	乙酉	乙卯	丙戌	5日
6日					癸丑	癸未	甲寅	乙酉	乙卯	丙戌	丙辰		6日
7日						甲申	乙卯	丙戌	丙辰	丁亥	丁巳		7日
8日								丁亥	丁巳				8日
9日								戊子					9日

1936年　檀紀4269年　丙子 (一白)　正桃華一午戌

日	1月	2月閏	3月	4月	5月	6月	7月	8月	9月	10月	11月	12月	日
(乙亥年) 月干支	己丑	庚寅	辛卯	壬辰	癸巳	甲午	乙未	丙申	丁酉	戊戌	己亥	庚子	
節入	6日戌	5日辰	6日丑	5日戌	6日未	6日丑	7日辰	8日丑	8日卯	8日戌	8日子	7日申	
時刻	(后8.47)	(前8.30)	(前2.50)	(前8.07)	(前1.57)	(后6.31)	(后4.59)	(后2.44)	(后5.21)	(后8.33)	(后11.15)	(后3.43)	
5日		丁巳		丁巳									5日
6日	丁亥	戊午	丁亥	戊午	戊子	己未							6日
7日	戊子	己未	戊子	己未	己丑	庚申	庚寅					癸亥	7日
8日	己丑	庚申	己丑	庚申	庚寅	辛酉	辛卯	壬戌	癸巳	癸亥	甲午	甲子	8日
9日	庚寅	辛酉	庚寅	辛酉	辛卯	壬戌	壬辰	癸亥	甲午	甲子	乙未	乙丑	9日
10日	辛卯	壬戌	辛卯	壬戌	壬辰	癸亥	癸巳	甲子	乙未	乙丑	丙申	丙寅	10日
11日	壬辰	癸亥	壬辰	癸亥	癸巳	甲子	甲午	乙丑	丙申	丙寅	丁酉	丁卯	11日
12日	癸巳	甲子	癸巳	甲子	甲午	乙丑	乙未	丙寅	丁酉	丁卯	戊戌	戊辰	12日
13日	甲午	乙丑	甲午	乙丑	乙未	丙寅	丙申	丁卯	戊戌	戊辰	己亥	己巳	13日
14日	乙未	丙寅	乙未	丙寅	丙申	丁卯	丁酉	戊辰	己亥	己巳	庚子	庚午	14日
15日	丙申	丁卯	丙申	丁卯	丁酉	戊辰	戊戌	己巳	庚子	庚午	辛丑	辛未	15日
16日	丁酉	戊辰	丁酉	戊辰	戊戌	己巳	己亥	庚午	辛丑	辛未	壬寅	壬申	16日
17日	戊戌	己巳	戊戌	己巳	己亥	庚午	庚子	辛未	壬寅	壬申	癸卯	癸酉	17日
18日	己亥	庚午	己亥	庚午	庚子	辛未	辛丑	壬申	癸卯	癸酉	甲辰	甲戌	18日
19日	庚子	辛未	庚子	辛未	辛丑	壬申	壬寅	癸酉	甲辰	甲戌	乙巳	乙亥	19日
20日	辛丑	壬申	辛丑	壬申	壬寅	癸酉	癸卯	甲戌	乙巳	乙亥	丙午	丙子	20日
21日	壬寅	癸酉	壬寅	癸酉	癸卯	甲戌	甲辰	乙亥	丙午	丙子	丁未	丁丑	21日
22日	癸卯	甲戌	癸卯	甲戌	甲辰	乙亥	乙巳	丙子	丁未	丁丑	戊申	戊寅	22日
23日	甲辰	乙亥	甲辰	乙亥	乙巳	丙子	丙午	丁丑	戊申	戊寅	己酉	己卯	23日
24日	乙巳	丙子	乙巳	丙子	丙午	丁丑	丁未	戊寅	己酉	己卯	庚戌	庚辰	24日
25日	丙午	丁丑	丙午	丁丑	丁未	戊寅	戊申	己卯	庚戌	庚辰	辛亥	辛巳	25日
26日	丁未	戊寅	丁未	戊寅	戊申	己卯	己酉	庚辰	辛亥	辛巳	壬子	壬午	26日
27日	戊申	己卯	戊申	己卯	己酉	庚辰	庚戌	辛巳	壬子	壬午	癸丑	癸未	27日
28日	己酉	庚辰	己酉	庚辰	庚戌	辛巳	辛亥	壬午	癸丑	癸未	甲寅	甲申	28日
29日	庚戌	辛巳	庚戌	辛巳	辛亥	壬午	壬子	癸未	甲寅	甲申	乙卯	乙酉	29日
30日	辛亥		辛亥	壬午	壬子	癸未	癸丑	甲申	乙卯	乙酉	丙辰	丙戌	30日
31日	壬子		壬子		癸丑		甲寅	乙酉		丙戌		丁亥	31日
翌月1日	癸丑	壬午	癸丑	癸未	甲寅	甲申	乙卯	丙戌	丙辰	丁亥	丁巳	戊子	翌月1日
2日	甲寅	癸未	甲寅	甲申	乙卯	乙酉	丙辰	丁亥	丁巳	戊子	戊午	己丑	2日
3日	乙卯	甲申	乙卯	乙酉	丙辰	丙戌	丁巳	戊子	戊午	己丑	己未	庚寅	3日
4日	丙辰	乙酉	丙辰	丙戌	丁巳	丁亥	戊午	己丑	己未	庚寅	庚申	辛卯	4日
5日		丙戌		丁亥	戊午	戊子	己未	庚寅	庚申	辛卯	辛酉	壬辰	5日
6日						己丑	庚申	辛卯	辛酉	壬辰	壬戌	癸巳	6日
7日							辛酉	壬辰	壬戌	癸巳		甲午	7日

1937年　檀紀4270年　丁丑 (九紫)　正桃華－午戌

丙子年

月＼日	1月	2月	3月	4月	5月	6月	7月	8月	9月	10月	11月	12月	日
	辛丑	壬寅	癸卯	甲辰	乙巳	丙午	丁未	戊申	己酉	庚戌	辛亥	壬子	
節入	6日丑	4日未	6日辰	5日午	6日辰	6日午	7日亥	8日辰	8日午	9日丑	8日寅	7日亥	
時刻	(前2.44)	(后2.26)	(前8.45)	(后2.02)	(前7.51)	(后0.23)	(后10.46)	(前8.26)	(后11.00)	(前2.11)	(后4.56)	(后9.27)	
4 日		壬戌											4 日
5 日		癸亥		壬戌									5 日
6 日	癸巳	甲子	壬辰	癸亥	癸巳	甲子							6 日
7 日	甲午	乙丑	癸巳	甲子	甲午	乙丑	乙未					戊辰	7 日
8 日	乙未	丙寅	甲午	乙丑	乙未	丙寅	丙申	丁未	戊戌		己亥	己巳	8 日
9 日	丙申	丁卯	乙未	丙寅	丙申	丁卯	丁酉	戊辰	己亥	己巳	庚子	庚午	9 日
10 日	丁酉	戊辰	丙申	丁卯	丁酉	戊辰	戊戌	己巳	庚子	庚午	辛丑	辛未	10 日
11 日	戊戌	己巳	丁酉	戊辰	戊戌	己巳	己亥	庚午	辛丑	辛未	壬寅	壬申	11 日
12 日	己亥	庚午	戊戌	己巳	己亥	庚午	庚子	辛未	壬寅	壬申	癸卯	癸酉	12 日
13 日	庚子	辛未	己亥	庚午	庚子	辛未	辛丑	壬申	癸卯	癸酉	甲辰	甲戌	13 日
14 日	辛丑	壬申	庚子	辛未	辛丑	壬申	壬寅	癸酉	甲辰	甲戌	乙巳	乙亥	14 日
15 日	壬寅	癸酉	辛丑	壬申	壬寅	癸酉	癸卯	甲戌	乙巳	乙亥	丙午	丙子	15 日
16 日	癸卯	甲戌	壬寅	癸酉	癸卯	甲戌	甲辰	乙亥	丙午	丙子	丁未	丁丑	16 日
17 日	甲辰	乙亥	癸卯	甲戌	甲辰	乙亥	乙巳	丙子	丁未	丁丑	戊申	戊寅	17 日
18 日	乙巳	丙子	甲辰	乙亥	乙巳	丙子	丙午	丁丑	戊申	戊寅	己酉	己卯	18 日
19 日	丙午	丁丑	乙巳	丙子	丙午	丁丑	丁未	戊寅	己酉	己卯	庚戌	庚辰	19 日
20 日	丁未	戊寅	丙午	丁丑	丁未	戊寅	戊申	己卯	庚戌	庚辰	辛亥	辛巳	20 日
21 日	戊申	己卯	丁未	戊寅	戊申	己卯	己酉	庚辰	辛亥	辛巳	壬子	壬午	21 日
22 日	己酉	庚辰	戊申	己卯	己酉	庚辰	庚戌	辛巳	壬子	壬午	癸丑	癸未	22 日
23 日	庚戌	辛巳	己酉	庚辰	庚戌	辛巳	辛亥	壬午	癸丑	癸未	甲寅	甲申	23 日
24 日	辛亥	壬午	庚戌	辛巳	辛亥	壬午	壬子	癸未	甲寅	甲申	乙卯	乙酉	24 日
25 日	壬子	癸未	辛亥	壬午	壬子	癸未	癸丑	甲申	乙卯	乙酉	丙辰	丙戌	25 日
26 日	癸丑	甲申	壬子	癸未	癸丑	甲申	甲寅	乙酉	丙辰	丙戌	丁巳	丁亥	26 日
27 日	甲寅	乙酉	癸丑	甲申	甲寅	乙酉	乙卯	丙戌	丁巳	丁亥	戊午	戊子	27 日
28 日	乙卯	丙戌	甲寅	乙酉	乙卯	丙戌	丙辰	丁亥	戊午	戊子	己未	己丑	28 日
29 日	丙辰		乙卯	丙戌	丙辰	丁亥	丁巳	戊子	己未	己丑	庚申	庚寅	29 日
30 日	丁巳		丙辰	丁亥	丁巳	戊子	戊午	己丑	庚申	庚寅	辛酉	辛卯	30 日
31 日	戊午		丁巳		戊午		己未	庚寅		辛卯		壬辰	31 日
翌1日	己未	丁亥	戊午	戊子	己未	己丑	庚申	辛卯	辛酉	壬辰	壬戌	癸巳	翌1日
2日	庚申	戊子	己未	己丑	庚申	庚寅	辛酉	壬辰	壬戌	癸巳	癸亥	甲午	2日
3日	辛酉	己丑	庚申	庚寅	辛酉	辛卯	壬戌	癸巳	癸亥	甲午	甲子	乙未	3日
4日		庚寅	辛酉	辛卯	壬戌	壬辰	癸亥	甲午	甲子	乙未	乙丑	丙申	4日
5日		辛卯		壬辰	癸亥	癸巳	甲子	乙未	乙丑	丙申	丙寅	丁酉	5日
6日						甲午	乙丑	丙申	丙寅	丁酉	丁卯		6日
7日							丙寅	丁酉	丁卯	戊戌			7日
8日									戊辰				8日

1938年　檀紀4271年　戊寅（八白）　正桃華－戌午

月 / 日	1月	2月	3月	4月	5月	6月	7月	8月	9月	10月	11月	12月	日
丁丑年	癸丑	甲寅	乙卯	丙辰	丁巳	戊午	己未	庚申	辛酉	壬戌	癸亥	甲子	
	6日辰	4日戌	6日未	5日戌	6日未	6日酉	8日寅	8日未	8日申	9日辰	8日巳	8日寅	
	(前8.32)	(后8.15)	(后2.34)	(后7.49)	(后1.35)	(后6.07)	(后4.32)	(后2.13)	(后4.49)	(前8.02)	(后10.49)	(前3.23)	
4 日		丁卯											4 日
5 日		戊辰		丁卯									5 日
6 日	戊戌	己巳	丁酉	戊辰	戊戌	己巳							6 日
7 日	己亥	庚午	戊戌	己巳	己亥	庚午							7 日
8 日	庚子	辛未	己亥	庚午	庚子	辛未	辛丑	壬申	癸卯		甲辰	甲戌	8 日
9 日	辛丑	壬申	庚子	辛未	辛丑	壬申	壬寅	癸酉	甲辰	甲戌	乙巳	乙亥	9 日
10 日	壬寅	癸酉	辛丑	壬申	壬寅	癸酉	癸卯	甲戌	乙巳	乙亥	丙午	丙子	10 日
11 日	癸卯	甲戌	壬寅	癸酉	癸卯	甲戌	甲辰	乙亥	丙午	丙子	丁未	丁丑	11 日
12 日	甲辰	乙亥	癸卯	甲戌	甲辰	乙亥	乙巳	丙子	丁未	丁丑	戊申	戊寅	12 日
13 日	乙巳	丙子	甲辰	乙亥	乙巳	丙子	丙午	丁丑	戊申	戊寅	己酉	己卯	13 日
14 日	丙午	丁丑	乙巳	丙子	丙午	丁丑	丁未	戊寅	己酉	己卯	庚戌	庚辰	14 日
15 日	丁未	戊寅	丙午	丁丑	丁未	戊寅	戊申	己卯	庚戌	庚辰	辛亥	辛巳	15 日
16 日	戊申	己卯	丁未	戊寅	戊申	己卯	己酉	庚辰	辛亥	辛巳	壬子	壬午	16 日
17 日	己酉	庚辰	戊申	己卯	己酉	庚辰	庚戌	辛巳	壬子	壬午	癸丑	癸未	17 日
18 日	庚戌	辛巳	己酉	庚辰	庚戌	辛巳	辛亥	壬午	癸丑	癸未	甲寅	甲申	18 日
19 日	辛亥	壬午	庚戌	辛巳	辛亥	壬午	壬子	癸未	甲寅	甲申	乙卯	乙酉	19 日
20 日	壬子	癸未	辛亥	壬午	壬子	癸未	癸丑	甲申	乙卯	乙酉	丙辰	丙戌	20 日
21 日	癸丑	甲申	壬子	癸未	癸丑	甲申	甲寅	乙酉	丙辰	丙戌	丁巳	丁亥	21 日
22 日	甲寅	乙酉	癸丑	甲申	甲寅	乙酉	乙卯	丙戌	丁巳	丁亥	戊午	戊子	22 日
23 日	乙卯	丙戌	甲寅	乙酉	乙卯	丙戌	丙辰	丁亥	戊午	戊子	己未	己丑	23 日
24 日	丙辰	丁亥	乙卯	丙戌	丙辰	丁亥	丁巳	戊子	己未	己丑	庚申	庚寅	24 日
25 日	丁巳	戊子	丙辰	丁亥	丁巳	戊子	戊午	己丑	庚申	庚寅	辛酉	辛卯	25 日
26 日	戊午	己丑	丁巳	戊子	戊午	己丑	己未	庚寅	辛酉	辛卯	壬戌	壬辰	26 日
27 日	己未	庚寅	戊午	己丑	己未	庚寅	庚申	辛卯	壬戌	壬辰	癸亥	癸巳	27 日
28 日	庚申	辛卯	己未	庚寅	庚申	辛卯	辛酉	壬辰	癸亥	癸巳	甲子	甲午	28 日
29 日	辛酉		庚申	辛卯	辛酉	壬辰	壬戌	癸巳	甲子	甲午	乙丑	乙未	29 日
30 日	壬戌		辛酉	壬辰	壬戌	癸巳	癸亥	甲午	乙丑	乙未	丙寅	丙申	30 日
31 日	癸亥		壬戌		癸亥		甲子	乙未		丙申		丁酉	31 日
翌1日	甲子	壬辰	癸亥	癸巳	甲子	甲午	乙丑	丙申	丙寅	丁酉	丁卯	戊戌	翌1日
2日	乙丑	癸巳	甲子	甲午	乙丑	乙未	丙寅	丁酉	丁卯	戊戌	戊辰	己亥	2日
3日	丙寅	甲午	乙丑	乙未	丙寅	丙申	丁卯	戊戌	戊辰	己亥	己巳	庚子	3日
4日		乙未	丙寅	丙申	丁卯	丁酉	戊辰	己亥	己巳	庚子	庚午	辛丑	4日
5日		丙申		丁酉	戊辰	戊戌	己巳	庚子	庚午	辛丑	辛未	壬寅	5日
6日						己亥	庚午	辛丑	辛未	壬寅	壬申		6日
7日						庚子	辛未	壬寅	壬申	癸卯	癸酉		7日
8日										癸酉			8日

1939年　檀紀4272年　己卯(七赤)　正桃華－戊午

戊寅年

日	1月	2月	3月	4月	5月	6月	7月	8月	9月	10月	11月	12月	日
月 (時間)	乙丑	丙寅	丁卯	戊辰	己巳	庚午	辛未	壬申	癸酉	甲戌	乙亥	丙子	月
	6日未	5日丑	6日戌	6日丑	6日戌	7日子	8日戌	8日戌	8日亥	9日未	8日申	8日巳	
	(后2 28)	(前2 11)	(后8 27)	(前1 38)	(后7 21)		(前10 19)	(后8 04)	(后10 42)	(后1 57)	(后4 44)	(前9 18)	
5日		癸酉											5日
6日	癸卯	甲戌	壬寅	癸酉	癸卯								6日
7日	甲辰	乙亥	癸卯	甲戌	甲辰	乙亥							7日
8日	乙巳	丙子	甲辰	乙亥	乙巳	丙子	丙午	丁丑	戊申		己酉	己卯	8日
9日	丙午	丁丑	乙巳	丙子	丙午	丁丑	丁未	戊寅	己酉	己卯	庚戌	庚辰	9日
10日	丁未	戊寅	丙午	丁丑	丁未	戊寅	戊申	己卯	庚戌	庚辰	辛亥	辛巳	10日
11日	戊申	己卯	丁未	戊寅	戊申	己卯	己酉	庚辰	辛亥	辛巳	壬子	壬午	11日
12日	己酉	庚辰	戊申	己卯	己酉	庚辰	庚戌	辛巳	壬子	壬午	癸丑	癸未	12日
13日	庚戌	辛巳	己酉	庚辰	庚戌	辛巳	辛亥	壬午	癸丑	癸未	甲寅	甲申	13日
14日	辛亥	壬午	庚戌	辛巳	辛亥	壬午	壬子	癸未	甲寅	甲申	乙卯	乙酉	14日
15日	壬子	癸未	辛亥	壬午	壬子	癸未	癸丑	甲申	乙卯	乙酉	丙辰	丙戌	15日
16日	癸丑	甲申	壬子	癸未	癸丑	甲申	甲寅	乙酉	丙辰	丙戌	丁巳	丁亥	16日
17日	甲寅	乙酉	癸丑	甲申	甲寅	乙酉	乙卯	丙戌	丁巳	丁亥	戊午	戊子	17日
18日	乙卯	丙戌	甲寅	乙酉	乙卯	丙戌	丙辰	丁亥	戊午	戊子	己未	己丑	18日
19日	丙辰	丁亥	乙卯	丙戌	丙辰	丁亥	丁巳	戊子	己未	己丑	庚申	庚寅	19日
20日	丁巳	戊子	丙辰	丁亥	丁巳	戊子	戊午	己丑	庚申	庚寅	辛酉	辛卯	20日
21日	戊午	己丑	丁巳	戊子	戊午	己丑	己未	庚寅	辛酉	辛卯	壬戌	壬辰	21日
22日	己未	庚寅	戊午	己丑	己未	庚寅	庚申	辛卯	壬戌	壬辰	癸亥	癸巳	22日
23日	庚申	辛卯	己未	庚寅	庚申	辛卯	辛酉	壬辰	癸亥	癸巳	甲子	甲午	23日
24日	辛酉	壬辰	庚申	辛卯	辛酉	壬辰	壬戌	癸巳	甲子	甲午	乙丑	乙未	24日
25日	壬戌	癸巳	辛酉	壬辰	壬戌	癸巳	癸亥	甲午	乙丑	乙未	丙寅	丙申	25日
26日	癸亥	甲午	壬戌	癸巳	癸亥	甲午	甲子	乙未	丙寅	丙申	丁卯	丁酉	26日
27日	甲子	乙未	癸亥	甲午	甲子	乙未	乙丑	丙申	丁卯	丁酉	戊辰	戊戌	27日
28日	乙丑	丙申	甲子	乙未	乙丑	丙申	丙寅	丁酉	戊辰	戊戌	己巳	己亥	28日
29日	丙寅		乙丑	丙申	丙寅	丁酉	丁卯	戊戌	己巳	己亥	庚午	庚子	29日
30日	丁卯		丙寅	丁酉	丁卯	戊戌	戊辰	己亥	庚午	庚子	辛未	辛丑	30日
31日	戊辰		丁卯		戊辰		己巳	庚子		辛丑		壬寅	31日
1日	己巳	丁酉	戊辰	戊戌	己巳	己亥	庚午	辛丑	辛未	壬寅	壬申	癸卯	1日
2日	庚午	戊戌	己巳	己亥	庚午	庚子	辛未	壬寅	壬申	癸卯	癸酉	甲辰	2日
3日	辛未	己亥	庚午	庚子	辛未	辛丑	壬申	癸卯	癸酉	甲辰	甲戌	乙巳	3日
4日	壬申	庚子	辛未	辛丑	壬申	壬寅	癸酉	甲辰	甲戌	乙巳	乙亥	丙午	4日
5日		辛丑	壬申	壬寅	癸酉	癸卯	甲戌	乙巳	乙亥	丙午	丙子	丁未	5日
6日					甲戌	甲辰	乙亥	丙午	丙子	丁未	丁丑		6日
7日						乙巳	丙子	丁未	丁丑	戊申	戊寅		7日
8日									戊寅				8日

1940年　檀紀4273年　庚辰(六白)　正桃華－巳亥

己卯年

日 \ 月	1月	2月閏	3月	4月	5月	6月	7月	8月	9月	10月	11月	12月	日
月干支	丁丑	戊寅	己卯	庚辰	辛巳	壬午	癸未	甲申	乙酉	丙戌	丁亥	戊子	
節入	6日戌	5日辰	6日丑	5日辰	6日卯	6日卯	7日申	8日丑	8日寅	8日戌	7日亥	7日未	
(時間)	(后8.24)	(前8.08)	(前2.24)	(前7.35)	(前1.17)	(前5.44)	(后4.08)	(前1.52)	(前4.30)	(后7.43)	(后10.27)	(后2.59)	
5 日		戊寅		戊寅									5 日
6 日	戊申	己卯	戊申	己卯	己酉	庚辰							6 日
7 日	己酉	庚辰	己酉	庚辰	庚戌	辛巳	辛亥				甲寅	甲申	7 日
8 日	庚戌	辛巳	庚戌	辛巳	辛亥	壬午	壬子	癸未	甲寅	甲申	乙卯	乙酉	8 日
9 日	辛亥	壬午	辛亥	壬午	壬子	癸未	癸丑	甲申	乙卯	乙酉	丙辰	丙戌	9 日
10 日	壬子	癸未	壬子	癸未	癸丑	甲申	甲寅	乙酉	丙辰	丙戌	丁巳	丁亥	10 日
11 日	癸丑	甲申	癸丑	甲申	甲寅	乙酉	乙卯	丙戌	丁巳	丁亥	戊午	戊子	11 日
12 日	甲寅	乙酉	甲寅	乙酉	乙卯	丙戌	丙辰	丁亥	戊午	戊子	己未	己丑	12 日
13 日	乙卯	丙戌	乙卯	丙戌	丙辰	丁亥	丁巳	戊子	己未	己丑	庚申	庚寅	13 日
14 日	丙辰	丁亥	丙辰	丁亥	丁巳	戊子	戊午	己丑	庚申	庚寅	辛酉	辛卯	14 日
15 日	丁巳	戊子	丁巳	戊子	戊午	己丑	己未	庚寅	辛酉	辛卯	壬戌	壬辰	15 日
16 日	戊午	己丑	戊午	己丑	己未	庚寅	庚申	辛卯	壬戌	壬辰	癸亥	癸巳	16 日
17 日	己未	庚寅	己未	庚寅	庚申	辛卯	辛酉	壬辰	癸亥	癸巳	甲子	甲午	17 日
18 日	庚申	辛卯	庚申	辛卯	辛酉	壬辰	壬戌	癸巳	甲子	甲午	乙丑	乙未	18 日
19 日	辛酉	壬辰	辛酉	壬辰	壬戌	癸巳	癸亥	甲午	乙丑	乙未	丙寅	丙申	19 日
20 日	壬戌	癸巳	壬戌	癸巳	癸亥	甲午	甲子	乙未	丙寅	丙申	丁卯	丁酉	20 日
21 日	癸亥	甲午	癸亥	甲午	甲子	乙未	乙丑	丙申	丁卯	丁酉	戊辰	戊戌	21 日
22 日	甲子	乙未	甲子	乙未	乙丑	丙申	丙寅	丁酉	戊辰	戊戌	己巳	己亥	22 日
23 日	乙丑	丙申	乙丑	丙申	丙寅	丁酉	丁卯	戊戌	己巳	己亥	庚午	庚子	23 日
24 日	丙寅	丁酉	丙寅	丁酉	丁卯	戊戌	戊辰	己亥	庚午	庚子	辛未	辛丑	24 日
25 日	丁卯	戊戌	丁卯	戊戌	戊辰	己亥	己巳	庚子	辛未	辛丑	壬申	壬寅	25 日
26 日	戊辰	己亥	戊辰	己亥	己巳	庚子	庚午	辛丑	壬申	壬寅	癸酉	癸卯	26 日
27 日	己巳	庚子	己巳	庚子	庚午	辛丑	辛未	壬寅	癸酉	癸卯	甲戌	甲辰	27 日
28 日	庚午	辛丑	庚午	辛丑	辛未	壬寅	壬申	癸卯	甲戌	甲辰	乙亥	乙巳	28 日
29 日	辛未	壬寅	辛未	壬寅	壬申	癸卯	癸酉	甲辰	乙亥	乙巳	丙子	丙午	29 日
30 日	壬申		壬申	癸卯	癸酉	甲辰	甲戌	乙巳	丙子	丙午	丁丑	丁未	30 日
31 日	癸酉		癸酉		甲戌		乙亥	丙午		丁未		戊申	31 日
翌月1日	甲戌	癸卯	甲戌	甲辰	乙亥	乙巳	丙子	丁未	丁丑	戊申	戊寅	己酉	翌月1日
2日	乙亥	甲辰	乙亥	乙巳	丙子	丙午	丁丑	戊申	戊寅	己酉	己卯	庚戌	2日
3日	丙子	乙巳	丙子	丙午	丁丑	丁未	戊寅	己酉	己卯	庚戌	庚辰	辛亥	3日
4日	丁丑	丙午	丁丑	丁未	戊寅	戊申	己卯	庚戌	庚辰	辛亥	辛巳	壬子	4日
5日		丁未		戊申	己卯	己酉	庚辰	辛亥	辛巳	壬子	壬午	癸丑	5日
6日						庚戌	辛巳	壬子	壬午	癸丑	癸未		6日
7日							壬午	癸丑	癸未				7日

1941年　檀紀4274年　辛巳(五黃)　正桃華－巳亥

庚辰年

日	1月	2月	3月	4月	5月	6月	7月	8月	9月	10月	11月	12月	日
	己丑	庚寅	辛卯	壬辰	癸巳	甲午	乙未	丙申	丁酉	戊戌	己亥	庚子	
	6日丑	4日未	6日卯	5日未	6日辰	6日午	7日亥	8日巳	8日丑	9日丑	8日寅	7日戌	
	(前2.05)	(后1.50)	(后8 11)	(后1.25)	(前7.10)	(前11 40)	(后10.03)	(前7 46)	(前10.24)	(前1 39)	(前4 25)	(后8 57)	
4日		癸未											4日
5日		甲申		癸未									5日
6日	甲寅	乙酉	癸丑	甲申	甲寅	乙酉							6日
7日	乙卯	丙戌	甲寅	乙酉	乙卯	丙戌	丙辰					己丑	7日
8日	丙辰	丁亥	乙卯	丙戌	丙辰	丁亥	丁巳	戊子	己未		庚申	庚寅	8日
9日	丁巳	戊子	丙辰	丁亥	丁巳	戊子	戊午	己丑	庚申	庚寅	辛酉	辛卯	9日
10日	戊午	己丑	丁巳	戊子	戊午	己丑	己未	庚寅	辛酉	辛卯	壬戌	壬辰	10日
11日	己未	庚寅	戊午	己丑	己未	庚寅	庚申	辛卯	壬戌	壬辰	癸亥	癸巳	11日
12日	庚申	辛卯	己未	庚寅	庚申	辛卯	辛酉	壬辰	癸亥	癸巳	甲子	甲午	12日
13日	辛酉	壬辰	庚申	辛卯	辛酉	壬辰	壬戌	癸巳	甲子	甲午	乙丑	乙未	13日
14日	壬戌	癸巳	辛酉	壬辰	壬戌	癸巳	癸亥	甲午	乙丑	乙未	丙寅	丙申	14日
15日	癸亥	甲午	壬戌	癸巳	癸亥	甲午	甲子	乙未	丙寅	丙申	丁卯	丁酉	15日
16日	甲子	乙未	癸亥	甲午	甲子	乙未	乙丑	丙申	丁卯	丁酉	戊辰	戊戌	16日
17日	乙丑	丙申	甲子	乙未	乙丑	丙申	丙寅	丁酉	戊辰	戊戌	己巳	己亥	17日
18日	丙寅	丁酉	乙丑	丙申	丙寅	丁酉	丁卯	戊戌	己巳	己亥	庚午	庚子	18日
19日	丁卯	戊戌	丙寅	丁酉	丁卯	戊戌	戊辰	己亥	庚午	庚子	辛未	辛丑	19日
20日	戊辰	己亥	丁卯	戊戌	戊辰	己亥	己巳	庚子	辛未	辛丑	壬申	壬寅	20日
21日	己巳	庚子	戊辰	己亥	己巳	庚子	庚午	辛丑	壬申	壬寅	癸酉	癸卯	21日
22日	庚午	辛丑	己巳	庚子	庚午	辛丑	辛未	壬寅	癸酉	癸卯	甲戌	甲辰	22日
23日	辛未	壬寅	庚午	辛丑	辛未	壬寅	壬申	癸卯	甲戌	甲辰	乙亥	乙巳	23日
24日	壬申	癸卯	辛未	壬寅	壬申	癸卯	癸酉	甲辰	乙亥	乙巳	丙子	丙午	24日
25日	癸酉	甲辰	壬申	癸卯	癸酉	甲辰	甲戌	乙巳	丙子	丙午	丁丑	丁未	25日
26日	甲戌	乙巳	癸酉	甲辰	甲戌	乙巳	乙亥	丙午	丁丑	丁未	戊寅	戊申	26日
27日	乙亥	丙午	甲戌	乙巳	乙亥	丙午	丙子	丁未	戊寅	戊申	己卯	己酉	27日
28日	丙子	丁未	乙亥	丙午	丙子	丁未	丁丑	戊申	己卯	己酉	庚辰	庚戌	28日
29日	丁丑		丙子	丁未	丁丑	戊申	戊寅	己酉	庚辰	庚戌	辛巳	辛亥	29日
30日	戊寅		丁丑	戊申	戊寅	己酉	己卯	庚戌	辛巳	辛亥	壬午	壬子	30日
31日	己卯		戊寅		己卯		庚辰	辛亥		壬子		癸丑	31日
翌月1日	庚辰	戊申	己卯	己酉	庚辰	庚戌	辛巳	壬子	壬午	癸丑	癸未	甲寅	1日
2日	辛巳	己酉	庚辰	庚戌	辛巳	辛亥	壬午	癸丑	癸未	甲寅	甲申	乙卯	2日
3日	壬午	庚戌	辛巳	辛亥	壬午	壬子	癸未	甲寅	甲申	乙卯	乙酉	丙辰	3日
4日		辛亥	壬午	壬子	癸未	癸丑	甲申	乙卯	乙酉	丙辰	丙戌	丁巳	4日
5日		壬子		癸丑	甲申	甲寅	乙酉	丙辰	丙戌	丁巳	丁亥	戊午	5日
6日						乙卯	丙戌	丁巳	丁亥	戊午	戊子		6日
7日							丁亥	戊午	戊子	己未			7日
8日									己丑				8日

1942年　檀紀4275年　壬午（四緑）　正桃華－卯亥

月\日	1月	2月	3月	4月	5月	6月	7月	8月	9月	10月	11月	12月	日
辛巳年	辛丑	壬寅	癸卯	甲辰	乙巳	丙午	丁未	戊申	己酉	庚戌	辛亥	壬子	
節入日時（時分）	6日辰	4日戌	6日未	5日戌	6日未	6日酉	8日寅	8日申	8日申	9日辰	8日巳	8日丑	
	(前8.03)	(后7.49)	(后2.10)	(后7.24)	(后1.07)	(后5.33)	(前3.52)	(后1.31)	(后4.07)	(前7.22)	(前10.12)	(前2.47)	
4日		戊子											4日
5日		己丑		戊子									5日
6日	己未	庚寅	戊午	己丑	己未	庚寅							6日
7日	庚申	辛卯	己未	庚寅	庚申	辛卯							7日
8日	辛酉	壬辰	庚申	辛卯	辛酉	壬辰	壬戌	癸巳	甲子		乙丑	乙未	8日
9日	壬戌	癸巳	辛酉	壬辰	壬戌	癸巳	癸亥	甲午	乙丑	乙未	丙寅	丙申	9日
10日	癸亥	甲午	壬戌	癸巳	癸亥	甲午	甲子	乙未	丙寅	丙申	丁卯	丁酉	10日
11日	甲子	乙未	癸亥	甲午	甲子	乙未	乙丑	丙申	丁卯	丁酉	戊辰	戊戌	11日
12日	乙丑	丙申	甲子	乙未	乙丑	丙申	丙寅	丁酉	戊辰	戊戌	己巳	己亥	12日
13日	丙寅	丁酉	乙丑	丙申	丙寅	丁酉	丁卯	戊戌	己巳	己亥	庚午	庚子	13日
14日	丁卯	戊戌	丙寅	丁酉	丁卯	戊戌	戊辰	己亥	庚午	庚子	辛未	辛丑	14日
15日	戊辰	己亥	丁卯	戊戌	戊辰	己亥	己巳	庚子	辛未	辛丑	壬申	壬寅	15日
16日	己巳	庚子	戊辰	己亥	己巳	庚子	庚午	辛丑	壬申	壬寅	癸酉	癸卯	16日
17日	庚午	辛丑	己巳	庚子	庚午	辛丑	辛未	壬寅	癸酉	癸卯	甲戌	甲辰	17日
18日	辛未	壬寅	庚午	辛丑	辛未	壬寅	壬申	癸卯	甲戌	甲辰	乙亥	乙巳	18日
19日	壬申	癸卯	辛未	壬寅	壬申	癸卯	癸酉	甲辰	乙亥	乙巳	丙子	丙午	19日
20日	癸酉	甲辰	壬申	癸卯	癸酉	甲辰	甲戌	乙巳	丙子	丙午	丁丑	丁未	20日
21日	甲戌	乙巳	癸酉	甲辰	甲戌	乙巳	乙亥	丙午	丁丑	丁未	戊寅	戊申	21日
22日	乙亥	丙午	甲戌	乙巳	乙亥	丙午	丙子	丁未	戊寅	戊申	己卯	己酉	22日
23日	丙子	丁未	乙亥	丙午	丙子	丁未	丁丑	戊申	己卯	己酉	庚辰	庚戌	23日
24日	丁丑	戊申	丙子	丁未	丁丑	戊申	戊寅	己酉	庚辰	庚戌	辛巳	辛亥	24日
25日	戊寅	己酉	丁丑	戊申	戊寅	己酉	己卯	庚戌	辛巳	辛亥	壬午	壬子	25日
26日	己卯	庚戌	戊寅	己酉	己卯	庚戌	庚辰	辛亥	壬午	壬子	癸未	癸丑	26日
27日	庚辰	辛亥	己卯	庚戌	庚辰	辛亥	辛巳	壬子	癸未	癸丑	甲申	甲寅	27日
28日	辛巳	壬子	庚辰	辛亥	辛巳	壬子	壬午	癸丑	甲申	甲寅	乙酉	乙卯	28日
29日	壬午		辛巳	壬子	壬午	癸丑	癸未	甲寅	乙酉	乙卯	丙戌	丙辰	29日
30日	癸未		壬午	癸丑	癸未	甲寅	甲申	乙卯	丙戌	丙辰	丁亥	丁巳	30日
31日	甲申		癸未		甲申		乙酉	丙辰		丁巳		戊午	31日
翌月1日	乙酉	癸丑	甲申	甲寅	乙酉	乙卯	丙戌	丁巳	丁亥	戊午	戊子	己未	翌月1日
2日	丙戌	甲寅	乙酉	乙卯	丙戌	丙辰	丁亥	戊午	戊子	己未	己丑	庚申	2日
3日	丁亥	乙卯	丙戌	丙辰	丁亥	丁巳	戊子	己未	己丑	庚申	庚寅	辛酉	3日
4日		丙辰	丁亥	丁巳	戊子	戊午	己丑	庚申	庚寅	辛酉	辛卯	壬戌	4日
5日		丁巳		戊午	己丑	己未	庚寅	辛酉	辛卯	壬戌	壬辰	癸亥	5日
6日						庚申	辛卯	壬戌	壬辰	癸亥	癸巳		6日
7日						辛酉	壬辰	癸亥	癸巳	甲子	甲午		7日
8日									甲午				8日

1943年　檀紀4276年　癸未(三碧)　正桃華－卯亥

壬午年

日	1月 癸丑	2月 甲寅	3月 乙卯	4月 丙辰	5月 丁巳	6月 戊午	7月 己未	8月 庚申	9月 辛酉	10月 壬戌	11月 癸亥	12月 甲子	日
節入日	6日未	5日丑	6日戌	6日丑	6日酉	7日子	8日巳	8日戌	8日丑	9日未	8日申	8日辰	
(時刻)	(后1.55)	(前1.41)	(后7.59)	(前1.12)	(后6.54)	(后11.19)	(后9.39)	(后7.19)	(后9.56)	(后1.11)	(后3.59)	(后8.33)	
5日		甲午											5日
6日	甲子	乙未	癸亥	甲午	甲子								6日
7日	乙丑	丙申	甲子	乙未	乙丑	丙申							7日
8日	丙寅	丁酉	乙丑	丙申	丙寅	丁酉	丁卯	戊戌	己巳		庚午	庚子	8日
9日	丁卯	戊戌	丙寅	丁酉	丁卯	戊戌	戊辰	己亥	庚午	庚子	辛未	辛丑	9日
10日	戊辰	己亥	丁卯	戊戌	戊辰	己亥	己巳	庚子	辛未	辛丑	壬申	壬寅	10日
11日	己巳	庚子	戊辰	己亥	己巳	庚子	庚午	辛丑	壬申	壬寅	癸酉	癸卯	11日
12日	庚午	辛丑	己巳	庚子	庚午	辛丑	辛未	壬寅	癸酉	癸卯	甲戌	甲辰	12日
13日	辛未	壬寅	庚午	辛丑	辛未	壬寅	壬申	癸卯	甲戌	甲辰	乙亥	乙巳	13日
14日	壬申	癸卯	辛未	壬寅	壬申	癸卯	癸酉	甲辰	乙亥	乙巳	丙子	丙午	14日
15日	癸酉	甲辰	壬申	癸卯	癸酉	甲辰	甲戌	乙巳	丙子	丙午	丁丑	丁未	15日
16日	甲戌	乙巳	癸酉	甲辰	甲戌	乙巳	乙亥	丙午	丁丑	丁未	戊寅	戊申	16日
17日	乙亥	丙午	甲戌	乙巳	乙亥	丙午	丙子	丁未	戊寅	戊申	己卯	己酉	17日
18日	丙子	丁未	乙亥	丙午	丙子	丁未	丁丑	戊申	己卯	己酉	庚辰	庚戌	18日
19日	丁丑	戊申	丙子	丁未	丁丑	戊申	戊寅	己酉	庚辰	庚戌	辛巳	辛亥	19日
20日	戊寅	己酉	丁丑	戊申	戊寅	己酉	己卯	庚戌	辛巳	辛亥	壬午	壬子	20日
21日	己卯	庚戌	戊寅	己酉	己卯	庚戌	庚辰	辛亥	壬午	壬子	癸未	癸丑	21日
22日	庚辰	辛亥	己卯	庚戌	庚辰	辛亥	辛巳	壬子	癸未	癸丑	甲申	甲寅	22日
23日	辛巳	壬子	庚辰	辛亥	辛巳	壬子	壬午	癸丑	甲申	甲寅	乙酉	乙卯	23日
24日	壬午	癸丑	辛巳	壬子	壬午	癸丑	癸未	甲寅	乙酉	乙卯	丙戌	丙辰	24日
25日	癸未	甲寅	壬午	癸丑	癸未	甲寅	甲申	乙卯	丙戌	丙辰	丁亥	丁巳	25日
26日	甲申	乙卯	癸未	甲寅	甲申	乙卯	乙酉	丙辰	丁亥	丁巳	戊子	戊午	26日
27日	乙酉	丙辰	甲申	乙卯	乙酉	丙辰	丙戌	丁巳	戊子	戊午	己丑	己未	27日
28日	丙戌	丁巳	乙酉	丙辰	丙戌	丁巳	丁亥	戊午	己丑	己未	庚寅	庚申	28日
29日	丁亥		丙戌	丁巳	丁亥	戊午	戊子	己未	庚寅	庚申	辛卯	辛酉	29日
30日	戊子		丁亥	戊午	戊子	己未	己丑	庚申	辛卯	辛酉	壬辰	壬戌	30日
31日	己丑		戊子		己丑		庚寅	辛酉		壬戌		癸亥	31日
翌1日	庚寅	戊午	己丑	己未	庚寅	庚申	辛卯	壬戌	壬辰	癸亥	癸巳	甲子	1日
2日	辛卯	己未	庚寅	庚申	辛卯	辛酉	壬辰	癸亥	癸巳	甲子	甲午	乙丑	2日
3日	壬辰	庚申	辛卯	辛酉	壬辰	壬戌	癸巳	甲子	甲午	乙丑	乙未	丙寅	3日
4日	癸巳	辛酉	壬辰	壬戌	癸巳	癸亥	甲午	乙丑	乙未	丙寅	丙申	丁卯	4日
5日		壬戌	癸巳	癸亥	甲午	甲子	乙未	丙寅	丙申	丁卯	丁酉	戊辰	5日
6日					乙未	乙丑	丙申	丁卯	丁酉	戊辰	戊戌		6日
7日						丙寅	丁酉	戊辰	戊戌	己巳	己亥		7日
8日									己亥				8日

1944年　檀紀4277年　甲申（二黒）　正桃華－午戌

癸未年

月＼日	1月	2月閏	3月	4月	5月	6月	7月	8月	9月	10月	11月	12月	日
干支	乙丑	丙寅	丁卯	戊辰	己巳	庚午	辛未	壬申	癸酉	甲戌	乙亥	丙子	
節	6日戌	5日辰	6日丑	5日卯	6日子	6日卯	7日申	8日丑	8日寅	8日戌	7日亥	7日未	
時刻	(后7 40)	(前7 24)	(前1 41)	(前6 54)	(前0 40)	(前5 11)	(后3 36)	(前1 19)	(前3 56)	(后7 09)	(后9 55)	(后2 28)	
5日		己亥		己亥									5日
6日	己巳	庚子	己巳	庚子	庚午	辛丑							6日
7日	庚午	辛丑	庚午	辛丑	辛未	壬寅	壬申				乙亥	乙巳	7日
8日	辛未	壬寅	辛未	壬寅	壬申	癸卯	癸酉	甲辰	乙亥	乙巳	丙子	丙午	8日
9日	壬申	癸卯	壬申	癸卯	癸酉	甲辰	甲戌	乙巳	丙子	丙午	丁丑	丁未	9日
10日	癸酉	甲辰	癸酉	甲辰	甲戌	乙巳	乙亥	丙午	丁丑	丁未	戊寅	戊申	10日
11日	甲戌	乙巳	甲戌	乙巳	乙亥	丙午	丙子	丁未	戊寅	戊申	己卯	己酉	11日
12日	乙亥	丙午	乙亥	丙午	丙子	丁未	丁丑	戊申	己卯	己酉	庚辰	庚戌	12日
13日	丙子	丁未	丙子	丁未	丁丑	戊申	戊寅	己酉	庚辰	庚戌	辛巳	辛亥	13日
14日	丁丑	戊申	丁丑	戊申	戊寅	己酉	己卯	庚戌	辛巳	辛亥	壬午	壬子	14日
15日	戊寅	己酉	戊寅	己酉	己卯	庚戌	庚辰	辛亥	壬午	壬子	癸未	癸丑	15日
16日	己卯	庚戌	己卯	庚戌	庚辰	辛亥	辛巳	壬子	癸未	癸丑	甲申	甲寅	16日
17日	庚辰	辛亥	庚辰	辛亥	辛巳	壬子	壬午	癸丑	甲申	甲寅	乙酉	乙卯	17日
18日	辛巳	壬子	辛巳	壬子	壬午	癸丑	癸未	甲寅	乙酉	乙卯	丙戌	丙辰	18日
19日	壬午	癸丑	壬午	癸丑	癸未	甲寅	甲申	乙卯	丙戌	丙辰	丁亥	丁巳	19日
20日	癸未	甲寅	癸未	甲寅	甲申	乙卯	乙酉	丙辰	丁亥	丁巳	戊子	戊午	20日
21日	甲申	乙卯	甲申	乙卯	乙酉	丙辰	丙戌	丁巳	戊子	戊午	己丑	己未	21日
22日	乙酉	丙辰	乙酉	丙辰	丙戌	丁巳	丁亥	戊午	己丑	己未	庚寅	庚申	22日
23日	丙戌	丁巳	丙戌	丁巳	丁亥	戊午	戊子	己未	庚寅	庚申	辛卯	辛酉	23日
24日	丁亥	戊午	丁亥	戊午	戊子	己未	己丑	庚申	辛卯	辛酉	壬辰	壬戌	24日
25日	戊子	己未	戊子	己未	己丑	庚申	庚寅	辛酉	壬辰	壬戌	癸巳	癸亥	25日
26日	己丑	庚申	己丑	庚申	庚寅	辛酉	辛卯	壬戌	癸巳	癸亥	甲午	甲子	26日
27日	庚寅	辛酉	庚寅	辛酉	辛卯	壬戌	壬辰	癸亥	甲午	甲子	乙未	乙丑	27日
28日	辛卯	壬戌	辛卯	壬戌	壬辰	癸亥	癸巳	甲子	乙未	乙丑	丙申	丙寅	28日
29日	壬辰	癸亥	壬辰	癸亥	癸巳	甲子	甲午	乙丑	丙申	丙寅	丁酉	丁卯	29日
30日	癸巳		癸巳	甲子	甲午	乙丑	乙未	丙寅	丁酉	丁卯	戊戌	戊辰	30日
31日	甲午		甲午		乙未		丙申	丁卯		戊辰		己巳	31日
翌月1日	乙未	甲子	乙未	乙丑	丙申	丙寅	丁酉	戊辰	戊戌	己巳	己亥	庚午	翌1日
2日	丙申	乙丑	丙申	丙寅	丁酉	丁卯	戊戌	己巳	己亥	庚午	庚子	辛未	2日
3日	丁酉	丙寅	丁酉	丁卯	戊戌	戊辰	己亥	庚午	庚子	辛未	辛丑	壬申	3日
4日	戊戌	丁卯	戊戌	戊辰	己亥	己巳	庚子	辛未	辛丑	壬申	壬寅	癸酉	4日
5日		戊辰		己巳	庚子	庚午	辛丑	壬申	壬寅	癸酉	癸卯	甲戌	5日
6日						辛未	壬寅	癸酉	癸卯	甲戌	甲辰		6日
7日							癸卯	甲戌	甲辰				7日

1945年 檀紀4278年 乙酉(一白) 正桃華―午戌

日	1月	2月	3月	4月	5月	6月	7月	8月	9月	10月	11月	12月	日
月干支	丁丑	戊寅	己卯	庚辰	辛巳	壬午	癸未	甲申	乙酉	丙戌	丁亥	戊子	
節入	6日丑	4日未	6日午	5日辰	6日卯	6日午	7日亥	8日巳	8日子	9日子	8日寅	7日戌	
(時間)	(前1 35)	(后1 20)	(后7 38)	(后0 52)	(后6 37)	(前11 06)	(后9 27)	(后7 06)	(前9 39)	(前0 50)	(前3 35)	(后8 08)	
4日		甲辰											4日
5日		乙巳		甲辰									5日
6日	乙亥	丙午	甲戌	乙巳	乙亥	丙午							6日
7日	丙子	丁未	乙亥	丙午	丙子	丁未	丁丑					庚戌	7日
8日	丁丑	戊申	丙子	丁未	丁丑	戊申	戊寅	己酉			辛巳	辛亥	8日
9日	戊寅	己酉	丁丑	戊申	戊寅	己酉	己卯	庚戌	辛巳	辛亥	壬午	壬子	9日
10日	己卯	庚戌	戊寅	己酉	己卯	庚戌	庚辰	辛亥	壬午	壬子	癸未	癸丑	10日
11日	庚辰	辛亥	己卯	庚戌	庚辰	辛亥	辛巳	壬子	癸未	癸丑	甲申	甲寅	11日
12日	辛巳	壬子	庚辰	辛亥	辛巳	壬子	壬午	癸丑	甲申	甲寅	乙酉	乙卯	12日
13日	壬午	癸丑	辛巳	壬子	壬午	癸丑	癸未	甲寅	乙酉	乙卯	丙戌	丙辰	13日
14日	癸未	甲寅	壬午	癸丑	癸未	甲寅	甲申	乙卯	丙戌	丙辰	丁亥	丁巳	14日
15日	甲申	乙卯	癸未	甲寅	甲申	乙卯	乙酉	丙辰	丁亥	丁巳	戊子	戊午	15日
16日	乙酉	丙辰	甲申	乙卯	乙酉	丙辰	丙戌	丁巳	戊子	戊午	己丑	己未	16日
17日	丙戌	丁巳	乙酉	丙辰	丙戌	丁巳	丁亥	戊午	己丑	己未	庚寅	庚申	17日
18日	丁亥	戊午	丙戌	丁巳	丁亥	戊午	戊子	己未	庚寅	庚申	辛卯	辛酉	18日
19日	戊子	己未	丁亥	戊午	戊子	己未	己丑	庚申	辛卯	辛酉	壬辰	壬戌	19日
20日	己丑	庚申	戊子	己未	己丑	庚申	庚寅	辛酉	壬辰	壬戌	癸巳	癸亥	20日
21日	庚寅	辛酉	己丑	庚申	庚寅	辛酉	辛卯	壬戌	癸巳	癸亥	甲午	甲子	21日
22日	辛卯	壬戌	庚寅	辛酉	辛卯	壬戌	壬辰	癸亥	甲午	甲子	乙未	乙丑	22日
23日	壬辰	癸亥	辛卯	壬戌	壬辰	癸亥	癸巳	甲子	乙未	乙丑	丙申	丙寅	23日
24日	癸巳	甲子	壬辰	癸亥	癸巳	甲子	甲午	乙丑	丙申	丙寅	丁酉	丁卯	24日
25日	甲午	乙丑	癸巳	甲子	甲午	乙丑	乙未	丙寅	丁酉	丁卯	戊戌	戊辰	25日
26日	乙未	丙寅	甲午	乙丑	乙未	丙寅	丙申	丁卯	戊戌	戊辰	己亥	己巳	26日
27日	丙申	丁卯	乙未	丙寅	丙申	丁卯	丁酉	戊辰	己亥	己巳	庚子	庚午	27日
28日	丁酉	戊辰	丙申	丁卯	丁酉	戊辰	戊戌	己巳	庚子	庚午	辛丑	辛未	28日
29日	戊戌		丁酉	戊辰	戊戌	己巳	己亥	庚午	辛丑	辛未	壬寅	壬申	29日
30日	己亥		戊戌	己巳	己亥	庚午	庚子	辛未	壬寅	壬申	癸卯	癸酉	30日
31日	庚子		己亥		庚子		辛丑	壬申		癸酉		甲戌	31日
翌月1日	辛丑	己巳	庚子	庚午	辛丑	辛未	壬寅	癸酉	癸卯	甲戌	甲辰	乙亥	翌月1日
2日	壬寅	庚午	辛丑	辛未	壬寅	壬申	癸卯	甲戌	甲辰	乙亥	乙巳	丙子	2日
3日	癸卯	辛未	壬寅	壬申	癸卯	癸酉	甲辰	乙亥	乙巳	丙子	丙午	丁丑	3日
4日		壬申	癸卯	癸酉	甲辰	甲戌	乙巳	丙子	丙午	丁丑	丁未	戊寅	4日
5日		癸酉		甲戌	乙巳	乙亥	丙午	丁丑	丁未	戊寅	戊申	己卯	5日
6日						丙子	丁未	戊寅	戊申	己卯	己酉		6日
7日							戊申	己卯	己酉	庚辰			7日
8日									庚戌				8日

甲申年

1946年　檀紀4279年　丙戌（九紫）　正桃華一戊午

乙酉年

日	1月	2月	3月	4月	5月	6月	7月	8月	9月	10月	11月	12月
節入	己丑	庚寅	辛卯	壬辰	癸巳	甲午	乙未	丙申	丁酉	戊戌	己亥	庚子
	6日辰	4日戌	6日未	5日酉	6日午	6日申	8日寅	8日午	8日申	9日卯	8日巳	8日丑
	(前7.17)	(后7.04)	(后1.25)	(后6.39)	(后0.22)	(后4.49)	(后3.11)	(后0.52)	(后3.28)	(后6.41)	(前9.28)	(前2.01)
4日		己酉										
5日		庚戌		己酉								
6日	庚辰	辛亥	己卯	庚戌	庚辰	辛亥						
7日	辛巳	壬子	庚辰	辛亥	辛巳	壬子						
8日	壬午	癸丑	辛巳	壬子	壬午	癸丑	癸未	甲寅	乙酉		丙戌	丙辰
9日	癸未	甲寅	壬午	癸丑	癸未	甲寅	甲申	乙卯	丙戌	丙辰	丁亥	丁巳
10日	甲申	乙卯	癸未	甲寅	甲申	乙卯	乙酉	丙辰	丁亥	丁巳	戊子	戊午
11日	乙酉	丙辰	甲申	乙卯	乙酉	丙辰	丙戌	丁巳	戊子	戊午	己丑	己未
12日	丙戌	丁巳	乙酉	丙辰	丙戌	丁巳	丁亥	戊午	己丑	己未	庚寅	庚申
13日	丁亥	戊午	丙戌	丁巳	丁亥	戊午	戊子	己未	庚寅	庚申	辛卯	辛酉
14日	戊子	己未	丁亥	戊午	戊子	己未	己丑	庚申	辛卯	辛酉	壬辰	壬戌
15日	己丑	庚申	戊子	己未	己丑	庚申	庚寅	辛酉	壬辰	壬戌	癸巳	癸亥
16日	庚寅	辛酉	己丑	庚申	庚寅	辛酉	辛卯	壬戌	癸巳	癸亥	甲午	甲子
17日	辛卯	壬戌	庚寅	辛酉	辛卯	壬戌	壬辰	癸亥	甲午	甲子	乙未	乙丑
18日	壬辰	癸亥	辛卯	壬戌	壬辰	癸亥	癸巳	甲子	乙未	乙丑	丙申	丙寅
19日	癸巳	甲子	壬辰	癸亥	癸巳	甲子	甲午	乙丑	丙申	丙寅	丁酉	丁卯
20日	甲午	乙丑	癸巳	甲子	甲午	乙丑	乙未	丙寅	丁酉	丁卯	戊戌	戊辰
21日	乙未	丙寅	甲午	乙丑	乙未	丙寅	丙申	丁卯	戊戌	戊辰	己亥	己巳
22日	丙申	丁卯	乙未	丙寅	丙申	丁卯	丁酉	戊辰	己亥	己巳	庚子	庚午
23日	丁酉	戊辰	丙申	丁卯	丁酉	戊辰	戊戌	己巳	庚子	庚午	辛丑	辛未
24日	戊戌	己巳	丁酉	戊辰	戊戌	己巳	己亥	庚午	辛丑	辛未	壬寅	壬申
25日	己亥	庚午	戊戌	己巳	己亥	庚午	庚子	辛未	壬寅	壬申	癸卯	癸酉
26日	庚子	辛未	己亥	庚午	庚子	辛未	辛丑	壬申	癸卯	癸酉	甲辰	甲戌
27日	辛丑	壬申	庚子	辛未	辛丑	壬申	壬寅	癸酉	甲辰	甲戌	乙巳	乙亥
28日	壬寅	癸酉	辛丑	壬申	壬寅	癸酉	癸卯	甲戌	乙巳	乙亥	丙午	丙子
29日	癸卯		壬寅	癸酉	癸卯	甲戌	甲辰	乙亥	丙午	丙子	丁未	丁丑
30日	甲辰		癸卯	甲戌	甲辰	乙亥	乙巳	丙子	丁未	丁丑	戊申	戊寅
31日	乙巳		甲辰		乙巳		丙午	丁丑		戊寅		己卯
翌1日	丙午	甲戌	乙巳	乙亥	丙午	丙子	丁未	戊寅	戊申	己卯	己酉	庚辰
2日	丁未	乙亥	丙午	丙子	丁未	丁丑	戊申	己卯	己酉	庚辰	庚戌	辛巳
3日	戊申	丙子	丁未	丁丑	戊申	戊寅	己酉	庚辰	庚戌	辛巳	辛亥	壬午
4日		丁丑	戊申	戊寅	己酉	己卯	庚戌	辛巳	辛亥	壬午	壬子	癸未
5日		戊寅		己卯	庚戌	庚辰	辛亥	壬午	壬子	癸未	癸丑	甲申
6日						辛巳	壬子	癸未	癸丑	甲申	甲寅	
7日						壬午	癸丑	甲申	甲寅	乙酉	乙卯	
8日									乙卯			

1947年　檀紀4280年　丁亥(八白)　正桃華－戊午

丙戌年

日	1月	2月	3月	4月	5月	6月	7月	8月	9月	10月	11月	12月	日
月干支	辛丑	壬寅	癸卯	甲辰	乙巳	丙午	丁未	戊申	己酉	庚戌	辛亥	壬子	
節入	6日未	5日子	6日戌	6日子	6日酉	6日亥	8日辰	8日酉	8日亥	9日午	8日申	8日辰	
時刻	(后1.07)	(前0.51)	(后7.08)	(前0.21)	(后6.03)	(后10.32)	(前8.56)	(后6.41)	(后9.22)	(后0.38)	(后3.25)	(前7.57)	
5日		乙卯											5日
6日	乙酉	丙辰	甲申	乙卯	乙酉	丙辰							6日
7日	丙戌	丁巳	乙酉	丙辰	丙戌	丁巳							7日
8日	丁亥	戊午	丙戌	丁巳	丁亥	戊午	戊子	己未	庚寅		辛卯	辛酉	8日
9日	戊子	己未	丁亥	戊午	戊子	己未	己丑	庚申	辛卯	辛酉	壬辰	壬戌	9日
10日	己丑	庚申	戊子	己未	己丑	庚申	庚寅	辛酉	壬辰	壬戌	癸巳	癸亥	10日
11日	庚寅	辛酉	己丑	庚申	庚寅	辛酉	辛卯	壬戌	癸巳	癸亥	甲午	甲子	11日
12日	辛卯	壬戌	庚寅	辛酉	辛卯	壬戌	壬辰	癸亥	甲午	甲子	乙未	乙丑	12日
13日	壬辰	癸亥	辛卯	壬戌	壬辰	癸亥	癸巳	甲子	乙未	乙丑	丙申	丙寅	13日
14日	癸巳	甲子	壬辰	癸亥	癸巳	甲子	甲午	乙丑	丙申	丙寅	丁酉	丁卯	14日
15日	甲午	乙丑	癸巳	甲子	甲午	乙丑	乙未	丙寅	丁酉	丁卯	戊戌	戊辰	15日
16日	乙未	丙寅	甲午	乙丑	乙未	丙寅	丙申	丁卯	戊戌	戊辰	己亥	己巳	16日
17日	丙申	丁卯	乙未	丙寅	丙申	丁卯	丁酉	戊辰	己亥	己巳	庚子	庚午	17日
18日	丁酉	戊辰	丙申	丁卯	丁酉	戊辰	戊戌	己巳	庚子	庚午	辛丑	辛未	18日
19日	戊戌	己巳	丁酉	戊辰	戊戌	己巳	己亥	庚午	辛丑	辛未	壬寅	壬申	19日
20日	己亥	庚午	戊戌	己巳	己亥	庚午	庚子	辛未	壬寅	壬申	癸卯	癸酉	20日
21日	庚子	辛未	己亥	庚午	庚子	辛未	辛丑	壬申	癸卯	癸酉	甲辰	甲戌	21日
22日	辛丑	壬申	庚子	辛未	辛丑	壬申	壬寅	癸酉	甲辰	甲戌	乙巳	乙亥	22日
23日	壬寅	癸酉	辛丑	壬申	壬寅	癸酉	癸卯	甲戌	乙巳	乙亥	丙午	丙子	23日
24日	癸卯	甲戌	壬寅	癸酉	癸卯	甲戌	甲辰	乙亥	丙午	丙子	丁未	丁丑	24日
25日	甲辰	乙亥	癸卯	甲戌	甲辰	乙亥	乙巳	丙子	丁未	丁丑	戊申	戊寅	25日
26日	乙巳	丙子	甲辰	乙亥	乙巳	丙子	丙午	丁丑	戊申	戊寅	己酉	己卯	26日
27日	丙午	丁丑	乙巳	丙子	丙午	丁丑	丁未	戊寅	己酉	己卯	庚戌	庚辰	27日
28日	丁未	戊寅	丙午	丁丑	丁未	戊寅	戊申	己卯	庚戌	庚辰	辛亥	辛巳	28日
29日	戊申		丁未	戊寅	戊申	己卯	己酉	庚辰	辛亥	辛巳	壬子	壬午	29日
30日	己酉		戊申	己卯	己酉	庚辰	庚戌	辛巳	壬子	壬午	癸丑	癸未	30日
31日	庚戌		己酉		庚戌		辛亥	壬午		癸未		甲申	31日
翌月1日	辛亥	己卯	庚戌	庚辰	辛亥	辛巳	壬子	癸未	癸丑	甲申	甲寅	乙酉	1日
2日	壬子	庚辰	辛亥	辛巳	壬子	壬午	癸丑	甲申	甲寅	乙酉	乙卯	丙戌	2日
3日	癸丑	辛巳	壬子	壬午	癸丑	癸未	甲寅	乙酉	乙卯	丙戌	丙辰	丁亥	3日
4日	甲寅	壬午	癸丑	癸未	甲寅	甲申	乙卯	丙戌	丙辰	丁亥	丁巳	戊子	4日
5日		癸未	甲寅	甲申	乙卯	乙酉	丙辰	丁亥	丁巳	戊子	戊午	己丑	5日
6日						丙戌	丁巳	戊子	戊午	己丑	己未		6日
7日						丁亥	戊午	己丑	己未	庚寅	庚申		7日
8日									庚申				8日

1948年　檀紀4281年　戊子（七赤）　正桃華－子申

月 / 日	1月	2月閏	3月	4月	5月	6月	7月	8月	9月	10月	11月	12月	月 / 日
月干支	癸丑	甲寅	乙卯	丙辰	丁巳	戊午	己未	庚申	辛酉	壬戌	癸亥	甲子	
節入	6日戌	5日卯	6日子	5日卯	6日子	6日寅	7日未	8日子	8日寅	8日酉	7日亥	7日未	
（丁亥年）	(后7.01)	(前6.43)	(前0.58)	(前6.10)	(5日后11.50)	(前4.21)	(后2.44)	(后0.27)	(前3.06)	(后6.21)	(后9.07)	(后1.38)	
5 日		庚申		庚申									5 日
6 日	庚寅	辛酉	庚寅	辛酉	辛卯	壬戌							6 日
7 日	辛卯	壬戌	辛卯	壬戌	壬辰	癸亥	癸巳				丙申	丙寅	7 日
8 日	壬辰	癸亥	壬辰	癸亥	癸巳	甲子	甲午	乙丑	丙申	丙寅	丁酉	丁卯	8 日
9 日	癸巳	甲子	癸巳	甲子	甲午	乙丑	乙未	丙寅	丁酉	丁卯	戊戌	戊辰	9 日
10 日	甲午	乙丑	甲午	乙丑	乙未	丙寅	丙申	丁卯	戊戌	戊辰	己亥	己巳	10 日
11 日	乙未	丙寅	乙未	丙寅	丙申	丁卯	丁酉	戊辰	己亥	己巳	庚子	庚午	11 日
12 日	丙申	丁卯	丙申	丁卯	丁酉	戊辰	戊戌	己巳	庚子	庚午	辛丑	辛未	12 日
13 日	丁酉	戊辰	丁酉	戊辰	戊戌	己巳	己亥	庚午	辛丑	辛未	壬寅	壬申	13 日
14 日	戊戌	己巳	戊戌	己巳	己亥	庚午	庚子	辛未	壬寅	壬申	癸卯	癸酉	14 日
15 日	己亥	庚午	己亥	庚午	庚子	辛未	辛丑	壬申	癸卯	癸酉	甲辰	甲戌	15 日
16 日	庚子	辛未	庚子	辛未	辛丑	壬申	壬寅	癸酉	甲辰	甲戌	乙巳	乙亥	16 日
17 日	辛丑	壬申	辛丑	壬申	壬寅	癸酉	癸卯	甲戌	乙巳	乙亥	丙午	丙子	17 日
18 日	壬寅	癸酉	壬寅	癸酉	癸卯	甲戌	甲辰	乙亥	丙午	丙子	丁未	丁丑	18 日
19 日	癸卯	甲戌	癸卯	甲戌	甲辰	乙亥	乙巳	丙子	丁未	丁丑	戊申	戊寅	19 日
20 日	甲辰	乙亥	甲辰	乙亥	乙巳	丙子	丙午	丁丑	戊申	戊寅	己酉	己卯	20 日
21 日	乙巳	丙子	乙巳	丙子	丙午	丁丑	丁未	戊寅	己酉	己卯	庚戌	庚辰	21 日
22 日	丙午	丁丑	丙午	丁丑	丁未	戊寅	戊申	己卯	庚戌	庚辰	辛亥	辛巳	22 日
23 日	丁未	戊寅	丁未	戊寅	戊申	己卯	己酉	庚辰	辛亥	辛巳	壬子	壬午	23 日
24 日	戊申	己卯	戊申	己卯	己酉	庚辰	庚戌	辛巳	壬子	壬午	癸丑	癸未	24 日
25 日	己酉	庚辰	己酉	庚辰	庚戌	辛巳	辛亥	壬午	癸丑	癸未	甲寅	甲申	25 日
26 日	庚戌	辛巳	庚戌	辛巳	辛亥	壬午	壬子	癸未	甲寅	甲申	乙卯	乙酉	26 日
27 日	辛亥	壬午	辛亥	壬午	壬子	癸未	癸丑	甲申	乙卯	乙酉	丙辰	丙戌	27 日
28 日	壬子	癸未	壬子	癸未	癸丑	甲申	甲寅	乙酉	丙辰	丙戌	丁巳	丁亥	28 日
29 日	癸丑	甲申	癸丑	甲申	甲寅	乙酉	乙卯	丙戌	丁巳	丁亥	戊午	戊子	29 日
30 日	甲寅		甲寅	乙酉	乙卯	丙戌	丙辰	丁亥	戊午	戊子	己未	己丑	30 日
31 日	乙卯		乙卯		丙辰		丁巳	戊子		己丑		庚寅	31 日
翌1日	丙辰	乙酉	丙辰	丙戌	丁巳	丁亥	戊午	己丑	己未	庚寅	庚申	辛卯	翌1日
2日	丁巳	丙戌	丁巳	丁亥	戊午	戊子	己未	庚寅	庚申	辛卯	辛酉	壬辰	2日
3日	戊午	丁亥	戊午	戊子	己未	己丑	庚申	辛卯	辛酉	壬辰	壬戌	癸巳	3日
4日	己未	戊子	己未	己丑	庚申	庚寅	辛酉	壬辰	壬戌	癸巳	癸亥	甲午	4日
5日		己丑		庚寅	辛酉	辛卯	壬戌	癸巳	癸亥	甲午	甲子	乙未	5日
6日						壬辰	癸亥	甲午	甲子	乙未	乙丑		6日
7日							甲子	乙未	乙丑				7日

1949年 檀紀4282年 己丑(六白) 正桃華－子申

戊子年

節入日時間(時間)

日	1月	2月	3月	4月	5月	6月	7月	8月	9月	10月	11月	12月	日
	乙丑	丙寅	丁卯	戊辰	己巳	庚午	辛未	壬申	癸酉	甲戌	乙亥	丙子	
	6日子	4日午	6日卯	5日午	6日卯	6日巳	7日戌	8日辰	8日辰	9日子	8日寅	7日午	
	(前0.42)	(后0.24)	(前6.40)	(前11.52)	(前5.37)	(前10.07)	(后8.32)	(前6.16)	(前8.55)	(前0.12)	(前3.01)	(后7.34)	
4日		乙丑											4日
5日		丙寅		乙丑									5日
6日	丙申	丁卯	乙未	丙寅	丙申	丁卯							6日
7日	丁酉	戊辰	丙申	丁卯	丁酉	戊辰	戊戌					辛未	7日
8日	戊戌	己巳	丁酉	戊辰	戊戌	己巳	己亥	庚午	辛丑		壬寅	壬申	8日
9日	己亥	庚午	戊戌	己巳	己亥	庚午	庚子	辛未	壬寅	壬申	癸卯	癸酉	9日
10日	庚子	辛未	己亥	庚午	庚子	辛未	辛丑	壬申	癸卯	癸酉	甲辰	甲戌	10日
11日	辛丑	壬申	庚子	辛未	辛丑	壬申	壬寅	癸酉	甲辰	甲戌	乙巳	乙亥	11日
12日	壬寅	癸酉	辛丑	壬申	壬寅	癸酉	癸卯	甲戌	乙巳	乙亥	丙午	丙子	12日
13日	癸卯	甲戌	壬寅	癸酉	癸卯	甲戌	甲辰	乙亥	丙午	丙子	丁未	丁丑	13日
14日	甲辰	乙亥	癸卯	甲戌	甲辰	乙亥	乙巳	丙子	丁未	丁丑	戊申	戊寅	14日
15日	乙巳	丙子	甲辰	乙亥	乙巳	丙子	丙午	丁丑	戊申	戊寅	己酉	己卯	15日
16日	丙午	丁丑	乙巳	丙子	丙午	丁丑	丁未	戊寅	己酉	己卯	庚戌	庚辰	16日
17日	丁未	戊寅	丙午	丁丑	丁未	戊寅	戊申	己卯	庚戌	庚辰	辛亥	辛巳	17日
18日	戊申	己卯	丁未	戊寅	戊申	己卯	己酉	庚辰	辛亥	辛巳	壬子	壬午	18日
19日	己酉	庚辰	戊申	己卯	己酉	庚辰	庚戌	辛巳	壬子	壬午	癸丑	癸未	19日
20日	庚戌	辛巳	己酉	庚辰	庚戌	辛巳	辛亥	壬午	癸丑	癸未	甲寅	甲申	20日
21日	辛亥	壬午	庚戌	辛巳	辛亥	壬午	壬子	癸未	甲寅	甲申	乙卯	乙酉	21日
22日	壬子	癸未	辛亥	壬午	壬子	癸未	癸丑	甲申	乙卯	乙酉	丙辰	丙戌	22日
23日	癸丑	甲申	壬子	癸未	癸丑	甲申	甲寅	乙酉	丙辰	丙戌	丁巳	丁亥	23日
24日	甲寅	乙酉	癸丑	甲申	甲寅	乙酉	乙卯	丙戌	丁巳	丁亥	戊午	戊子	24日
25日	乙卯	丙戌	甲寅	乙酉	乙卯	丙戌	丙辰	丁亥	戊午	戊子	己未	己丑	25日
26日	丙辰	丁亥	乙卯	丙戌	丙辰	丁亥	丁巳	戊子	己未	己丑	庚申	庚寅	26日
27日	丁巳	戊子	丙辰	丁亥	丁巳	戊子	戊午	己丑	庚申	庚寅	辛酉	辛卯	27日
28日	戊午	己丑	丁巳	戊子	戊午	己丑	己未	庚寅	辛酉	辛卯	壬戌	壬辰	28日
29日	己未		戊午	己丑	己未	庚寅	庚申	辛卯	壬戌	壬辰	癸亥	癸巳	29日
30日	庚申		己未	庚寅	庚申	辛卯	辛酉	壬辰	癸亥	癸巳	甲子	甲午	30日
31日	辛酉		庚申		辛酉		壬戌	癸巳		甲午		乙未	31日
翌1日	壬戌	庚寅	辛酉	辛卯	壬戌	壬辰	癸亥	甲午	甲子	乙未	乙丑	丙申	翌1日
2日	癸亥	辛卯	壬戌	壬辰	癸亥	癸巳	甲子	乙未	乙丑	丙申	丙寅	丁酉	2日
3日	甲子	壬辰	癸亥	癸巳	甲子	甲午	乙丑	丙申	丙寅	丁酉	丁卯	戊戌	3日
4日		癸巳	甲子	甲午	乙丑	乙未	丙寅	丁酉	丁卯	戊戌	戊辰	己亥	4日
5日		甲午		乙未	丙寅	丙申	丁卯	戊戌	戊辰	己亥	己巳	庚子	5日
6日						丁酉	戊辰	己亥	己巳	庚子	庚午		6日
7日							己巳	庚子	庚午	辛丑			7日
8日									辛未				8日

1950年 檀紀4283年 庚寅(五黃) 正桃華－卯亥

己丑年

節入日 (時間) \ 月	1月	2月	3月	4月	5月	6月	7月	8月	9月	10月	11月	12月	日
	丁丑	戊寅	己卯	庚辰	辛巳	壬午	癸未	甲申	乙酉	丙戌	丁亥	戊子	
	6日卯	4日酉	6日午	5日酉	6日午	6日申	8日丑	8日午	8日未	9日卯	8日辰	8日丑	
	(前6.40)	(后6.21)	(后0.36)	(后5.45)	(前11.25)	(后3.51)	(前2.14)	(前11.56)	(后2.34)	(前5.52)	(前8.44)	(前1.22)	
4日		庚午											4日
5日		辛未		庚午									5日
6日	辛丑	壬申	庚子	辛未	辛丑	壬申							6日
7日	壬寅	癸酉	辛丑	壬申	壬寅	癸酉							7日
8日	癸卯	甲戌	壬寅	癸酉	癸卯	甲戌	甲辰	乙亥	丙午		丁未	丁丑	8日
9日	甲辰	乙亥	癸卯	甲戌	甲辰	乙亥	乙巳	丙子	丁未	丁丑	戊申	戊寅	9日
10日	乙巳	丙子	甲辰	乙亥	乙巳	丙子	丙午	丁丑	戊申	戊寅	己酉	己卯	10日
11日	丙午	丁丑	乙巳	丙子	丙午	丁丑	丁未	戊寅	己酉	己卯	庚戌	庚辰	11日
12日	丁未	戊寅	丙午	丁丑	丁未	戊寅	戊申	己卯	庚戌	庚辰	辛亥	辛巳	12日
13日	戊申	己卯	丁未	戊寅	戊申	己卯	己酉	庚辰	辛亥	辛巳	壬子	壬午	13日
14日	己酉	庚辰	戊申	己卯	己酉	庚辰	庚戌	辛巳	壬子	壬午	癸丑	癸未	14日
15日	庚戌	辛巳	己酉	庚辰	庚戌	辛巳	辛亥	壬午	癸丑	癸未	甲寅	甲申	15日
16日	辛亥	壬午	庚戌	辛巳	辛亥	壬午	壬子	癸未	甲寅	甲申	乙卯	乙酉	16日
17日	壬子	癸未	辛亥	壬午	壬子	癸未	癸丑	甲申	乙卯	乙酉	丙辰	丙戌	17日
18日	癸丑	甲申	壬子	癸未	癸丑	甲申	甲寅	乙酉	丙辰	丙戌	丁巳	丁亥	18日
19日	甲寅	乙酉	癸丑	甲申	甲寅	乙酉	乙卯	丙戌	丁巳	丁亥	戊午	戊子	19日
20日	乙卯	丙戌	甲寅	乙酉	乙卯	丙戌	丙辰	丁亥	戊午	戊子	己未	己丑	20日
21日	丙辰	丁亥	乙卯	丙戌	丙辰	丁亥	丁巳	戊子	己未	己丑	庚申	庚寅	21日
22日	丁巳	戊子	丙辰	丁亥	丁巳	戊子	戊午	己丑	庚申	庚寅	辛酉	辛卯	22日
23日	戊午	己丑	丁巳	戊子	戊午	己丑	己未	庚寅	辛酉	辛卯	壬戌	壬辰	23日
24日	己未	庚寅	戊午	己丑	己未	庚寅	庚申	辛卯	壬戌	壬辰	癸亥	癸巳	24日
25日	庚申	辛卯	己未	庚寅	庚申	辛卯	辛酉	壬辰	癸亥	癸巳	甲子	甲午	25日
26日	辛酉	壬辰	庚申	辛卯	辛酉	壬辰	壬戌	癸巳	甲子	甲午	乙丑	乙未	26日
27日	壬戌	癸巳	辛酉	壬辰	壬戌	癸巳	癸亥	甲午	乙丑	乙未	丙寅	丙申	27日
28日	癸亥	甲午	壬戌	癸巳	癸亥	甲午	甲子	乙未	丙寅	丙申	丁卯	丁酉	28日
29日	甲子		癸亥	甲午	甲子	乙未	乙丑	丙申	丁卯	丁酉	戊辰	戊戌	29日
30日	乙丑		甲子	乙未	乙丑	丙申	丙寅	丁酉	戊辰	戊戌	己巳	己亥	30日
31日	丙寅		乙丑		丙寅		丁卯	戊戌		己亥		庚子	31日
翌1日	丁卯	乙未	丙寅	丙申	丁卯	丁酉	戊辰	己亥	己巳	庚子	庚午	辛丑	翌1日
2日	戊辰	丙申	丁卯	丁酉	戊辰	戊戌	己巳	庚子	庚午	辛丑	辛未	壬寅	2日
3日	己巳	丁酉	戊辰	戊戌	己巳	己亥	庚午	辛丑	辛未	壬寅	壬申	癸卯	3日
4日		戊戌	己巳	己亥	庚午	庚子	辛未	壬寅	壬申	癸卯	癸酉	甲辰	4日
5日		己亥		庚子	辛未	辛丑	壬申	癸卯	癸酉	甲辰	甲戌	乙巳	5日
6日						壬寅	癸酉	甲辰	甲戌	乙巳	乙亥		6日
7日						癸卯	甲戌	乙巳	乙亥	丙午	丙子		7日
8日									丙子				8日

1951年 檀紀4284年 辛卯(四綠) 正桃華—卯亥

庚寅年

月＼日	1月	2月	3月	4月	5月	6月	7月	8月	9月	10月	11月	12月	日
月干支	己丑	庚寅	辛卯	壬辰	癸巳	甲午	乙未	丙申	丁酉	戊戌	己亥	庚子	
節入日	6日午	5日子	6日酉	6日子	6日酉	6日亥	8日辰	8日酉	8日戌	9日午	8日未	8日辰	
(時間)	(后0.31)	(前0.14)	(后6.27)	(5日后11.33)	(后5.10)	(后9.33)	(前7.54)	(后5.38)	(后8.19)	(前11.37)	(后2.27)	(前7.03)	
5日		丙子											5日
6日	丙午	丁丑	乙巳	丙子	丙午	丁丑							6日
7日	丁未	戊寅	丙午	丁丑	丁未	戊寅							7日
8日	戊申	己卯	丁未	戊寅	戊申	己卯	己酉	庚辰	辛亥		壬子	壬午	8日
9日	己酉	庚辰	戊申	己卯	己酉	庚辰	庚戌	辛巳	壬子	壬午	癸丑	癸未	9日
10日	庚戌	辛巳	己酉	庚辰	庚戌	辛巳	辛亥	壬午	癸丑	癸未	甲寅	甲申	10日
11日	辛亥	壬午	庚戌	辛巳	辛亥	壬午	壬子	癸未	甲寅	甲申	乙卯	乙酉	11日
12日	壬子	癸未	辛亥	壬午	壬子	癸未	癸丑	甲申	乙卯	乙酉	丙辰	丙戌	12日
13日	癸丑	甲申	壬子	癸未	癸丑	甲申	甲寅	乙酉	丙辰	丙戌	丁巳	丁亥	13日
14日	甲寅	乙酉	癸丑	甲申	甲寅	乙酉	乙卯	丙戌	丁巳	丁亥	戊午	戊子	14日
15日	乙卯	丙戌	甲寅	乙酉	乙卯	丙戌	丙辰	丁亥	戊午	戊子	己未	己丑	15日
16日	丙辰	丁亥	乙卯	丙戌	丙辰	丁亥	丁巳	戊子	己未	己丑	庚申	庚寅	16日
17日	丁巳	戊子	丙辰	丁亥	丁巳	戊子	戊午	己丑	庚申	庚寅	辛酉	辛卯	17日
18日	戊午	己丑	丁巳	戊子	戊午	己丑	己未	庚寅	辛酉	辛卯	壬戌	壬辰	18日
19日	己未	庚寅	戊午	己丑	己未	庚寅	庚申	辛卯	壬戌	壬辰	癸亥	癸巳	19日
20日	庚申	辛卯	己未	庚寅	庚申	辛卯	辛酉	壬辰	癸亥	癸巳	甲子	甲午	20日
21日	辛酉	壬辰	庚申	辛卯	辛酉	壬辰	壬戌	癸巳	甲子	甲午	乙丑	乙未	21日
22日	壬戌	癸巳	辛酉	壬辰	壬戌	癸巳	癸亥	甲午	乙丑	乙未	丙寅	丙申	22日
23日	癸亥	甲午	壬戌	癸巳	癸亥	甲午	甲子	乙未	丙寅	丙申	丁卯	丁酉	23日
24日	甲子	乙未	癸亥	甲午	甲子	乙未	乙丑	丙申	丁卯	丁酉	戊辰	戊戌	24日
25日	乙丑	丙申	甲子	乙未	乙丑	丙申	丙寅	丁酉	戊辰	戊戌	己巳	己亥	25日
26日	丙寅	丁酉	乙丑	丙申	丙寅	丁酉	丁卯	戊戌	己巳	己亥	庚午	庚子	26日
27日	丁卯	戊戌	丙寅	丁酉	丁卯	戊戌	戊辰	己亥	庚午	庚子	辛未	辛丑	27日
28日	戊辰	己亥	丁卯	戊戌	戊辰	己亥	己巳	庚子	辛未	辛丑	壬申	壬寅	28日
29日	己巳		戊辰	己亥	己巳	庚子	庚午	辛丑	壬申	壬寅	癸酉	癸卯	29日
30日	庚午		己巳	庚子	庚午	辛丑	辛未	壬寅	癸酉	癸卯	甲戌	甲辰	30日
31日	辛未		庚午		辛未		壬申	癸卯		甲辰		乙巳	31日
翌月1日	壬申	庚子	辛未	辛丑	壬申	壬寅	癸酉	甲辰	甲戌	乙巳	乙亥	丙午	翌月1日
2日	癸酉	辛丑	壬申	壬寅	癸酉	癸卯	甲戌	乙巳	乙亥	丙午	丙子	丁未	2日
3日	甲戌	壬寅	癸酉	癸卯	甲戌	甲辰	乙亥	丙午	丙子	丁未	丁丑	戊申	3日
4日	乙亥	癸卯	甲戌	甲辰	乙亥	乙巳	丙子	丁未	丁丑	戊申	戊寅	己酉	4日
5日		甲辰	乙亥	乙巳	丙子	丙午	丁丑	戊申	戊寅	己酉	己卯	庚戌	5日
6日						丁未	戊寅	己酉	己卯	庚戌	庚辰		6日
7日						戊申	己卯	庚戌	庚辰	辛亥	辛巳		7日
8日									辛巳				8日

1952年　檀紀4285年　壬辰（三碧）　正桃華－午戌

辛卯年

日	1月	2月	閏3月	4月	5月	6月	7月	8月	9月	10月	11月	12月	日
月건	辛丑	壬寅	癸卯	甲辰	乙巳	丙午	丁未	戊申	己酉	庚戌	辛亥	壬子	
節入日	6日酉	5日卯	6日子	5日卯	5日亥	6日寅	7日未	8日子	8日丑	8日酉	7日戌	7日午	
時刻	(后6.10)	(前5.54)	(前0.08)	(前5.16)	(后10.54)	(前3.21)	(后1.45)	(7日后11.32)	(前2.14)	(后5.33)	(后8.22)	(后0.56)	
5日		辛巳		辛巳	辛亥								5日
6日	辛亥	壬午	辛亥	壬午	壬子	癸未							6日
7日	壬子	癸未	壬子	癸未	癸丑	甲申	甲寅				丁巳	丁亥	7日
8日	癸丑	甲申	癸丑	甲申	甲寅	乙酉	乙卯	丙戌	丙辰	丁巳	戊午	戊子	8日
9日	甲寅	乙酉	甲寅	乙酉	乙卯	丙戌	丙辰	丁亥	丁巳	戊午	己未	己丑	9日
10日	乙卯	丙戌	乙卯	丙戌	丙辰	丁亥	丁巳	戊子	戊午	己未	庚申	庚寅	10日
11日	丙辰	丁亥	丙辰	丁亥	丁巳	戊子	戊午	己丑	己未	庚申	辛酉	辛卯	11日
12日	丁巳	戊子	丁巳	戊子	戊午	己丑	己未	庚寅	庚申	辛酉	壬戌	壬辰	12日
13日	戊午	己丑	戊午	己丑	己未	庚寅	庚申	辛卯	辛酉	壬戌	癸亥	癸巳	13日
14日	己未	庚寅	己未	庚寅	庚申	辛卯	辛酉	壬辰	壬戌	癸亥	甲子	甲午	14日
15日	庚申	辛卯	庚申	辛卯	辛酉	壬辰	壬戌	癸巳	癸亥	甲子	乙丑	乙未	15日
16日	辛酉	壬辰	辛酉	壬辰	壬戌	癸巳	癸亥	甲午	甲子	乙丑	丙寅	丙申	16日
17日	壬戌	癸巳	壬戌	癸巳	癸亥	甲午	甲子	乙未	乙丑	丙寅	丁卯	丁酉	17日
18日	癸亥	甲午	癸亥	甲午	甲子	乙未	乙丑	丙申	丙寅	丁卯	戊辰	戊戌	18日
19日	甲子	乙未	甲子	乙未	乙丑	丙申	丙寅	丁酉	丁卯	戊辰	己巳	己亥	19日
20日	乙丑	丙申	乙丑	丙申	丙寅	丁酉	丁卯	戊戌	戊辰	己巳	庚午	庚子	20日
21日	丙寅	丁酉	丙寅	丁酉	丁卯	戊戌	戊辰	己亥	己巳	庚午	辛未	辛丑	21日
22日	丁卯	戊戌	丁卯	戊戌	戊辰	己亥	己巳	庚子	庚午	辛未	壬申	壬寅	22日
23日	戊辰	己亥	戊辰	己亥	己巳	庚子	庚午	辛丑	辛未	壬申	癸酉	癸卯	23日
24日	己巳	庚子	己巳	庚子	庚午	辛丑	辛未	壬寅	壬申	癸酉	甲戌	甲辰	24日
25日	庚午	辛丑	庚午	辛丑	辛未	壬寅	壬申	癸卯	癸酉	甲戌	乙亥	乙巳	25日
26日	辛未	壬寅	辛未	壬寅	壬申	癸卯	癸酉	甲辰	甲戌	乙亥	丙子	丙午	26日
27日	壬申	癸卯	壬申	癸卯	癸酉	甲辰	甲戌	乙巳	乙亥	丙子	丁丑	丁未	27日
28日	癸酉	甲辰	癸酉	甲辰	甲戌	乙巳	乙亥	丙午	丙子	丁丑	戊寅	戊申	28日
29日	甲戌	乙巳	甲戌	乙巳	乙亥	丙午	丙子	丁未	丁丑	戊寅	己卯	己酉	29日
30日	乙亥		乙亥	丙午	丙子	丁未	丁丑	戊申	戊寅	己卯	庚辰	庚戌	30日
31日	丙子		丙子		丁丑		戊寅	己酉		庚辰		辛亥	31日
翌月1日	丁丑	丙午	丁丑	丁未	戊寅	戊申	己卯	庚戌	己卯	辛巳	辛巳	壬子	翌月1日
2日	戊寅	丁未	戊寅	戊申	己卯	己酉	庚辰	辛亥	庚辰	壬午	壬午	癸丑	2日
3日	己卯	戊申	己卯	己酉	庚辰	庚戌	辛巳	壬子	辛巳	癸未	癸未	甲寅	3日
4日	庚辰	己酉	庚辰	庚戌	辛巳	辛亥	壬午	癸丑	壬午	甲申	甲申	乙卯	4日
5日		庚戌			壬午	壬子	癸未	甲寅	癸未	乙酉	乙酉	丙辰	5日
6日						癸丑	甲申	乙卯	甲申	丙戌	丙戌	丁巳	6日
7日							乙酉	丙辰	乙酉			戊午	7日

1953年 檀紀4286年　癸巳(二黒)　正桃華-午戌

壬辰年

月	1月	2月	3月	4月	5月	6月	7月	8月	9月	10月	11月	12月	月
節入日時間	癸丑	甲寅	乙卯	丙辰	丁巳	戊午	己未	庚申	辛酉	壬戌	癸亥	甲子	日
	6日子	4日午	6日卯	5日午	6日寅	6日巳	7日戌	8日卯	8日丑	9日酉	8日丑	7日酉	
日	(前0.03)	(前11.47)	(前6.03)	(前11.13)	(前4.53)	(前9.17)	(后7.35)	(前5.15)	(前7.53)	(8日后11.11)	(前2.02)	(后6.38)	
4日		丙戌											4日
5日		丁亥		丙戌									5日
6日	丁巳	戊子	丙辰	丁亥	丁巳	戊子							6日
7日	戊午	己丑	丁巳	戊子	戊午	己丑	己未					壬辰	7日
8日	己未	庚寅	戊午	己丑	己未	庚寅	庚申	辛卯	壬戌		癸亥	癸巳	8日
9日	庚申	辛卯	己未	庚寅	庚申	辛卯	辛酉	壬辰	癸亥	癸巳	甲子	甲午	9日
10日	辛酉	壬辰	庚申	辛卯	辛酉	壬辰	壬戌	癸巳	甲子	甲午	乙丑	乙未	10日
11日	壬戌	癸巳	辛酉	壬辰	壬戌	癸巳	癸亥	甲午	乙丑	乙未	丙寅	丙申	11日
12日	癸亥	甲午	壬戌	癸巳	癸亥	甲午	甲子	乙未	丙寅	丙申	丁卯	丁酉	12日
13日	甲子	乙未	癸亥	甲午	甲子	乙未	乙丑	丙申	丁卯	丁酉	戊辰	戊戌	13日
14日	乙丑	丙申	甲子	乙未	乙丑	丙申	丙寅	丁酉	戊辰	戊戌	己巳	己亥	14日
15日	丙寅	丁酉	乙丑	丙申	丙寅	丁酉	丁卯	戊戌	己巳	己亥	庚午	庚子	15日
16日	丁卯	戊戌	丙寅	丁酉	丁卯	戊戌	戊辰	己亥	庚午	庚子	辛未	辛丑	16日
17日	戊辰	己亥	丁卯	戊戌	戊辰	己亥	己巳	庚子	辛未	辛丑	壬申	壬寅	17日
18日	己巳	庚子	戊辰	己亥	己巳	庚子	庚午	辛丑	壬申	壬寅	癸酉	癸卯	18日
19日	庚午	辛丑	己巳	庚子	庚午	辛丑	辛未	壬寅	癸酉	癸卯	甲戌	甲辰	19日
20日	辛未	壬寅	庚午	辛丑	辛未	壬寅	壬申	癸卯	甲戌	甲辰	乙亥	乙巳	20日
21日	壬申	癸卯	辛未	壬寅	壬申	癸卯	癸酉	甲辰	乙亥	乙巳	丙子	丙午	21日
22日	癸酉	甲辰	壬申	癸卯	癸酉	甲辰	甲戌	乙巳	丙子	丙午	丁丑	丁未	22日
23日	甲戌	乙巳	癸酉	甲辰	甲戌	乙巳	乙亥	丙午	丁丑	丁未	戊寅	戊申	23日
24日	乙亥	丙午	甲戌	乙巳	乙亥	丙午	丙子	丁未	戊寅	戊申	己卯	己酉	24日
25日	丙子	丁未	乙亥	丙午	丙子	丁未	丁丑	戊申	己卯	己酉	庚辰	庚戌	25日
26日	丁丑	戊申	丙子	丁未	丁丑	戊申	戊寅	己酉	庚辰	庚戌	辛巳	辛亥	26日
27日	戊寅	己酉	丁丑	戊申	戊寅	己酉	己卯	庚戌	辛巳	辛亥	壬午	壬子	27日
28日	己卯	庚戌	戊寅	己酉	己卯	庚戌	庚辰	辛亥	壬午	壬子	癸未	癸丑	28日
29日	庚辰		己卯	庚戌	庚辰	辛亥	辛巳	壬子	癸未	癸丑	甲申	甲寅	29日
30日	辛巳		庚辰	辛亥	辛巳	壬子	壬午	癸丑	甲申	甲寅	乙酉	乙卯	30日
31日	壬午		辛巳		壬午		癸未	甲寅		乙卯		丙辰	31日
翌1日	癸未	辛亥	壬午	壬子	癸未	癸丑	甲申	乙卯	乙酉	丙辰	丙戌	丁巳	翌1日
2日	甲申	壬子	癸未	癸丑	甲申	甲寅	乙酉	丙辰	丙戌	丁巳	丁亥	戊午	2日
3日	乙酉	癸丑	甲申	甲寅	乙酉	乙卯	丙戌	丁巳	丁亥	戊午	戊子	己未	3日
4日		甲寅	乙酉	乙卯	丙戌	丙辰	丁亥	戊午	戊子	己未	己丑	庚申	4日
5日		乙卯		丙辰	丁亥	丁巳	戊子	己未	己丑	庚申	庚寅	辛酉	5日
6日						戊午	己丑	庚申	庚寅	辛酉	辛卯		6日
7日							庚寅	辛酉	辛卯	壬戌			7日
8日									壬辰				8日

1954年 　檀紀4287年　　甲午(一白)　正桃華‐‐巳亥

日	1月	2月	3月	4月	5月	6月	7月	8月	9月	10月	11月	12月	日
癸巳年 月	乙丑	丙寅	丁卯	戊辰	己巳	庚午	辛未	壬申	癸酉	甲戌	乙亥	丙子	月
前入節氣(時刻) 日	6日卯	4日酉	6日午	5日酉	6日巳	6日申	8日丑	8日午	8日未	9日寅	8日辰	8日子	日
	(前5 46)	(后5 31)	(前11 49)	(后5 00)	(前10 39)	(后3 01)	(后1 20)	(前11 00)	(后1 38)	(前4 58)	(后7 51)	(前0 29)	
4日		辛卯											4日
5日		壬辰		辛卯									5日
6日	壬戌	癸巳	辛酉	壬辰	壬戌	癸巳							6日
7日	癸亥	甲午	壬戌	癸巳	癸亥	甲午							7日
8日	甲子	乙未	癸亥	甲午	甲子	乙未	乙丑	丙申	丁卯		戊辰	戊戌	8日
9日	乙丑	丙申	甲子	乙未	乙丑	丙申	丙寅	丁酉	戊辰	戊戌	己巳	己亥	9日
10日	丙寅	丁酉	乙丑	丙申	丙寅	丁酉	丁卯	戊戌	己巳	己亥	庚午	庚子	10日
11日	丁卯	戊戌	丙寅	丁酉	丁卯	戊戌	戊辰	己亥	庚午	庚子	辛未	辛丑	11日
12日	戊辰	己亥	丁卯	戊戌	戊辰	己亥	己巳	庚子	辛未	辛丑	壬申	壬寅	12日
13日	己巳	庚子	戊辰	己亥	己巳	庚子	庚午	辛丑	壬申	壬寅	癸酉	癸卯	13日
14日	庚午	辛丑	己巳	庚子	庚午	辛丑	辛未	壬寅	癸酉	癸卯	甲戌	甲辰	14日
15日	辛未	壬寅	庚午	辛丑	辛未	壬寅	壬申	癸卯	甲戌	甲辰	乙亥	乙巳	15日
16日	壬申	癸卯	辛未	壬寅	壬申	癸卯	癸酉	甲辰	乙亥	乙巳	丙子	丙午	16日
17日	癸酉	甲辰	壬申	癸卯	癸酉	甲辰	甲戌	乙巳	丙子	丙午	丁丑	丁未	17日
18日	甲戌	乙巳	癸酉	甲辰	甲戌	乙巳	乙亥	丙午	丁丑	丁未	戊寅	戊申	18日
19日	乙亥	丙午	甲戌	乙巳	乙亥	丙午	丙子	丁未	戊寅	戊申	己卯	己酉	19日
20日	丙子	丁未	乙亥	丙午	丙子	丁未	丁丑	戊申	己卯	己酉	庚辰	庚戌	20日
21日	丁丑	戊申	丙子	丁未	丁丑	戊申	戊寅	己酉	庚辰	庚戌	辛巳	辛亥	21日
22日	戊寅	己酉	丁丑	戊申	戊寅	己酉	己卯	庚戌	辛巳	辛亥	壬午	壬子	22日
23日	己卯	庚戌	戊寅	己酉	己卯	庚戌	庚辰	辛亥	壬午	壬子	癸未	癸丑	23日
24日	庚辰	辛亥	己卯	庚戌	庚辰	辛亥	辛巳	壬子	癸未	癸丑	甲申	甲寅	24日
25日	辛巳	壬子	庚辰	辛亥	辛巳	壬子	壬午	癸丑	甲申	甲寅	乙酉	乙卯	25日
26日	壬午	癸丑	辛巳	壬子	壬午	癸丑	癸未	甲寅	乙酉	乙卯	丙戌	丙辰	26日
27日	癸未	甲寅	壬午	癸丑	癸未	甲寅	甲申	乙卯	丙戌	丙辰	丁亥	丁巳	27日
28日	甲申	乙卯	癸未	甲寅	甲申	乙卯	乙酉	丙辰	丁亥	丁巳	戊子	戊午	28日
29日	乙酉		甲申	乙卯	乙酉	丙辰	丙戌	丁巳	戊子	戊午	己丑	己未	29日
30日	丙戌		乙酉	丙辰	丙戌	丁巳	丁亥	戊午	己丑	己未	庚寅	庚申	30日
31日	丁亥		丙戌		丁亥		戊子	己未		庚申		辛酉	31日
翌1日	戊子	丙辰	丁亥	丁巳	戊子	戊午	己丑	庚申	庚寅	辛酉	辛卯	壬戌	翌1日
2日	己丑	丁巳	戊子	戊午	己丑	己未	庚寅	辛酉	辛卯	壬戌	壬辰	癸亥	2日
3日	庚寅	戊午	己丑	己未	庚寅	庚申	辛卯	壬戌	壬辰	癸亥	癸巳	甲子	3日
4日		己未	庚寅	庚申	辛卯	辛酉	壬辰	癸亥	癸巳	甲子	甲午	乙丑	4日
5日		庚申		辛酉	壬辰	壬戌	癸巳	甲子	甲午	乙丑	乙未	丙寅	5日
6日						癸亥	甲午	乙丑	乙未	丙寅	丙申		6日
7日						甲子	乙未	丙寅	丙申	丁卯	丁酉		7日
8日									丁酉				8日

1955年 檀紀4288年 乙未(九紫) 正桃華－巳亥

甲午年

月	1月	2月	3月	4月	5月	6月	7月	8月	9月	10月	11月	12月	月
節入日時(時間)	丁丑	戊寅	己卯	庚辰	辛巳	壬午	癸未	甲申	乙酉	丙戌	丁亥	戊子	日
	6日午	5日子	6日酉	5日戌	6日申	6日戌	8日辰	8日申	8日戌	9日巳	8日未	8日卯	
	(前11.37)	(4日后11.18)	(后5.32)	(后10.39)	(后4.18)	(后8.44)	(后7.06)	(后4.51)	(后7.32)	(前10.53)	(后1.46)	(后6.24)	
5日		丁酉		丙申									5日
6日	丁卯	戊戌	丙寅	丁酉	丁卯	戊戌							6日
7日	戊辰	己亥	丁卯	戊戌	戊辰	己亥							7日
8日	己巳	庚子	戊辰	己亥	己巳	庚子	庚午	辛丑	壬申		癸酉	癸卯	8日
9日	庚午	辛丑	己巳	庚子	庚午	辛丑	辛未	壬寅	癸酉	癸卯	甲戌	甲辰	9日
10日	辛未	壬寅	庚午	辛丑	辛未	壬寅	壬申	癸卯	甲戌	甲辰	乙亥	乙巳	10日
11日	壬申	癸卯	辛未	壬寅	壬申	癸卯	癸酉	甲辰	乙亥	乙巳	丙子	丙午	11日
12日	癸酉	甲辰	壬申	癸卯	癸酉	甲辰	甲戌	乙巳	丙子	丙午	丁丑	丁未	12日
13日	甲戌	乙巳	癸酉	甲辰	甲戌	乙巳	乙亥	丙午	丁丑	丁未	戊寅	戊申	13日
14日	乙亥	丙午	甲戌	乙巳	乙亥	丙午	丙子	丁未	戊寅	戊申	己卯	己酉	14日
15日	丙子	丁未	乙亥	丙午	丙子	丁未	丁丑	戊申	己卯	己酉	庚辰	庚戌	15日
16日	丁丑	戊申	丙子	丁未	丁丑	戊申	戊寅	己酉	庚辰	庚戌	辛巳	辛亥	16日
17日	戊寅	己酉	丁丑	戊申	戊寅	己酉	己卯	庚戌	辛巳	辛亥	壬午	壬子	17日
18日	己卯	庚戌	戊寅	己酉	己卯	庚戌	庚辰	辛亥	壬午	壬子	癸未	癸丑	18日
19日	庚辰	辛亥	己卯	庚戌	庚辰	辛亥	辛巳	壬子	癸未	癸丑	甲申	甲寅	19日
20日	辛巳	壬子	庚辰	辛亥	辛巳	壬子	壬午	癸丑	甲申	甲寅	乙酉	乙卯	20日
21日	壬午	癸丑	辛巳	壬子	壬午	癸丑	癸未	甲寅	乙酉	乙卯	丙戌	丙辰	21日
22日	癸未	甲寅	壬午	癸丑	癸未	甲寅	甲申	乙卯	丙戌	丙辰	丁亥	丁巳	22日
23日	甲申	乙卯	癸未	甲寅	甲申	乙卯	乙酉	丙辰	丁亥	丁巳	戊子	戊午	23日
24日	乙酉	丙辰	甲申	乙卯	乙酉	丙辰	丙戌	丁巳	戊子	戊午	己丑	己未	24日
25日	丙戌	丁巳	乙酉	丙辰	丙戌	丁巳	丁亥	戊午	己丑	己未	庚寅	庚申	25日
26日	丁亥	戊午	丙戌	丁巳	丁亥	戊午	戊子	己未	庚寅	庚申	辛卯	辛酉	26日
27日	戊子	己未	丁亥	戊午	戊子	己未	己丑	庚申	辛卯	辛酉	壬辰	壬戌	27日
28日	己丑	庚申	戊子	己未	己丑	庚申	庚寅	辛酉	壬辰	壬戌	癸巳	癸亥	28日
29日	庚寅		己丑	庚申	庚寅	辛酉	辛卯	壬戌	癸巳	癸亥	甲午	甲子	29日
30日	辛卯		庚寅	辛酉	辛卯	壬戌	壬辰	癸亥	甲午	甲子	乙未	乙丑	30日
31日	壬辰		辛卯		壬辰		癸巳	甲子		乙丑		丙寅	31日
翌月1日	癸巳	辛酉	壬辰	壬戌	癸巳	癸亥	甲午	乙丑	乙未	丙寅	丙申	丁卯	翌月1日
2日	甲午	壬戌	癸巳	癸亥	甲午	甲子	乙未	丙寅	丙申	丁卯	丁酉	戊辰	2日
3日	乙未	癸亥	甲午	甲子	乙未	乙丑	丙申	丁卯	丁酉	戊辰	戊戌	己巳	3日
4日	丙申	甲子	乙未	乙丑	丙申	丙寅	丁酉	戊辰	戊戌	己巳	己亥	庚午	4日
5日		乙丑		丙寅	丁酉	丁卯	戊戌	己巳	己亥	庚午	庚子	辛未	5日
6日						戊辰	己亥	庚午	庚子	辛未	辛丑		6日
7日						己巳	庚子	辛未	辛丑	壬申	壬寅		7日
8日									壬寅				8日

1956年　檀紀4289年　丙申(八白)　正桃華－子申

乙未年

月 / 入日日辰(時間) / 日	1月	2月閏	3月	4月	5月	6月	7月	8月	9月	10月	11月	12月	日
月建	己丑	庚寅	辛卯	壬辰	癸巳	甲午	乙未	丙申	丁酉	戊戌	己亥	庚子	
節入	6日酉	5日卯	6日子	5日寅	5日亥	6日丑	7日午	7日亥	8日申	8日申	7日戌	7日午	
(時間)	(后5.31)	(后5.13)	(5日后11.25)	(后4.32)	(后10.10)	(后2.36)	(后0.59)	(后10.41)	(后1.20)	(后4.37)	(后7.27)	(后0.03)	
5日		壬寅		壬寅	壬申								5日
6日	壬申	癸卯	壬申	癸卯	癸酉	甲辰							6日
7日	癸酉	甲辰	癸酉	甲辰	甲戌	乙巳	乙亥	丙午			戊寅	戊申	7日
8日	甲戌	乙巳	甲戌	乙巳	乙亥	丙午	丙子	丁未	戊寅	戊申	己卯	己酉	8日
9日	乙亥	丙午	乙亥	丙午	丙子	丁未	丁丑	戊申	己卯	己酉	庚辰	庚戌	9日
10日	丙子	丁未	丙子	丁未	丁丑	戊申	戊寅	己酉	庚辰	庚戌	辛巳	辛亥	10日
11日	丁丑	戊申	丁丑	戊申	戊寅	己酉	己卯	庚戌	辛巳	辛亥	壬午	壬子	11日
12日	戊寅	己酉	戊寅	己酉	己卯	庚戌	庚辰	辛亥	壬午	壬子	癸未	癸丑	12日
13日	己卯	庚戌	己卯	庚戌	庚辰	辛亥	辛巳	壬子	癸未	癸丑	甲申	甲寅	13日
14日	庚辰	辛亥	庚辰	辛亥	辛巳	壬子	壬午	癸丑	甲申	甲寅	乙酉	乙卯	14日
15日	辛巳	壬子	辛巳	壬子	壬午	癸丑	癸未	甲寅	乙酉	乙卯	丙戌	丙辰	15日
16日	壬午	癸丑	壬午	癸丑	癸未	甲寅	甲申	乙卯	丙戌	丙辰	丁亥	丁巳	16日
17日	癸未	甲寅	癸未	甲寅	甲申	乙卯	乙酉	丙辰	丁亥	丁巳	戊子	戊午	17日
18日	甲申	乙卯	甲申	乙卯	乙酉	丙辰	丙戌	丁巳	戊子	戊午	己丑	己未	18日
19日	乙酉	丙辰	乙酉	丙辰	丙戌	丁巳	丁亥	戊午	己丑	己未	庚寅	庚申	19日
20日	丙戌	丁巳	丙戌	丁巳	丁亥	戊午	戊子	己未	庚寅	庚申	辛卯	辛酉	20日
21日	丁亥	戊午	丁亥	戊午	戊子	己未	己丑	庚申	辛卯	辛酉	壬辰	壬戌	21日
22日	戊子	己未	戊子	己未	己丑	庚申	庚寅	辛酉	壬辰	壬戌	癸巳	癸亥	22日
23日	己丑	庚申	己丑	庚申	庚寅	辛酉	辛卯	壬戌	癸巳	癸亥	甲午	甲子	23日
24日	庚寅	辛酉	庚寅	辛酉	辛卯	壬戌	壬辰	癸亥	甲午	甲子	乙未	乙丑	24日
25日	辛卯	壬戌	辛卯	壬戌	壬辰	癸亥	癸巳	甲子	乙未	乙丑	丙申	丙寅	25日
26日	壬辰	癸亥	壬辰	癸亥	癸巳	甲子	甲午	乙丑	丙申	丙寅	丁酉	丁卯	26日
27日	癸巳	甲子	癸巳	甲子	甲午	乙丑	乙未	丙寅	丁酉	丁卯	戊戌	戊辰	27日
28日	甲午	乙丑	甲午	乙丑	乙未	丙寅	丙申	丁卯	戊戌	戊辰	己亥	己巳	28日
29日	乙未	丙寅	乙未	丙寅	丙申	丁卯	丁酉	戊辰	己亥	己巳	庚子	庚午	29日
30日	丙申		丙申	丁卯	丁酉	戊辰	戊戌	己巳	庚子	庚午	辛丑	辛未	30日
31日	丁酉		丁酉		戊戌		己亥	庚午		辛未		壬申	31日
胃1日	戊戌	丁卯	戊戌	戊辰	己亥	己巳	庚子	辛未	辛丑	壬申	壬寅	癸酉	胃1日
2日	己亥	戊辰	己亥	己巳	庚子	庚午	辛丑	壬申	壬寅	癸酉	癸卯	甲戌	2日
3日	庚子	己巳	庚子	庚午	辛丑	辛未	壬寅	癸酉	癸卯	甲戌	甲辰	乙亥	3日
4日	辛丑	庚午	辛丑	辛未	壬寅	壬申	癸卯	甲戌	甲辰	乙亥	乙巳	丙子	4日
5日		辛未			癸卯	癸酉	甲辰	乙亥	乙巳	丙子	丙午	丁丑	5日
6日						甲戌	乙巳	丙子	丙午	丁丑	丁未		6日
7日								丁丑	丁未				7日

1957年　檀紀4290年　丁酉(七赤)　正桃華－子申

日	1月	2月	3月	4月	5月	6月	7月	8月	9月	10月	11月	12月	日
丙申年	辛丑	壬寅	癸卯	甲辰	乙巳	丙午	丁未	戊申	己酉	庚戌	辛亥	壬子	
陰入日辰(時間)	6日子	4日巳	6日卯	5日巳	6日寅	6日辰	7日酉	8日申	8日辰	8日亥	8日丑	7日酉	日
	(5日辰11.11)	(前10.55)	(前5.11)	(前10.19)	(前3.59)	(前8.25)	(后6.49)	(前4.33)	(前7.13)	(后10.31)	(前1.21)	(后5.57)	
4日		丁未											4日
5日		戊申		丁未									5日
6日	戊寅	己酉	丁丑	戊申	戊寅	己酉							6日
7日	己卯	庚戌	戊寅	己酉	己卯	庚戌	庚辰				癸未		7日
8日	庚辰	辛亥	己卯	庚戌	庚辰	辛亥	辛巳	壬子	癸未	癸丑	甲申	甲寅	8日
9日	辛巳	壬子	庚辰	辛亥	辛巳	壬子	壬午	癸丑	甲申	甲寅	乙酉	乙卯	9日
10日	壬午	癸丑	辛巳	壬子	壬午	癸丑	癸未	甲寅	乙酉	乙卯	丙戌	丙辰	10日
11日	癸未	甲寅	壬午	癸丑	癸未	甲寅	甲申	乙卯	丙戌	丙辰	丁亥	丁巳	11日
12日	甲申	乙卯	癸未	甲寅	甲申	乙卯	乙酉	丙辰	丁亥	丁巳	戊子	戊午	12日
13日	乙酉	丙辰	甲申	乙卯	乙酉	丙辰	丙戌	丁巳	戊子	戊午	己丑	己未	13日
14日	丙戌	丁巳	乙酉	丙辰	丙戌	丁巳	丁亥	戊午	己丑	己未	庚寅	庚申	14日
15日	丁亥	戊午	丙戌	丁巳	丁亥	戊午	戊子	己未	庚寅	庚申	辛卯	辛酉	15日
16日	戊子	己未	丁亥	戊午	戊子	己未	己丑	庚申	辛卯	辛酉	壬辰	壬戌	16日
17日	己丑	庚申	戊子	己未	己丑	庚申	庚寅	辛酉	壬辰	壬戌	癸巳	癸亥	17日
18日	庚寅	辛酉	己丑	庚申	庚寅	辛酉	辛卯	壬戌	癸巳	癸亥	甲午	甲子	18日
19日	辛卯	壬戌	庚寅	辛酉	辛卯	壬戌	壬辰	癸亥	甲午	甲子	乙未	乙丑	19日
20日	壬辰	癸亥	辛卯	壬戌	壬辰	癸亥	癸巳	甲子	乙未	乙丑	丙申	丙寅	20日
21日	癸巳	甲子	壬辰	癸亥	癸巳	甲子	甲午	乙丑	丙申	丙寅	丁酉	丁卯	21日
22日	甲午	乙丑	癸巳	甲子	甲午	乙丑	乙未	丙寅	丁酉	丁卯	戊戌	戊辰	22日
23日	乙未	丙寅	甲午	乙丑	乙未	丙寅	丙申	丁卯	戊戌	戊辰	己亥	己巳	23日
24日	丙申	丁卯	乙未	丙寅	丙申	丁卯	丁酉	戊辰	己亥	己巳	庚子	庚午	24日
25日	丁酉	戊辰	丙申	丁卯	丁酉	戊辰	戊戌	己巳	庚子	庚午	辛丑	辛未	25日
26日	戊戌	己巳	丁酉	戊辰	戊戌	己巳	己亥	庚午	辛丑	辛未	壬寅	壬申	26日
27日	己亥	庚午	戊戌	己巳	己亥	庚午	庚子	辛未	壬寅	壬申	癸卯	癸酉	27日
28日	庚子	辛未	己亥	庚午	庚子	辛未	辛丑	壬申	癸卯	癸酉	甲辰	甲戌	28日
29日	辛丑		庚子	辛未	辛丑	壬申	壬寅	癸酉	甲辰	甲戌	乙巳	乙亥	29日
30日	壬寅		辛丑	壬申	壬寅	癸酉	癸卯	甲戌	乙巳	乙亥	丙午	丙子	30日
31日	癸卯		壬寅		癸卯		甲辰	乙亥		丙子		丁丑	31日
翌1日	甲辰	壬申	癸卯	癸酉	甲辰	甲戌	乙巳	丙子	丙午	丁丑	丁未	戊寅	翌1日
2日	乙巳	癸酉	甲辰	甲戌	乙巳	乙亥	丙午	丁丑	丁未	戊寅	戊申	己卯	2日
3日	丙午	甲戌	乙巳	乙亥	丙午	丙子	丁未	戊寅	戊申	己卯	己酉	庚辰	3日
4日		乙亥	丙午	丙子	丁未	丁丑	戊申	己卯	己酉	庚辰	庚戌	辛巳	4日
5日		丙子		丁丑		戊寅	己酉	庚辰	庚戌	辛巳	辛亥	壬午	5日
6日						己卯	庚戌	辛巳	辛亥	壬午	壬子		6日
7日							辛亥	壬午	壬子	癸未			7日

1958年　檀紀4291年　戊戌(六白)　正桃華－卯亥

丁酉年

日	1月	2月	3月	4月	5月	6月	7月	8月	9月	10月	11月	12月	日
月建	癸丑	甲寅	乙卯	丙辰	丁巳	戊午	己未	庚申	辛酉	壬戌	癸亥	甲子	
節	6日卯	4日申	6日午	5日午	6日巳	6日未	8日子	8日申	8日未	9日寅	8日辰	8日子	
時	(前5.05)	(后4.50)	(后11.06)	(后4.13)	(前9.50)	(后2.13)	(前0.34)	(前10.18)	(后1.00)	(前4.20)	(后7.13)	(后11.50)	
4日		壬子											4日
5日		癸丑		壬子									5日
6日	癸未	甲寅	壬午	癸丑	癸未	甲寅							6日
7日	甲申	乙卯	癸未	甲寅	甲申	乙卯							7日
8日	乙酉	丙辰	甲申	乙卯	乙酉	丙辰	丙戌	丁巳	戊子		己丑	己未	8日
9日	丙戌	丁巳	乙酉	丙辰	丙戌	丁巳	丁亥	戊午	己丑	己未	庚寅	庚申	9日
10日	丁亥	戊午	丙戌	丁巳	丁亥	戊午	戊子	己未	庚寅	庚申	辛卯	辛酉	10日
11日	戊子	己未	丁亥	戊午	戊子	己未	己丑	庚申	辛卯	辛酉	壬辰	壬戌	11日
12日	己丑	庚申	戊子	己未	己丑	庚申	庚寅	辛酉	壬辰	壬戌	癸巳	癸亥	12日
13日	庚寅	辛酉	己丑	庚申	庚寅	辛酉	辛卯	壬戌	癸巳	癸亥	甲午	甲子	13日
14日	辛卯	壬戌	庚寅	辛酉	辛卯	壬戌	壬辰	癸亥	甲午	甲子	乙未	乙丑	14日
15日	壬辰	癸亥	辛卯	壬戌	壬辰	癸亥	癸巳	甲子	乙未	乙丑	丙申	丙寅	15日
16日	癸巳	甲子	壬辰	癸亥	癸巳	甲子	甲午	乙丑	丙申	丙寅	丁酉	丁卯	16日
17日	甲午	乙丑	癸巳	甲子	甲午	乙丑	乙未	丙寅	丁酉	丁卯	戊戌	戊辰	17日
18日	乙未	丙寅	甲午	乙丑	乙未	丙寅	丙申	丁卯	戊戌	戊辰	己亥	己巳	18日
19日	丙申	丁卯	乙未	丙寅	丙申	丁卯	丁酉	戊辰	己亥	己巳	庚子	庚午	19日
20日	丁酉	戊辰	丙申	丁卯	丁酉	戊辰	戊戌	己巳	庚子	庚午	辛丑	辛未	20日
21日	戊戌	己巳	丁酉	戊辰	戊戌	己巳	己亥	庚午	辛丑	辛未	壬寅	壬申	21日
22日	己亥	庚午	戊戌	己巳	己亥	庚午	庚子	辛未	壬寅	壬申	癸卯	癸酉	22日
23日	庚子	辛未	己亥	庚午	庚子	辛未	辛丑	壬申	癸卯	癸酉	甲辰	甲戌	23日
24日	辛丑	壬申	庚子	辛未	辛丑	壬申	壬寅	癸酉	甲辰	甲戌	乙巳	乙亥	24日
25日	壬寅	癸酉	辛丑	壬申	壬寅	癸酉	癸卯	甲戌	乙巳	乙亥	丙午	丙子	25日
26日	癸卯	甲戌	壬寅	癸酉	癸卯	甲戌	甲辰	乙亥	丙午	丙子	丁未	丁丑	26日
27日	甲辰	乙亥	癸卯	甲戌	甲辰	乙亥	乙巳	丙子	丁未	丁丑	戊申	戊寅	27日
28日	乙巳	丙子	甲辰	乙亥	乙巳	丙子	丙午	丁丑	戊申	戊寅	己酉	己卯	28日
29日	丙午		乙巳	丙子	丙午	丁丑	丁未	戊寅	己酉	己卯	庚戌	庚辰	29日
30日	丁未		丙午	丁丑	丁未	戊寅	戊申	己卯	庚戌	庚辰	辛亥	辛巳	30日
31日	戊申		丁未		戊申		己酉	庚辰		辛巳		壬午	31日
翌1日	己酉	丁丑	戊申	戊寅	己酉	己卯	庚戌	辛巳	辛亥	壬午	壬子	癸未	翌1日
2日	庚戌	戊寅	己酉	己卯	庚戌	庚辰	辛亥	壬午	壬子	癸未	癸丑	甲申	2日
3日	辛亥	己卯	庚戌	庚辰	辛亥	辛巳	壬子	癸未	癸丑	甲申	甲寅	乙酉	3日
4日		庚辰	辛亥	辛巳	壬子	壬午	癸丑	甲申	甲寅	乙酉	乙卯	丙戌	4日
5日		辛巳		壬午	癸丑	癸未	甲寅	乙酉	乙卯	丙戌	丙辰	丁亥	5日
6日						甲申	乙卯	丙戌	丙辰	丁亥	丁巳	戊子	6日
7日						乙酉	丙辰	丁亥	丁巳	戊子	戊午	己丑	7日
8日									戊午				8日

1959年 檀紀4292年 己亥(五黄) 正桃華-卯亥

戊戌年 月 / 前入日(時間) 日	1月	2月	3月	4月	5月	6月	7月	8月	9月	10月	11月	12月	日
	乙丑	丙寅	丁卯	戊辰	己巳	庚午	辛未	壬申	癸酉	甲戌	乙亥	丙子	
	6日巳	4日巳	6日申	5日亥	6日申	6日戌	8日巳	8日申	8日酉	9日巳	8日亥	8日子	
	(前10.59)	(后10.43)	(后4.57)	(后10.04)	(后3.39)	(后8.01)	(后6.20)	(后4.05)	(后6.49)	(前10.11)	(后1.03)	(后5.38)	
4日		丁巳											4日
5日		戊午		丁巳									5日
6日	戊子	己未	丁亥	戊午	戊子	己未							6日
7日	己丑	庚申	戊子	己未	己丑	庚申							7日
8日	庚寅	辛酉	己丑	庚申	庚寅	辛酉	辛卯	壬戌	癸巳		甲午	甲子	8日
9日	辛卯	壬戌	庚寅	辛酉	辛卯	壬戌	壬辰	癸亥	甲午	甲子	乙未	乙丑	9日
10日	壬辰	癸亥	辛卯	壬戌	壬辰	癸亥	癸巳	甲子	乙未	乙丑	丙申	丙寅	10日
11日	癸巳	甲子	壬辰	癸亥	癸巳	甲子	甲午	乙丑	丙申	丙寅	丁酉	丁卯	11日
12日	甲午	乙丑	癸巳	甲子	甲午	乙丑	乙未	丙寅	丁酉	丁卯	戊戌	戊辰	12日
13日	乙未	丙寅	甲午	乙丑	乙未	丙寅	丙申	丁卯	戊戌	戊辰	己亥	己巳	13日
14日	丙申	丁卯	乙未	丙寅	丙申	丁卯	丁酉	戊辰	己亥	己巳	庚子	庚午	14日
15日	丁酉	戊辰	丙申	丁卯	丁酉	戊辰	戊戌	己巳	庚子	庚午	辛丑	辛未	15日
16日	戊戌	己巳	丁酉	戊辰	戊戌	己巳	己亥	庚午	辛丑	辛未	壬寅	壬申	16日
17日	己亥	庚午	戊戌	己巳	己亥	庚午	庚子	辛未	壬寅	壬申	癸卯	癸酉	17日
18日	庚子	辛未	己亥	庚午	庚子	辛未	辛丑	壬申	癸卯	癸酉	甲辰	甲戌	18日
19日	辛丑	壬申	庚子	辛未	辛丑	壬申	壬寅	癸酉	甲辰	甲戌	乙巳	乙亥	19日
20日	壬寅	癸酉	辛丑	壬申	壬寅	癸酉	癸卯	甲戌	乙巳	乙亥	丙午	丙子	20日
21日	癸卯	甲戌	壬寅	癸酉	癸卯	甲戌	甲辰	乙亥	丙午	丙子	丁未	丁丑	21日
22日	甲辰	乙亥	癸卯	甲戌	甲辰	乙亥	乙巳	丙子	丁未	丁丑	戊申	戊寅	22日
23日	乙巳	丙子	甲辰	乙亥	乙巳	丙子	丙午	丁丑	戊申	戊寅	己酉	己卯	23日
24日	丙午	丁丑	乙巳	丙子	丙午	丁丑	丁未	戊寅	己酉	己卯	庚戌	庚辰	24日
25日	丁未	戊寅	丙午	丁丑	丁未	戊寅	戊申	己卯	庚戌	庚辰	辛亥	辛巳	25日
26日	戊申	己卯	丁未	戊寅	戊申	己卯	己酉	庚辰	辛亥	辛巳	壬子	壬午	26日
27日	己酉	庚辰	戊申	己卯	己酉	庚辰	庚戌	辛巳	壬子	壬午	癸丑	癸未	27日
28日	庚戌	辛巳	己酉	庚辰	庚戌	辛巳	辛亥	壬午	癸丑	癸未	甲寅	甲申	28日
29日	辛亥		庚戌	辛巳	辛亥	壬午	壬子	癸未	甲寅	甲申	乙卯	乙酉	29日
30日	壬子		辛亥	壬午	壬子	癸未	癸丑	甲申	乙卯	乙酉	丙辰	丙戌	30日
31日	癸丑		壬子		癸丑		甲寅	乙酉		丙戌		丁亥	31日
翌月1日	甲寅	壬午	癸丑	癸未	甲寅	甲申	乙卯	丙戌	丙辰	丁亥	丁巳	戊子	翌月1日
2日	乙卯	癸未	甲寅	甲申	乙卯	乙酉	丙辰	丁亥	丁巳	戊子	戊午	己丑	2日
3日	丙辰	甲申	乙卯	乙酉	丙辰	丙戌	丁巳	戊子	戊午	己丑	己未	庚寅	3日
4日		乙酉	丙辰	丙戌	丁巳	丁亥	戊午	己丑	己未	庚寅	庚申	辛卯	4日
5日		丙戌		丁亥	戊午	戊子	己未	庚寅	庚申	辛卯	辛酉	壬辰	5日
6日						己丑	庚申	辛卯	辛酉	壬辰	壬戌		6日
7日						庚寅	辛酉	壬辰	壬戌	癸巳	癸亥		7日
8日									癸亥				8日

1960年　檀紀4293年　庚子（四緑）　正桃華－戊午

己亥年

日	1月	2月閏	3月	4月	5月	6月	7月	8月	9月	10月	11月	12月	日
(干支)	丁丑	戊寅	己卯	庚辰	辛巳	壬午	癸未	甲申	乙酉	丙戌	丁亥	戊子	
(節入)	6日申	5日寅	6日亥	5日寅	5日亥	6日丑	7日申	7日亥	8日子	8日申	7日戌	7日午	
(時刻)	(后4.43)	(前4.24)	(后10.37)	(前3.44)	(后9.23)	(前1.49)	(后0.13)	(后10.00)	(前0.46)	(后4.09)	(后7.03)	(前11.39)	
5日		癸亥	壬辰	癸亥	癸巳								5日
6日	癸巳	甲子	癸巳	甲子	甲午	乙丑							6日
7日	甲午	乙丑	甲午	乙丑	乙未	丙寅	丙申	丁卯			己亥	己巳	7日
8日	乙未	丙寅	乙未	丙寅	丙申	丁卯	丁酉	戊辰	己亥	己巳	庚子	庚午	8日
9日	丙申	丁卯	丙申	丁卯	丁酉	戊辰	戊戌	己巳	庚子	庚午	辛丑	辛未	9日
10日	丁酉	戊辰	丁酉	戊辰	戊戌	己巳	己亥	庚午	辛丑	辛未	壬寅	壬申	10日
11日	戊戌	己巳	戊戌	己巳	己亥	庚午	庚子	辛未	壬寅	壬申	癸卯	癸酉	11日
12日	己亥	庚午	己亥	庚午	庚子	辛未	辛丑	壬申	癸卯	癸酉	甲辰	甲戌	12日
13日	庚子	辛未	庚子	辛未	辛丑	壬申	壬寅	癸酉	甲辰	甲戌	乙巳	乙亥	13日
14日	辛丑	壬申	辛丑	壬申	壬寅	癸酉	癸卯	甲戌	乙巳	乙亥	丙午	丙子	14日
15日	壬寅	癸酉	壬寅	癸酉	癸卯	甲戌	甲辰	乙亥	丙午	丙子	丁未	丁丑	15日
16日	癸卯	甲戌	癸卯	甲戌	甲辰	乙亥	乙巳	丙子	丁未	丁丑	戊申	戊寅	16日
17日	甲辰	乙亥	甲辰	乙亥	乙巳	丙子	丙午	丁丑	戊申	戊寅	己酉	己卯	17日
18日	乙巳	丙子	乙巳	丙子	丙午	丁丑	丁未	戊寅	己酉	己卯	庚戌	庚辰	18日
19日	丙午	丁丑	丙午	丁丑	丁未	戊寅	戊申	己卯	庚戌	庚辰	辛亥	辛巳	19日
20日	丁未	戊寅	丁未	戊寅	戊申	己卯	己酉	庚辰	辛亥	辛巳	壬子	壬午	20日
21日	戊申	己卯	戊申	己卯	己酉	庚辰	庚戌	辛巳	壬子	壬午	癸丑	癸未	21日
22日	己酉	庚辰	己酉	庚辰	庚戌	辛巳	辛亥	壬午	癸丑	癸未	甲寅	甲申	22日
23日	庚戌	辛巳	庚戌	辛巳	辛亥	壬午	壬子	癸未	甲寅	甲申	乙卯	乙酉	23日
24日	辛亥	壬午	辛亥	壬午	壬子	癸未	癸丑	甲申	乙卯	乙酉	丙辰	丙戌	24日
25日	壬子	癸未	壬子	癸未	癸丑	甲申	甲寅	乙酉	丙辰	丙戌	丁巳	丁亥	25日
26日	癸丑	甲申	癸丑	甲申	甲寅	乙酉	乙卯	丙戌	丁巳	丁亥	戊午	戊子	26日
27日	甲寅	乙酉	甲寅	乙酉	乙卯	丙戌	丙辰	丁亥	戊午	戊子	己未	己丑	27日
28日	乙卯	丙戌	乙卯	丙戌	丙辰	丁亥	丁巳	戊子	己未	己丑	庚申	庚寅	28日
29日	丙辰	丁亥	丙辰	丁亥	丁巳	戊子	戊午	己丑	庚申	庚寅	辛酉	辛卯	29日
30日	丁巳		丁巳	戊子	戊午	己丑	己未	庚寅	辛酉	辛卯	壬戌	壬辰	30日
31日	戊午		戊午		己未		庚申	辛卯		壬辰		癸巳	31日
翌1日	己未	戊子	己未	己丑	庚申	庚寅	辛酉	壬辰	壬戌	癸巳	癸亥	甲午	翌1日
2日	庚申	己丑	庚申	庚寅	辛酉	辛卯	壬戌	癸巳	癸亥	甲午	甲子	乙未	2日
3日	辛酉	庚寅	辛酉	辛卯	壬戌	壬辰	癸亥	甲午	甲子	乙未	乙丑	丙申	3日
4日	壬戌	辛卯	壬戌	壬辰	癸亥	癸巳	甲子	乙未	乙丑	丙申	丙寅	丁酉	4日
5日		壬辰			甲子	甲午	乙丑	丙申	丙寅	丁酉	丁卯	戊戌	5日
6日						乙未	丙寅	丁酉	丁卯	戊戌	戊辰		6日
7日								戊戌	戊辰				7日

1961年　檀紀4294年　辛丑(三碧)　正桃華－戌午

庚子年

月／節入日(時間)／日	1月	2月	3月	4月	5月	6月	7月	8月	9月	10月	11月	12月	月／日
干支	己丑	庚寅	辛卯	壬辰	癸巳	甲午	乙未	丙申	丁酉	戊戌	己亥	庚子	日
節入	5日亥	4日巳	6日寅	5日巳	6日寅	6日辰	7日酉	8日寅	8日卯	8日巳	8日子	7日酉	
時間	(后10.43)	(前10.23)	(前4.35)	(前9.43)	(前3.22)	(前7.47)	(后6 07)	(前3.49)	(前6.30)	(后9.52)	(前0.47)	(后5.27)	
4 日		戊辰											4 日
5 日	戊戌	己巳		戊辰									5 日
6 日	己亥	庚午	戊戌	己巳	己亥	庚午							6 日
7 日	庚子	辛未	己亥	庚午	庚子	辛未	辛丑					甲戌	7 日
8 日	辛丑	壬申	庚子	辛未	辛丑	壬申	壬寅	癸酉	甲辰	甲戌	乙巳	乙亥	8 日
9 日	壬寅	癸酉	辛丑	壬申	壬寅	癸酉	癸卯	甲戌	乙巳	乙亥	丙午	丙子	9 日
10 日	癸卯	甲戌	壬寅	癸酉	癸卯	甲戌	甲辰	乙亥	丙午	丙子	丁未	丁丑	10 日
11 日	甲辰	乙亥	癸卯	甲戌	甲辰	乙亥	乙巳	丙子	丁未	丁丑	戊申	戊寅	11 日
12 日	乙巳	丙子	甲辰	乙亥	乙巳	丙子	丙午	丁丑	戊申	戊寅	己酉	己卯	12 日
13 日	丙午	丁丑	乙巳	丙子	丙午	丁丑	丁未	戊寅	己酉	己卯	庚戌	庚辰	13 日
14 日	丁未	戊寅	丙午	丁丑	丁未	戊寅	戊申	己卯	庚戌	庚辰	辛亥	辛巳	14 日
15 日	戊申	己卯	丁未	戊寅	戊申	己卯	己酉	庚辰	辛亥	辛巳	壬子	壬午	15 日
16 日	己酉	庚辰	戊申	己卯	己酉	庚辰	庚戌	辛巳	壬子	壬午	癸丑	癸未	16 日
17 日	庚戌	辛巳	己酉	庚辰	庚戌	辛巳	辛亥	壬午	癸丑	癸未	甲寅	甲申	17 日
18 日	辛亥	壬午	庚戌	辛巳	辛亥	壬午	壬子	癸未	甲寅	甲申	乙卯	乙酉	18 日
19 日	壬子	癸未	辛亥	壬午	壬子	癸未	癸丑	甲申	乙卯	乙酉	丙辰	丙戌	19 日
20 日	癸丑	甲申	壬子	癸未	癸丑	甲申	甲寅	乙酉	丙辰	丙戌	丁巳	丁亥	20 日
21 日	甲寅	乙酉	癸丑	甲申	甲寅	乙酉	乙卯	丙戌	丁巳	丁亥	戊午	戊子	21 日
22 日	乙卯	丙戌	甲寅	乙酉	乙卯	丙戌	丙辰	丁亥	戊午	戊子	己未	己丑	22 日
23 日	丙辰	丁亥	乙卯	丙戌	丙辰	丁亥	丁巳	戊子	己未	己丑	庚申	庚寅	23 日
24 日	丁巳	戊子	丙辰	丁亥	丁巳	戊子	戊午	己丑	庚申	庚寅	辛酉	辛卯	24 日
25 日	戊午	己丑	丁巳	戊子	戊午	己丑	己未	庚寅	辛酉	辛卯	壬戌	壬辰	25 日
26 日	己未	庚寅	戊午	己丑	己未	庚寅	庚申	辛卯	壬戌	壬辰	癸亥	癸巳	27 日
27 日	庚申	辛卯	己未	庚寅	庚申	辛卯	辛酉	壬辰	癸亥	癸巳	甲子	甲午	27 日
28 日	辛酉	壬辰	庚申	辛卯	辛酉	壬辰	壬戌	癸巳	甲子	甲午	乙丑	乙未	28 日
29 日	壬戌		辛酉	壬辰	壬戌	癸巳	癸亥	甲午	乙丑	乙未	丙寅	丙申	29 日
30 日	癸亥		壬戌	癸巳	癸亥	甲午	甲子	乙未	丙寅	丙申	丁卯	丁酉	30 日
31 日	甲子		癸亥		甲子		乙丑	丙申		丁酉		戊戌	31 日
翌月1日	乙丑	癸巳	甲子	甲午	乙丑	乙未	丙寅	丁酉	丁卯	戊戌	戊辰	己亥	翌月1日
2日	丙寅	甲午	乙丑	乙未	丙寅	丙申	丁卯	戊戌	戊辰	己亥	己巳	庚子	2日
3日	丁卯	乙未	丙寅	丙申	丁卯	丁酉	戊辰	己亥	己巳	庚子	庚午	辛丑	3日
4日		丙申	丁卯	丁酉	戊辰	戊戌	己巳	庚子	庚午	辛丑	辛未	壬寅	4日
5日		丁酉		戊戌	己巳	己亥	庚午	辛丑	辛未	壬寅	壬申	癸卯	5日
6日						庚子	辛未	壬寅	壬申	癸卯	癸酉		6日
7日						壬申	癸卯	癸酉	甲辰				7日

1962年　檀紀4295年　壬寅(二黑)　正桃華－巳亥

辛丑年

月／日	1月	2月	3月	4月	5月	6月	7月	8月	9月	10月	11月	12月	月
干支	辛丑	壬寅	癸卯	甲辰	乙巳	丙午	丁未	戊申	己酉	庚戌	辛亥	壬子	日
節入	6日寅	4日申	6日巳	5日申	6日巳	6日未	8日子	8日巳	8日午	9日卯	8日卯	8日子	
(時間)	(前4.35)	(后4.18)	(前10.30)	(后3.34)	(前9.09)	(后1.31)	(7日后11:51)	(后9.34)	(后0.16)	(前3.38)	(前6.35)	(7日后11:17)	
4日		癸酉											4日
5日		甲戌		癸酉									5日
6日	甲辰	乙亥	癸卯	甲戌	甲辰	乙亥							6日
7日	乙巳	丙子	甲辰	乙亥	乙巳	丙子							7日
8日	丙午	丁丑	乙巳	丙子	丙午	丁丑	丁未	戊寅	己酉		庚戌	庚辰	8日
9日	丁未	戊寅	丙午	丁丑	丁未	戊寅	戊申	己卯	庚戌	庚辰	辛亥	辛巳	9日
10日	戊申	己卯	丁未	戊寅	戊申	己卯	己酉	庚辰	辛亥	辛巳	壬子	壬午	10日
11日	己酉	庚辰	戊申	己卯	己酉	庚辰	庚戌	辛巳	壬子	壬午	癸丑	癸未	11日
12日	庚戌	辛巳	己酉	庚辰	庚戌	辛巳	辛亥	壬午	癸丑	癸未	甲寅	甲申	12日
13日	辛亥	壬午	庚戌	辛巳	辛亥	壬午	壬子	癸未	甲寅	甲申	乙卯	乙酉	13日
14日	壬子	癸未	辛亥	壬午	壬子	癸未	癸丑	甲申	乙卯	乙酉	丙辰	丙戌	14日
15日	癸丑	甲申	壬子	癸未	癸丑	甲申	甲寅	乙酉	丙辰	丙戌	丁巳	丁亥	15日
16日	甲寅	乙酉	癸丑	甲申	甲寅	乙酉	乙卯	丙戌	丁巳	丁亥	戊午	戊子	16日
17日	乙卯	丙戌	甲寅	乙酉	乙卯	丙戌	丙辰	丁亥	戊午	戊子	己未	己丑	17日
18日	丙辰	丁亥	乙卯	丙戌	丙辰	丁亥	丁巳	戊子	己未	己丑	庚申	庚寅	18日
19日	丁巳	戊子	丙辰	丁亥	丁巳	戊子	戊午	己丑	庚申	庚寅	辛酉	辛卯	19日
20日	戊午	己丑	丁巳	戊子	戊午	己丑	己未	庚寅	辛酉	辛卯	壬戌	壬辰	20日
21日	己未	庚寅	戊午	己丑	己未	庚寅	庚申	辛卯	壬戌	壬辰	癸亥	癸巳	21日
22日	庚申	辛卯	己未	庚寅	庚申	辛卯	辛酉	壬辰	癸亥	癸巳	甲子	甲午	22日
23日	辛酉	壬辰	庚申	辛卯	辛酉	壬辰	壬戌	癸巳	甲子	甲午	乙丑	乙未	23日
24日	壬戌	癸巳	辛酉	壬辰	壬戌	癸巳	癸亥	甲午	乙丑	乙未	丙寅	丙申	24日
25日	癸亥	甲午	壬戌	癸巳	癸亥	甲午	甲子	乙未	丙寅	丙申	丁卯	丁酉	25日
26日	甲子	乙未	癸亥	甲午	甲子	乙未	乙丑	丙申	丁卯	丁酉	戊辰	戊戌	26日
27日	乙丑	丙申	甲子	乙未	乙丑	丙申	丙寅	丁酉	戊辰	戊戌	己巳	己亥	27日
28日	丙寅	丁酉	乙丑	丙申	丙寅	丁酉	丁卯	戊戌	己巳	己亥	庚午	庚子	28日
29日	丁卯		丙寅	丁酉	丁卯	戊戌	戊辰	己亥	庚午	庚子	辛未	辛丑	29日
30日	戊辰		丁卯	戊戌	戊辰	己亥	己巳	庚子	辛未	辛丑	壬申	壬寅	30日
31日	己巳		戊辰		己巳		庚午	辛丑		壬寅		癸卯	31日
翌1日	庚午	戊戌	己巳	己亥	庚午	庚子	辛未	壬寅	壬申	癸卯	癸酉	甲辰	翌1日
2日	辛未	己亥	庚午	庚子	辛未	辛丑	壬申	癸卯	癸酉	甲辰	甲戌	乙巳	2日
3日	壬申	庚子	辛未	辛丑	壬申	壬寅	癸酉	甲辰	甲戌	乙巳	乙亥	丙午	3日
4日		辛丑	壬申	壬寅	癸酉	癸卯	甲戌	乙巳	乙亥	丙午	丙子	丁未	4日
5日		壬寅		癸卯	甲戌	甲辰	乙亥	丙午	丙子	丁未	丁丑	戊申	5日
6日					乙亥	乙巳	丙子	丁未	丁丑	戊申	戊寅		6日
7日						丙午	丁丑	戊申	戊寅	己酉	己卯		7日
8日									己卯				8日

1963年　檀紀4296年　癸卯 (一白)　正桃華－巳亥

壬寅年

日	1月	2月	3月	4月	5月	6月	7月	8月	9月	10月	11月	12月	日
月干支	癸丑	甲寅	乙卯	丙辰	丁巳	戊午	己未	庚申	辛酉	壬戌	癸亥	甲子	
節入日	6日巳	4日亥	6日申	5日亥	6日未	6日戌	8日卯	8日申	8日申	9日巳	8日午	8日卯	
時間	(前10.27)	(后10.08)	(后4.17)	(后9.19)	(后2.52)	(后7.14)	(后5.38)	(后3.26)	(后6.12)	(后9.36)	(后0.33)	(后5.13)	
4日		戊寅											4日
5日		己卯		戊寅									5日
6日	己酉	庚辰	戊申	己卯	己酉	庚辰							6日
7日	庚戌	辛巳	己酉	庚辰	庚戌	辛巳							7日
8日	辛亥	壬午	庚戌	辛巳	辛亥	壬午	壬子	癸未	甲寅		乙卯	乙酉	8日
9日	壬子	癸未	辛亥	壬午	壬子	癸未	癸丑	甲申	乙卯	乙酉	丙辰	丙戌	9日
10日	癸丑	甲申	壬子	癸未	癸丑	甲申	甲寅	乙酉	丙辰	丙戌	丁巳	丁亥	10日
11日	甲寅	乙酉	癸丑	甲申	甲寅	乙酉	乙卯	丙戌	丁巳	丁亥	戊午	戊子	11日
12日	乙卯	丙戌	甲寅	乙酉	乙卯	丙戌	丙辰	丁亥	戊午	戊子	己未	己丑	12日
13日	丙辰	丁亥	乙卯	丙戌	丙辰	丁亥	丁巳	戊子	己未	己丑	庚申	庚寅	13日
14日	丁巳	戊子	丙辰	丁亥	丁巳	戊子	戊午	己丑	庚申	庚寅	辛酉	辛卯	14日
15日	戊午	己丑	丁巳	戊子	戊午	己丑	己未	庚寅	辛酉	辛卯	壬戌	壬辰	15日
16日	己未	庚寅	戊午	己丑	己未	庚寅	庚申	辛卯	壬戌	壬辰	癸亥	癸巳	16日
17日	庚申	辛卯	己未	庚寅	庚申	辛卯	辛酉	壬辰	癸亥	癸巳	甲子	甲午	17日
18日	辛酉	壬辰	庚申	辛卯	辛酉	壬辰	壬戌	癸巳	甲子	甲午	乙丑	乙未	18日
19日	壬戌	癸巳	辛酉	壬辰	壬戌	癸巳	癸亥	甲午	乙丑	乙未	丙寅	丙申	19日
20日	癸亥	甲午	壬戌	癸巳	癸亥	甲午	甲子	乙未	丙寅	丙申	丁卯	丁酉	20日
21日	甲子	乙未	癸亥	甲午	甲子	乙未	乙丑	丙申	丁卯	丁酉	戊辰	戊戌	21日
22日	乙丑	丙申	甲子	乙未	乙丑	丙申	丙寅	丁酉	戊辰	戊戌	己巳	己亥	22日
23日	丙寅	丁酉	乙丑	丙申	丙寅	丁酉	丁卯	戊戌	己巳	己亥	庚午	庚子	23日
24日	丁卯	戊戌	丙寅	丁酉	丁卯	戊戌	戊辰	己亥	庚午	庚子	辛未	辛丑	24日
25日	戊辰	己亥	丁卯	戊戌	戊辰	己亥	己巳	庚子	辛未	辛丑	壬申	壬寅	25日
26日	己巳	庚子	戊辰	己亥	己巳	庚子	庚午	辛丑	壬申	壬寅	癸酉	癸卯	26日
27日	庚午	辛丑	己巳	庚子	庚午	辛丑	辛未	壬寅	癸酉	癸卯	甲戌	甲辰	27日
28日	辛未	壬寅	庚午	辛丑	辛未	壬寅	壬申	癸卯	甲戌	甲辰	乙亥	乙巳	28日
29日	壬申		辛未	壬寅	壬申	癸卯	癸酉	甲辰	乙亥	乙巳	丙子	丙午	29日
30日	癸酉		壬申	癸卯	癸酉	甲辰	甲戌	乙巳	丙子	丙午	丁丑	丁未	30日
31日	甲戌		癸酉		甲戌		乙亥	丙午		丁未		戊申	31日
翌1日	乙亥	癸卯	甲戌	甲辰	乙亥	乙巳	丙子	丁未	丁丑	戊申	戊寅	己酉	翌1日
2日	丙子	甲辰	乙亥	乙巳	丙子	丙午	丁丑	戊申	戊寅	己酉	己卯	庚戌	2日
3日	丁丑	乙巳	丙子	丙午	丁丑	丁未	戊寅	己酉	己卯	庚戌	庚辰	辛亥	3日
4日		丙午	丁丑	丁未	戊寅	戊申	己卯	庚戌	庚辰	辛亥	辛巳	壬子	4日
5日		丁未		戊申	己卯	己酉	庚辰	辛亥	辛巳	壬子	壬午	癸丑	5日
6日						庚戌	辛巳	壬子	壬午	癸丑	癸未		6日
7日						辛亥	壬午	癸丑	癸未	甲寅	甲申		7日
8日									甲申				8日

1964年　檀紀4297年　甲辰(九紫)　正桃華－子申

月＼日	1月	2月閏	3月	4月	5月	6月	7月	8月	9月	10月	11月	12月	日
癸卯年	乙丑	丙寅	丁卯	戊辰	己巳	庚午	辛未	壬申	癸酉	甲戌	乙亥	丙子	
節入日時	6日申	5日午	5日亥	5日寅	5日戌	6日丑	7日巳	7日亥	8日子	8日申	7日酉	7日巳	
(時間)	(后4.23)	(前4.05)	(后10.16)	(前3.18)	(后8.51)	(前1.12)	(后11.32)	(后9.16)	(7日后11.59)	(后3.22)	(后6.15)	(前10.53)	
5日		甲申	癸丑	甲申	甲寅								5日
6日	甲寅	乙酉	甲寅	乙酉	乙卯	丙戌							6日
7日	乙卯	丙戌	乙卯	丙戌	丙辰	丁亥	丁巳	戊子			庚申	庚寅	7日
8日	丙辰	丁亥	丙辰	丁亥	丁巳	戊子	戊午	己丑	庚申	庚寅	辛酉	辛卯	8日
9日	丁巳	戊子	丁巳	戊子	戊午	己丑	己未	庚寅	辛酉	辛卯	壬戌	壬辰	9日
10日	戊午	己丑	戊午	己丑	己未	庚寅	庚申	辛卯	壬戌	壬辰	癸亥	癸巳	10日
11日	己未	庚寅	己未	庚寅	庚申	辛卯	辛酉	壬辰	癸亥	癸巳	甲子	甲午	11日
12日	庚申	辛卯	庚申	辛卯	辛酉	壬辰	壬戌	癸巳	甲子	甲午	乙丑	乙未	12日
13日	辛酉	壬辰	辛酉	壬辰	壬戌	癸巳	癸亥	甲午	乙丑	乙未	丙寅	丙申	13日
14日	壬戌	癸巳	壬戌	癸巳	癸亥	甲午	甲子	乙未	丙寅	丙申	丁卯	丁酉	14日
15日	癸亥	甲午	癸亥	甲午	甲子	乙未	乙丑	丙申	丁卯	丁酉	戊辰	戊戌	15日
16日	甲子	乙未	甲子	乙未	乙丑	丙申	丙寅	丁酉	戊辰	戊戌	己巳	己亥	16日
17日	乙丑	丙申	乙丑	丙申	丙寅	丁酉	丁卯	戊戌	己巳	己亥	庚午	庚子	17日
18日	丙寅	丁酉	丙寅	丁酉	丁卯	戊戌	戊辰	己亥	庚午	庚子	辛未	辛丑	18日
19日	丁卯	戊戌	丁卯	戊戌	戊辰	己亥	己巳	庚子	辛未	辛丑	壬申	壬寅	19日
20日	戊辰	己亥	戊辰	己亥	己巳	庚子	庚午	辛丑	壬申	壬寅	癸酉	癸卯	20日
21日	己巳	庚子	己巳	庚子	庚午	辛丑	辛未	壬寅	癸酉	癸卯	甲戌	甲辰	21日
22日	庚午	辛丑	庚午	辛丑	辛未	壬寅	壬申	癸卯	甲戌	甲辰	乙亥	乙巳	22日
23日	辛未	壬寅	辛未	壬寅	壬申	癸卯	癸酉	甲辰	乙亥	乙巳	丙子	丙午	23日
24日	壬申	癸卯	壬申	癸卯	癸酉	甲辰	甲戌	乙巳	丙子	丙午	丁丑	丁未	24日
25日	癸酉	甲辰	癸酉	甲辰	甲戌	乙巳	乙亥	丙午	丁丑	丁未	戊寅	戊申	25日
26日	甲戌	乙巳	甲戌	乙巳	乙亥	丙午	丙子	丁未	戊寅	戊申	己卯	己酉	26日
27日	乙亥	丙午	乙亥	丙午	丙子	丁未	丁丑	戊申	己卯	己酉	庚辰	庚戌	27日
28日	丙子	丁未	丙子	丁未	丁丑	戊申	戊寅	己酉	庚辰	庚戌	辛巳	辛亥	28日
29日	丁丑	戊申	丁丑	戊申	戊寅	己酉	己卯	庚戌	辛巳	辛亥	壬午	壬子	29日
30日	戊寅		戊寅	己酉	己卯	庚戌	庚辰	辛亥	壬午	壬子	癸未	癸丑	30日
31日	己卯		己卯		庚辰		辛巳	壬子		癸丑		甲寅	31日
翌1日	庚辰	己酉	庚辰	庚戌	辛巳	辛亥	壬午	癸丑	癸未	甲寅	甲申	乙卯	翌1日
2日	辛巳	庚戌	辛巳	辛亥	壬午	壬子	癸未	甲寅	甲申	乙卯	乙酉	丙辰	2日
3日	壬午	辛亥	壬午	壬子	癸未	癸丑	甲申	乙卯	乙酉	丙辰	丙戌	丁巳	3日
4日	癸未	壬子	癸未	癸丑	甲申	甲寅	乙酉	丙辰	丙戌	丁巳	丁亥	戊午	4日
5日					乙酉	乙卯	丙戌	丁巳	丁亥	戊午	戊子	己未	5日
6日						丙辰	丁亥	戊午	戊子	己未	己丑		6日
7日								己未	己丑				7日

1965年　檀紀4298年　乙巳 (八白)　正桃華－子申

甲辰年

月／前月月日(時間) 日	1月 丁丑 5日亥 (后10.02)	2月 戊寅 4日巳 (前9.46)	3月 己卯 6日寅 (前4.01)	4月 庚辰 5日巳 (前9.07)	5月 辛巳 6日巳 (前2.42)	6月 壬午 6日辰 (前7.02)	7月 癸未 7日酉 (后5.21)	8月 甲申 8日寅 (前3.05)	9月 乙酉 8日卯 (前5.48)	10月 丙戌 8日戌 (后9.11)	11月 丁亥 8日子 (前0.07)	12月 戊子 7日申 (后4.46)	月 日
4 日		己丑											4 日
5 日	己未	庚寅		己丑									5 日
6 日	庚申	辛卯	己未	庚寅	庚申	辛卯							6 日
7 日	辛酉	壬辰	庚申	辛卯	辛酉	壬辰	壬戌					乙未	7 日
8 日	壬戌	癸巳	辛酉	壬辰	壬戌	癸巳	癸亥	甲午	乙丑	乙未	丙寅	丙申	8 日
9 日	癸亥	甲午	壬戌	癸巳	癸亥	甲午	甲子	乙未	丙寅	丙申	丁卯	丁酉	9 日
10 日	甲子	乙未	癸亥	甲午	甲子	乙未	乙丑	丙申	丁卯	丁酉	戊辰	戊戌	10 日
11 日	乙丑	丙申	甲子	乙未	乙丑	丙申	丙寅	丁酉	戊辰	戊戌	己巳	己亥	11 日
12 日	丙寅	丁酉	乙丑	丙申	丙寅	丁酉	丁卯	戊戌	己巳	己亥	庚午	庚子	12 日
13 日	丁卯	戊戌	丙寅	丁酉	丁卯	戊戌	戊辰	己亥	庚午	庚子	辛未	辛丑	13 日
14 日	戊辰	己亥	丁卯	戊戌	戊辰	己亥	己巳	庚子	辛未	辛丑	壬申	壬寅	14 日
15 日	己巳	庚子	戊辰	己亥	己巳	庚子	庚午	辛丑	壬申	壬寅	癸酉	癸卯	15 日
16 日	庚午	辛丑	己巳	庚子	庚午	辛丑	辛未	壬寅	癸酉	癸卯	甲戌	甲辰	16 日
17 日	辛未	壬寅	庚午	辛丑	辛未	壬寅	壬申	癸卯	甲戌	甲辰	乙亥	乙巳	17 日
18 日	壬申	癸卯	辛未	壬寅	壬申	癸卯	癸酉	甲辰	乙亥	乙巳	丙子	丙午	18 日
19 日	癸酉	甲辰	壬申	癸卯	癸酉	甲辰	甲戌	乙巳	丙子	丙午	丁丑	丁未	19 日
20 日	甲戌	乙巳	癸酉	甲辰	甲戌	乙巳	乙亥	丙午	丁丑	丁未	戊寅	戊申	20 日
21 日	乙亥	丙午	甲戌	乙巳	乙亥	丙午	丙子	丁未	戊寅	戊申	己卯	己酉	21 日
22 日	丙子	丁未	乙亥	丙午	丙子	丁未	丁丑	戊申	己卯	己酉	庚辰	庚戌	22 日
23 日	丁丑	戊申	丙子	丁未	丁丑	戊申	戊寅	己酉	庚辰	庚戌	辛巳	辛亥	23 日
24 日	戊寅	己酉	丁丑	戊申	戊寅	己酉	己卯	庚戌	辛巳	辛亥	壬午	壬子	24 日
25 日	己卯	庚戌	戊寅	己酉	己卯	庚戌	庚辰	辛亥	壬午	壬子	癸未	癸丑	25 日
26 日	庚辰	辛亥	己卯	庚戌	庚辰	辛亥	辛巳	壬子	癸未	癸丑	甲申	甲寅	26 日
27 日	辛巳	壬子	庚辰	辛亥	辛巳	壬子	壬午	癸丑	甲申	甲寅	乙酉	乙卯	27 日
28 日	壬午	癸丑	辛巳	壬子	壬午	癸丑	癸未	甲寅	乙酉	乙卯	丙戌	丙辰	28 日
29 日	癸未		壬午	癸丑	癸未	甲寅	甲申	乙卯	丙戌	丙辰	丁亥	丁巳	29 日
30 日	甲申		癸未	甲寅	甲申	乙卯	乙酉	丙辰	丁亥	丁巳	戊子	戊午	30 日
31 日	乙酉		甲申		乙酉		丙戌	丁巳		戊午		己未	31 日
翌月1日	丙戌	甲寅	乙酉	乙卯	丙戌	丙辰	丁亥	戊午	戊子	己未	己丑	庚申	翌月1日
2日	丁亥	乙卯	丙戌	丙辰	丁亥	丁巳	戊子	己未	己丑	庚申	庚寅	辛酉	2日
3日	戊子	丙辰	丁亥	丁巳	戊子	戊午	己丑	庚申	庚寅	辛酉	辛卯	壬戌	3日
4日		丁巳	戊子	戊午	己丑	己未	庚寅	辛酉	辛卯	壬戌	壬辰	癸亥	4日
5日		戊午		己未	庚寅	庚申	辛卯	壬戌	壬辰	癸亥	癸巳	甲子	5日
6日						辛酉	壬辰	癸亥	癸巳	甲子	甲午		6日
7日							癸巳	甲子	甲午	乙丑			7日

1966年　檀紀4299年　丙午（七赤）　正桃華－午戌

月	1月	2月	3月	4月	5月	6月	7月	8月	9月	10月	11月	12月	月
乙巳年	己丑	庚寅	辛卯	壬辰	癸巳	甲午	乙未	丙申	丁酉	戊戌	己亥	庚子	
	6日寅	4日申	6日巳	5日未	6日辰	6日午	8日子	8日辰	8日午	9日丑	8日卯	7日亥	
日	(前3.55)	(前3.38)	(后9.52)	(前9.57)	(后2.57)	(后0.50)	(7日后11.07)	(前8.49)	(前11.32)	(前2.57)	(前5.56)	(后10.38)	日
4日		甲午											4日
5日		乙未		甲午									5日
6日	乙丑	丙申	甲子	乙未	乙丑	丙申							6日
7日	丙寅	丁酉	乙丑	丙申	丙寅	丁酉						庚子	7日
8日	丁卯	戊戌	丙寅	丁酉	丁卯	戊戌	戊辰	己亥	庚午		辛未	辛丑	8日
9日	戊辰	己亥	丁卯	戊戌	戊辰	己亥	己巳	庚子	辛未	辛丑	壬申	壬寅	9日
10日	己巳	庚子	戊辰	己亥	己巳	庚子	庚午	辛丑	壬申	壬寅	癸酉	癸卯	10日
11日	庚午	辛丑	己巳	庚子	庚午	辛丑	辛未	壬寅	癸酉	癸卯	甲戌	甲辰	11日
12日	辛未	壬寅	庚午	辛丑	辛未	壬寅	壬申	癸卯	甲戌	甲辰	乙亥	乙巳	12日
13日	壬申	癸卯	辛未	壬寅	壬申	癸卯	癸酉	甲辰	乙亥	乙巳	丙子	丙午	13日
14日	癸酉	甲辰	壬申	癸卯	癸酉	甲辰	甲戌	乙巳	丙子	丙午	丁丑	丁未	14日
15日	甲戌	乙巳	癸酉	甲辰	甲戌	乙巳	乙亥	丙午	丁丑	丁未	戊寅	戊申	15日
16日	乙亥	丙午	甲戌	乙巳	乙亥	丙午	丙子	丁未	戊寅	戊申	己卯	己酉	16日
17日	丙子	丁未	乙亥	丙午	丙子	丁未	丁丑	戊申	己卯	己酉	庚辰	庚戌	17日
18日	丁丑	戊申	丙子	丁未	丁丑	戊申	戊寅	己酉	庚辰	庚戌	辛巳	辛亥	18日
19日	戊寅	己酉	丁丑	戊申	戊寅	己酉	己卯	庚戌	辛巳	辛亥	壬午	壬子	19日
20日	己卯	庚戌	戊寅	己酉	己卯	庚戌	庚辰	辛亥	壬午	壬子	癸未	癸丑	20日
21日	庚辰	辛亥	己卯	庚戌	庚辰	辛亥	辛巳	壬子	癸未	癸丑	甲申	甲寅	21日
22日	辛巳	壬子	庚辰	辛亥	辛巳	壬子	壬午	癸丑	甲申	甲寅	乙酉	乙卯	22日
23日	壬午	癸丑	辛巳	壬子	壬午	癸丑	癸未	甲寅	乙酉	乙卯	丙戌	丙辰	23日
24日	癸未	甲寅	壬午	癸丑	癸未	甲寅	甲申	乙卯	丙戌	丙辰	丁亥	丁巳	24日
25日	甲申	乙卯	癸未	甲寅	甲申	乙卯	乙酉	丙辰	丁亥	丁巳	戊子	戊午	25日
26日	乙酉	丙辰	甲申	乙卯	乙酉	丙辰	丙戌	丁巳	戊子	戊午	己丑	己未	26日
27日	丙戌	丁巳	乙酉	丙辰	丙戌	丁巳	丁亥	戊午	己丑	己未	庚寅	庚申	27日
28日	丁亥	戊午	丙戌	丁巳	丁亥	戊午	戊子	己未	庚寅	庚申	辛卯	辛酉	28日
29日	戊子		丁亥	戊午	戊子	己未	己丑	庚申	辛卯	辛酉	壬辰	壬戌	29日
30日	己丑		戊子	己未	己丑	庚申	庚寅	辛酉	壬辰	壬戌	癸巳	癸亥	30日
31日	庚寅		己丑		庚寅		辛卯	壬戌		癸亥		甲子	31日
翌1日	辛卯	己未	庚寅	庚申	辛卯	辛酉	壬辰	癸亥	癸巳	甲子	甲午	乙丑	翌1日
2日	壬辰	庚申	辛卯	辛酉	壬辰	壬戌	癸巳	甲子	甲午	乙丑	乙未	丙寅	2日
3日	癸巳	辛酉	壬辰	壬戌	癸巳	癸亥	甲午	乙丑	乙未	丙寅	丙申	丁卯	3日
4日		壬戌	癸巳	癸亥	甲午	甲子	乙未	丙寅	丙申	丁卯	丁酉	戊辰	4日
5日		癸亥		甲子	乙未	乙丑	丙申	丁卯	丁酉	戊辰	戊戌	己巳	5日
6日						丙寅	丁酉	戊辰	戊戌	己巳	己亥		6日
7日						丁卯	戊戌	己巳	己亥	庚午			7日
8日									庚子				8日

1967年　檀紀4300年　丁未(六白)　正桃華－午戌

日 (丙午年)	1月 辛丑	2月 壬寅	3月 癸卯	4月 甲辰	5月 乙巳	6月 丙午	7月 丁未	8月 戊申	9月 己酉	10月 庚戌	11月 辛亥	12月 壬子	日
月入日辰(時間)	6日巳	4日亥	6日申	5日戌	6日未	6日酉	8日寅	8日未	8日酉	9日辰	8日午	8日寅	
	(前9.49)	(后9.31)	(后3.42)	(后8.45)	(后2.17)	(后6.36)	(前4.53)	(后2.35)	(后5.18)	(前8.41)	(前11.38)	(前4.18)	
4 日		己亥											4 日
5 日		庚子		己亥									5 日
6 日	庚午	辛丑	己巳	庚子	庚午	辛丑							6 日
7 日	辛未	壬寅	庚午	辛丑	辛未	壬寅							7 日
8 日	壬申	癸卯	辛未	壬寅	壬申	癸卯	癸酉	甲辰	乙亥		丙子	丙午	8 日
9 日	癸酉	甲辰	壬申	癸卯	癸酉	甲辰	甲戌	乙巳	丙子	丙午	丁丑	丁未	9 日
10 日	甲戌	乙巳	癸酉	甲辰	甲戌	乙巳	乙亥	丙午	丁丑	丁未	戊寅	戊申	10 日
11 日	乙亥	丙午	甲戌	乙巳	乙亥	丙午	丙子	丁未	戊寅	戊申	己卯	己酉	11 日
12 日	丙子	丁未	乙亥	丙午	丙子	丁未	丁丑	戊申	己卯	己酉	庚辰	庚戌	12 日
13 日	丁丑	戊申	丙子	丁未	丁丑	戊申	戊寅	己酉	庚辰	庚戌	辛巳	辛亥	13 日
14 日	戊寅	己酉	丁丑	戊申	戊寅	己酉	己卯	庚戌	辛巳	辛亥	壬午	壬子	14 日
15 日	己卯	庚戌	戊寅	己酉	己卯	庚戌	庚辰	辛亥	壬午	壬子	癸未	癸丑	15 日
16 日	庚辰	辛亥	己卯	庚戌	庚辰	辛亥	辛巳	壬子	癸未	癸丑	甲申	甲寅	16 日
17 日	辛巳	壬子	庚辰	辛亥	辛巳	壬子	壬午	癸丑	甲申	甲寅	乙酉	乙卯	17 日
18 日	壬午	癸丑	辛巳	壬子	壬午	癸丑	癸未	甲寅	乙酉	乙卯	丙戌	丙辰	18 日
19 日	癸未	甲寅	壬午	癸丑	癸未	甲寅	甲申	乙卯	丙戌	丙辰	丁亥	丁巳	19 日
20 日	甲申	乙卯	癸未	甲寅	甲申	乙卯	乙酉	丙辰	丁亥	丁巳	戊子	戊午	20 日
21 日	乙酉	丙辰	甲申	乙卯	乙酉	丙辰	丙戌	丁巳	戊子	戊午	己丑	己未	21 日
22 日	丙戌	丁巳	乙酉	丙辰	丙戌	丁巳	丁亥	戊午	己丑	己未	庚寅	庚申	22 日
23 日	丁亥	戊午	丙戌	丁巳	丁亥	戊午	戊子	己未	庚寅	庚申	辛卯	辛酉	23 日
24 日	戊子	己未	丁亥	戊午	戊子	己未	己丑	庚申	辛卯	辛酉	壬辰	壬戌	24 日
25 日	己丑	庚申	戊子	己未	己丑	庚申	庚寅	辛酉	壬辰	壬戌	癸巳	癸亥	25 日
26 日	庚寅	辛酉	己丑	庚申	庚寅	辛酉	辛卯	壬戌	癸巳	癸亥	甲午	甲子	26 日
27 日	辛卯	壬戌	庚寅	辛酉	辛卯	壬戌	壬辰	癸亥	甲午	甲子	乙未	乙丑	27 日
28 日	壬辰	癸亥	辛卯	壬戌	壬辰	癸亥	癸巳	甲子	乙未	乙丑	丙申	丙寅	28 日
29 日	癸巳		壬辰	癸亥	癸巳	甲子	甲午	乙丑	丙申	丙寅	丁酉	丁卯	29 日
30 日	甲午		癸巳	甲子	甲午	乙丑	乙未	丙寅	丁酉	丁卯	戊戌	戊辰	30 日
31 日	乙未		甲午		乙未		丙申	丁卯		戊辰		己巳	31 日
翌1日	丙申	甲子	乙未	乙丑	丙申	丙寅	丁酉	戊辰	戊戌	己巳	己亥	庚午	翌1日
2日	丁酉	乙丑	丙申	丙寅	丁酉	丁卯	戊戌	己巳	己亥	庚午	庚子	辛未	2日
3日	戊戌	丙寅	丁酉	丁卯	戊戌	戊辰	己亥	庚午	庚子	辛未	辛丑	壬申	3日
4日		丁卯	戊戌	戊辰	己亥	己巳	庚子	辛未	辛丑	壬申	壬寅	癸酉	4日
5日		戊辰		己巳	庚子	庚午	辛丑	壬申	壬寅	癸酉	癸卯	甲戌	5日
6日						辛未	壬寅	癸酉	癸卯	甲戌	甲辰		6日
7日						壬申	癸卯	甲戌	甲辰	乙亥	乙巳		7日
8日									乙巳				8日

1968年　檀紀4301年　戊申（五黃）　正桃華－戊午

月\日	丁未年 1 月 癸 丑 6日申 (后3.27)	2月閏 甲 寅 5日寅 (后3.08)	3 月 乙 卯 5日酉 (后9.18)	4 月 丙 辰 5日丑 (前2.21)	5 月 丁 巳 5日戌 (后7.56)	6 月 戊 午 6日子 (前0.19)	7 月 己 未 7日巳 (后10.42)	8 月 庚 申 7日戌 (后8.27)	9 月 辛 酉 8日子 (7日后11.12)	10 月 壬 戌 8日未 (后2.35)	11 月 癸 亥 7日酉 (后5.30)	12 月 甲 子 7日巳 (前10.09)	月\日
5 日		乙巳	甲戌	乙巳	乙亥								5 日
6 日	乙亥	丙午	乙亥	丙午	丙子	丁未							6 日
7 日	丙子	丁未	丙子	丁未	丁丑	戊申	戊寅	己酉			辛巳	辛亥	7 日
8 日	丁丑	戊申	丁丑	戊申	戊寅	己酉	己卯	庚戌	辛巳	辛亥	壬午	壬子	8 日
9 日	戊寅	己酉	戊寅	己酉	己卯	庚戌	庚辰	辛亥	壬午	壬子	癸未	癸丑	9 日
10 日	己卯	庚戌	己卯	庚戌	庚辰	辛亥	辛巳	壬子	癸未	癸丑	甲申	甲寅	10 日
11 日	庚辰	辛亥	庚辰	辛亥	辛巳	壬子	壬午	癸丑	甲申	甲寅	乙酉	乙卯	11 日
12 日	辛巳	壬子	辛巳	壬子	壬午	癸丑	癸未	甲寅	乙酉	乙卯	丙戌	丙辰	12 日
13 日	壬午	癸丑	壬午	癸丑	癸未	甲寅	甲申	乙卯	丙戌	丙辰	丁亥	丁巳	13 日
14 日	癸未	甲寅	癸未	甲寅	甲申	乙卯	乙酉	丙辰	丁亥	丁巳	戊子	戊午	14 日
15 日	甲申	乙卯	甲申	乙卯	乙酉	丙辰	丙戌	丁巳	戊子	戊午	己丑	己未	15 日
16 日	乙酉	丙辰	乙酉	丙辰	丙戌	丁巳	丁亥	戊午	己丑	己未	庚寅	庚申	16 日
17 日	丙戌	丁巳	丙戌	丁巳	丁亥	戊午	戊子	己未	庚寅	庚申	辛卯	辛酉	17 日
18 日	丁亥	戊午	丁亥	戊午	戊子	己未	己丑	庚申	辛卯	辛酉	壬辰	壬戌	18 日
19 日	戊子	己未	戊子	己未	己丑	庚申	庚寅	辛酉	壬辰	壬戌	癸巳	癸亥	19 日
20 日	己丑	庚申	己丑	庚申	庚寅	辛酉	辛卯	壬戌	癸巳	癸亥	甲午	甲子	20 日
21 日	庚寅	辛酉	庚寅	辛酉	辛卯	壬戌	壬辰	癸亥	甲午	甲子	乙未	乙丑	21 日
22 日	辛卯	壬戌	辛卯	壬戌	壬辰	癸亥	癸巳	甲子	乙未	乙丑	丙申	丙寅	22 日
23 日	壬辰	癸亥	壬辰	癸亥	癸巳	甲子	甲午	乙丑	丙申	丙寅	丁酉	丁卯	23 日
24 日	癸巳	甲子	癸巳	甲子	甲午	乙丑	乙未	丙寅	丁酉	丁卯	戊戌	戊辰	24 日
25 日	甲午	乙丑	甲午	乙丑	乙未	丙寅	丙申	丁卯	戊戌	戊辰	己亥	己巳	25 日
26 日	乙未	丙寅	乙未	丙寅	丙申	丁卯	丁酉	戊辰	己亥	己巳	庚子	庚午	26 日
27 日	丙申	丁卯	丙申	丁卯	丁酉	戊辰	戊戌	己巳	庚子	庚午	辛丑	辛未	27 日
28 日	丁酉	戊辰	丁酉	戊辰	戊戌	己巳	己亥	庚午	辛丑	辛未	壬寅	壬申	28 日
29 日	戊戌	己巳	戊戌	己巳	己亥	庚午	庚子	辛未	壬寅	壬申	癸卯	癸酉	29 日
30 日	己亥		己亥	庚午	庚子	辛未	辛丑	壬申	癸卯	癸酉	甲辰	甲戌	30 日
31 日	庚子		庚子		辛丑		壬寅	癸酉		甲戌		乙亥	31 日
翌月1日	辛丑	庚午	辛丑	辛未	壬寅	壬申	癸卯	甲戌	甲辰	乙亥	乙巳	丙子	翌月1日
2日	壬寅	辛未	壬寅	壬申	癸卯	癸酉	甲辰	乙亥	乙巳	丙子	丙午	丁丑	2日
3日	癸卯	壬申	癸卯	癸酉	甲辰	甲戌	乙巳	丙子	丙午	丁丑	丁未	戊寅	3日
4日	甲辰	癸酉	甲辰	甲戌	乙巳	乙亥	丙午	丁丑	丁未	戊寅	戊申	己卯	4日
5日					丙午	丙子	丁未	戊寅	戊申	己卯	己酉		5日
6日					丁丑	戊申	己卯	己酉	庚辰	庚戌			6日
7日							庚辰	庚戌					7日

1969年　檀紀4302年　己酉 (四緑)　正桃華-戊午

戊申年

月＼日	1月	2月	3月	4月	5月	6月	7月	8月	9月	10月	11月	12月	日
(干支)	乙丑	丙寅	丁卯	戊辰	己巳	庚午	辛未	壬申	癸酉	甲戌	乙亥	丙子	
(節)	5日亥	4日辰	6日寅	5日辰	6日丑	6日卯	7日申	8日丑	8日寅	8日戌	8日子	7日申	
(時間)	(后9.17)	(前8.59)	(前3.11)	(前8.15)	(前1.50)	(后6.11)	(后4.32)	(前2.14)	(前4.56)	(后8.17)	(7日后11.12)	(后3.52)	
4日		庚戌											4日
5日	庚辰	辛亥		庚戌									5日
6日	辛巳	壬子	庚辰	辛亥	辛巳	壬子							6日
7日	壬午	癸丑	辛巳	壬子	壬午	癸丑	癸未					丙辰	7日
8日	癸未	甲寅	壬午	癸丑	癸未	甲寅	甲申	乙卯	丙戌	丙辰	丁亥	丁巳	8日
9日	甲申	乙卯	癸未	甲寅	甲申	乙卯	乙酉	丙辰	丁亥	丁巳	戊子	戊午	9日
10日	乙酉	丙辰	甲申	乙卯	乙酉	丙辰	丙戌	丁巳	戊子	戊午	己丑	己未	10日
11日	丙戌	丁巳	乙酉	丙辰	丙戌	丁巳	丁亥	戊午	己丑	己未	庚寅	庚申	11日
12日	丁亥	戊午	丙戌	丁巳	丁亥	戊午	戊子	己未	庚寅	庚申	辛卯	辛酉	12日
13日	戊子	己未	丁亥	戊午	戊子	己未	己丑	庚申	辛卯	辛酉	壬辰	壬戌	13日
14日	己丑	庚申	戊子	己未	己丑	庚申	庚寅	辛酉	壬辰	壬戌	癸巳	癸亥	14日
15日	庚寅	辛酉	己丑	庚申	庚寅	辛酉	辛卯	壬戌	癸巳	癸亥	甲午	甲子	15日
16日	辛卯	壬戌	庚寅	辛酉	辛卯	壬戌	壬辰	癸亥	甲午	甲子	乙未	乙丑	16日
17日	壬辰	癸亥	辛卯	壬戌	壬辰	癸亥	癸巳	甲子	乙未	乙丑	丙申	丙寅	17日
18日	癸巳	甲子	壬辰	癸亥	癸巳	甲子	甲午	乙丑	丙申	丙寅	丁酉	丁卯	18日
19日	甲午	乙丑	癸巳	甲子	甲午	乙丑	乙未	丙寅	丁酉	丁卯	戊戌	戊辰	19日
20日	乙未	丙寅	甲午	乙丑	乙未	丙寅	丙申	丁卯	戊戌	戊辰	己亥	己巳	20日
21日	丙申	丁卯	乙未	丙寅	丙申	丁卯	丁酉	戊辰	己亥	己巳	庚子	庚午	21日
22日	丁酉	戊辰	丙申	丁卯	丁酉	戊辰	戊戌	己巳	庚子	庚午	辛丑	辛未	22日
23日	戊戌	己巳	丁酉	戊辰	戊戌	己巳	己亥	庚午	辛丑	辛未	壬寅	壬申	23日
24日	己亥	庚午	戊戌	己巳	己亥	庚午	庚子	辛未	壬寅	壬申	癸卯	癸酉	24日
25日	庚子	辛未	己亥	庚午	庚子	辛未	辛丑	壬申	癸卯	癸酉	甲辰	甲戌	25日
26日	辛丑	壬申	庚子	辛未	辛丑	壬申	壬寅	癸酉	甲辰	甲戌	乙巳	乙亥	26日
27日	壬寅	癸酉	辛丑	壬申	壬寅	癸酉	癸卯	甲戌	乙巳	乙亥	丙午	丙子	27日
28日	癸卯	甲戌	壬寅	癸酉	癸卯	甲戌	甲辰	乙亥	丙午	丙子	丁未	丁丑	28日
29日	甲辰		癸卯	甲戌	甲辰	乙亥	乙巳	丙子	丁未	丁丑	戊申	戊寅	29日
30日	乙巳		甲辰	乙亥	乙巳	丙子	丙午	丁丑	戊申	戊寅	己酉	己卯	30日
31日	丙午		乙巳		丙午		丁未	戊寅		己卯		庚辰	31日
翌1日	丁未	乙亥	丙午	丙子	丁未	丁丑	戊申	己卯	己酉	庚辰	庚戌	辛巳	翌1日
2日	戊申	丙子	丁未	丁丑	戊申	戊寅	己酉	庚辰	庚戌	辛巳	辛亥	壬午	2日
3日	己酉	丁丑	戊申	戊寅	己酉	己卯	庚戌	辛巳	辛亥	壬午	壬子	癸未	3日
4日		戊寅	己酉	己卯	庚戌	庚辰	辛亥	壬午	壬子	癸未	癸丑	甲申	4日
5日		己卯		庚辰	辛亥	辛巳	壬子	癸未	癸丑	甲申	甲寅	乙酉	5日
6日						壬午	癸丑	甲申	甲寅	乙酉	乙卯		6日
7日							甲寅	乙酉	乙卯	丙戌			7日

1970年 檀紀4303年 庚戌(三碧) 正桃華-巳亥

月日	己酉年												日
	1月	2月	3月	4月	5月	6月	7月	8月	9月	10月	11月	12月	
	丁丑	戊寅	己卯	庚辰	辛巳	壬午	癸未	甲申	乙酉	丙戌	丁亥	戊子	
	6日寅	4日未	6日辰	5日未	6日辰	6日午	7日亥	8日巳	8日巳	9日丑	8日寅	7日亥	
日	(前3 02)	(前2 46)	(前8 59)	(後2 02)	(前7 34)	(前11 52)	(後10 11)	(前7 54)	(前10 38)	(前2 02)	(前4 58)	(前9 38)	日
4日		乙卯											4日
5日		丙辰		乙卯									5日
6日	丙戌	丁巳	乙酉	丙辰	丙戌	丁巳							6日
7日	丁亥	戊午	丙戌	丁巳	丁亥	戊午	戊子				辛酉		7日
8日	戊子	己未	丁亥	戊午	戊子	己未	己丑	庚申	辛卯		壬辰	壬戌	8日
9日	己丑	庚申	戊子	己未	己丑	庚申	庚寅	辛酉	壬辰	壬戌	癸巳	癸亥	9日
10日	庚寅	辛酉	己丑	庚申	庚寅	辛酉	辛卯	壬戌	癸巳	癸亥	甲午	甲子	10日
11日	辛卯	壬戌	庚寅	辛酉	辛卯	壬戌	壬辰	癸亥	甲午	甲子	乙未	乙丑	11日
12日	壬辰	癸亥	辛卯	壬戌	壬辰	癸亥	癸巳	甲子	乙未	乙丑	丙申	丙寅	12日
13日	癸巳	甲子	壬辰	癸亥	癸巳	甲子	甲午	乙丑	丙申	丙寅	丁酉	丁卯	13日
14日	甲午	乙丑	癸巳	甲子	甲午	乙丑	乙未	丙寅	丁酉	丁卯	戊戌	戊辰	14日
15日	乙未	丙寅	甲午	乙丑	乙未	丙寅	丙申	丁卯	戊戌	戊辰	己亥	己巳	15日
16日	丙申	丁卯	乙未	丙寅	丙申	丁卯	丁酉	戊辰	己亥	己巳	庚子	庚午	16日
17日	丁酉	戊辰	丙申	丁卯	丁酉	戊辰	戊戌	己巳	庚子	庚午	辛丑	辛未	17日
18日	戊戌	己巳	丁酉	戊辰	戊戌	己巳	己亥	庚午	辛丑	辛未	壬寅	壬申	18日
19日	己亥	庚午	戊戌	己巳	己亥	庚午	庚子	辛未	壬寅	壬申	癸卯	癸酉	19日
20日	庚子	辛未	己亥	庚午	庚子	辛未	辛丑	壬申	癸卯	癸酉	甲辰	甲戌	20日
21日	辛丑	壬申	庚子	辛未	辛丑	壬申	壬寅	癸酉	甲辰	甲戌	乙巳	乙亥	21日
22日	壬寅	癸酉	辛丑	壬申	壬寅	癸酉	癸卯	甲戌	乙巳	乙亥	丙午	丙子	22日
23日	癸卯	甲戌	壬寅	癸酉	癸卯	甲戌	甲辰	乙亥	丙午	丙子	丁未	丁丑	23日
24日	甲辰	乙亥	癸卯	甲戌	甲辰	乙亥	乙巳	丙子	丁未	丁丑	戊申	戊寅	24日
25日	乙巳	丙子	甲辰	乙亥	乙巳	丙子	丙午	丁丑	戊申	戊寅	己酉	己卯	25日
26日	丙午	丁丑	乙巳	丙子	丙午	丁丑	丁未	戊寅	己酉	己卯	庚戌	庚辰	26日
27日	丁未	戊寅	丙午	丁丑	丁未	戊寅	戊申	己卯	庚戌	庚辰	辛亥	辛巳	27日
28日	戊申	己卯	丁未	戊寅	戊申	己卯	己酉	庚辰	辛亥	辛巳	壬子	壬午	28日
29日	己酉		戊申	己卯	己酉	庚辰	庚戌	辛巳	壬子	壬午	癸丑	癸未	29日
30日	庚戌		己酉	庚辰	庚戌	辛巳	辛亥	壬午	癸丑	癸未	甲寅	甲申	30日
31日	辛亥		庚戌		辛亥		壬子	癸未		甲申		乙酉	31日
曾1日	壬子	庚辰	辛亥	辛巳	壬子	壬午	癸丑	甲申	甲寅	乙酉	乙卯	丙戌	曾1日
2日	癸丑	辛巳	壬子	壬午	癸丑	癸未	甲寅	乙酉	乙卯	丙戌	丙辰	丁亥	2日
3日	甲寅	壬午	癸丑	癸未	甲寅	甲申	乙卯	丙戌	丙辰	丁亥	丁巳	戊子	3日
4日		癸未	壬寅	甲申	乙卯	乙酉	丙辰	丁亥	丁巳	戊子	戊午	己丑	4日
5日		甲申		乙酉	丙辰	丙戌	丁巳	戊子	戊午	己丑	己未	庚寅	5日
6日					丁亥	戊午	己丑	己未	庚寅	庚申			6日
7日					己未	庚寅	庚申	辛卯					7日
8日							辛酉						8日

1971年 檀紀4304年 辛亥 (二黒) 正桃華－巳亥

日	1月 己丑	2月 庚寅	3月 辛卯	4月 壬辰	5月 癸巳	6月 甲午	7月 乙未	8月 丙申	9月 丁酉	10月 戊戌	11月 己亥	12月 庚子	日
節入	6日辰	4日戌	6日戌	5日戌	6日未	6日酉	8日寅	8日未	8日申	9日辰	8日巳	8日寅	
時	(前8.45)	(後8.26)	(後2.35)	(後7.36)	(後1.08)	(後5.29)	(後3.51)	(後1.41)	(後4.30)	(後7.59)	(後10.57)	(後3.36)	
4日		庚申											4日
5日		辛酉		庚申									5日
6日	辛卯	壬戌	庚寅	辛酉	辛卯	壬戌							6日
7日	壬辰	癸亥	辛卯	壬戌	壬辰	癸亥							7日
8日	癸巳	甲子	壬辰	癸亥	癸巳	甲子	甲午	乙丑	丙申		丁酉	丁卯	8日
9日	甲午	乙丑	癸巳	甲子	甲午	乙丑	乙未	丙寅	丁酉	丁卯	戊戌	戊辰	9日
10日	乙未	丙寅	甲午	乙丑	乙未	丙寅	丙申	丁卯	戊戌	戊辰	己亥	己巳	10日
11日	丙申	丁卯	乙未	丙寅	丙申	丁卯	丁酉	戊辰	己亥	己巳	庚子	庚午	11日
12日	丁酉	戊辰	丙申	丁卯	丁酉	戊辰	戊戌	己巳	庚子	庚午	辛丑	辛未	12日
13日	戊戌	己巳	丁酉	戊辰	戊戌	己巳	己亥	庚午	辛丑	辛未	壬寅	壬申	13日
14日	己亥	庚午	戊戌	己巳	己亥	庚午	庚子	辛未	壬寅	壬申	癸卯	癸酉	14日
15日	庚子	辛未	己亥	庚午	庚子	辛未	辛丑	壬申	癸卯	癸酉	甲辰	甲戌	15日
16日	辛丑	壬申	庚子	辛未	辛丑	壬申	壬寅	癸酉	甲辰	甲戌	乙巳	乙亥	16日
17日	壬寅	癸酉	辛丑	壬申	壬寅	癸酉	癸卯	甲戌	乙巳	乙亥	丙午	丙子	17日
18日	癸卯	甲戌	壬寅	癸酉	癸卯	甲戌	甲辰	乙亥	丙午	丙子	丁未	丁丑	18日
19日	甲辰	乙亥	癸卯	甲戌	甲辰	乙亥	乙巳	丙子	丁未	丁丑	戊申	戊寅	19日
20日	乙巳	丙子	甲辰	乙亥	乙巳	丙子	丙午	丁丑	戊申	戊寅	己酉	己卯	20日
21日	丙午	丁丑	乙巳	丙子	丙午	丁丑	丁未	戊寅	己酉	己卯	庚戌	庚辰	21日
22日	丁未	戊寅	丙午	丁丑	丁未	戊寅	戊申	己卯	庚戌	庚辰	辛亥	辛巳	22日
23日	戊申	己卯	丁未	戊寅	戊申	己卯	己酉	庚辰	辛亥	辛巳	壬子	壬午	23日
24日	己酉	庚辰	戊申	己卯	己酉	庚辰	庚戌	辛巳	壬子	壬午	癸丑	癸未	24日
25日	庚戌	辛巳	己酉	庚辰	庚戌	辛巳	辛亥	壬午	癸丑	癸未	甲寅	甲申	25日
26日	辛亥	壬午	庚戌	辛巳	辛亥	壬午	壬子	癸未	甲寅	甲申	乙卯	乙酉	26日
27日	壬子	癸未	辛亥	壬午	壬子	癸未	癸丑	甲申	乙卯	乙酉	丙辰	丙戌	27日
28日	癸丑	甲申	壬子	癸未	癸丑	甲申	甲寅	乙酉	丙辰	丙戌	丁巳	丁亥	28日
29日	甲寅		癸丑	甲申	甲寅	乙酉	乙卯	丙戌	丁巳	丁亥	戊午	戊子	29日
30日	乙卯		甲寅	乙酉	乙卯	丙戌	丙辰	丁亥	戊午	戊子	己未	己丑	30日
31日	丙辰		乙卯		丙辰		丁巳	戊子		己丑		庚寅	31日
閏1日	丁巳	乙酉	丙辰	丙戌	丁巳	丁亥	戊午	己丑	己未	庚寅	庚申	辛卯	閏1日
2日	戊午	丙戌	丁巳	丁亥	戊午	戊子	己未	庚寅	庚申	辛卯	辛酉	壬辰	2日
3日	己未	丁亥	戊午	戊子	己未	己丑	庚申	辛卯	辛酉	壬辰	壬戌	癸巳	3日
4日		戊子	己未	己丑	庚申	庚寅	辛酉	壬辰	壬戌	癸巳	癸亥	甲午	4日
5日		己丑		庚寅	辛酉	辛卯	壬戌	癸巳	癸亥	甲午	甲子	乙未	5日
6日						壬辰	癸亥	甲午	甲子	乙未	乙丑		6日
7日						癸巳	甲子	乙未	乙丑	丙申	丙寅		7日
8日									丙寅				8日

1972年　檀紀4305年　壬子 (一白)　正桃華－卯亥

辛亥年													
月	1月	2月閏	3月	4月	5月	6月	7月	8月	9月	10月	11月	12月	月
干支	辛丑	壬寅	癸卯	甲辰	乙巳	丙午	丁未	戊申	己酉	庚戌	辛亥	壬子	
節	6日未	5日丑	5日戌	5日丑	5日戌	6日子	7日巳	7日戌	7日亥	8日巳	7日申	7日巳	日
時間	(后2 42)	(前2 20)	(后8 28)	(前1 29)	(后7 01)	(后11 22)	(后9 43)	(后7 29)	(后10 15)	(后1 42)	(后4 40)	(后9 19)	
5日	丙寅	乙未	丙寅	丙申									5日
6日	丙申	丁卯	丙申	丁卯	丁酉	戊辰							6日
7日	丁酉	戊辰	丁酉	戊辰	戊戌	己巳	己亥	庚午	辛丑		壬寅	壬申	7日
8日	戊戌	己巳	戊戌	己巳	己亥	庚午	庚子	辛未	壬寅	壬申	癸卯	癸酉	8日
9日	己亥	庚午	己亥	庚午	庚子	辛未	辛丑	壬申	癸卯	癸酉	甲辰	甲戌	9日
10日	庚子	辛未	庚子	辛未	辛丑	壬申	壬寅	癸酉	甲辰	甲戌	乙巳	乙亥	10日
11日	辛丑	壬申	辛丑	壬申	壬寅	癸酉	癸卯	甲戌	乙巳	乙亥	丙午	丙子	11日
12日	壬寅	癸酉	壬寅	癸酉	癸卯	甲戌	甲辰	乙亥	丙午	丙子	丁未	丁丑	12日
13日	癸卯	甲戌	癸卯	甲戌	甲辰	乙亥	乙巳	丙子	丁未	丁丑	戊申	戊寅	13日
14日	甲辰	乙亥	甲辰	乙亥	乙巳	丙子	丙午	丁丑	戊申	己酉	己酉	己卯	14日
15日	乙巳	丙子	乙巳	丙子	丙午	丁丑	丁未	戊寅	己酉	己卯	庚戌	庚辰	15日
16日	丙午	丁丑	丙午	丁丑	丁未	戊寅	戊申	己卯	庚戌	庚辰	辛亥	辛巳	16日
17日	丁未	戊寅	丁未	戊寅	戊申	己卯	己酉	庚辰	辛亥	辛巳	壬子	壬午	17日
18日	戊申	己卯	戊申	己卯	己酉	庚辰	庚戌	辛巳	壬子	壬午	癸丑	癸未	18日
19日	己酉	庚辰	己酉	庚辰	庚戌	辛巳	辛亥	壬午	癸丑	癸未	甲寅	甲申	19日
20日	庚戌	辛巳	庚戌	辛巳	辛亥	壬午	壬子	癸未	甲寅	甲申	乙卯	乙酉	20日
21日	辛亥	壬午	辛亥	壬午	壬子	癸未	癸丑	甲申	乙卯	乙酉	丙辰	丙戌	21日
22日	壬子	癸未	壬子	癸未	癸丑	甲申	甲寅	乙酉	丙辰	丙戌	丁巳	丁亥	22日
23日	癸丑	甲申	癸丑	甲申	甲寅	乙酉	乙卯	丙戌	丁巳	丁亥	戊午	戊子	23日
24日	甲寅	乙酉	甲寅	乙酉	乙卯	丙戌	丙辰	丁亥	戊午	戊子	己未	己丑	24日
25日	乙卯	丙戌	乙卯	丙戌	丙辰	丁亥	丁巳	戊子	己未	己丑	庚申	庚寅	25日
26日	丙辰	丁亥	丙辰	丁亥	丁巳	戊子	戊午	己丑	庚申	庚寅	辛酉	辛卯	26日
27日	丁巳	戊子	丁巳	戊子	戊午	己丑	己未	庚寅	辛酉	辛卯	壬戌	壬辰	27日
28日	戊午	己丑	戊午	己丑	己未	庚寅	庚申	辛卯	壬戌	壬辰	癸亥	癸巳	28日
29日	己未	庚寅	己未	庚寅	庚申	辛卯	辛酉	壬辰	癸亥	癸巳	甲子	甲午	29日
30日	庚申		庚申	辛卯	辛酉	壬辰	壬戌	癸巳	甲子	甲午	乙丑	乙未	30日
31日	辛酉		辛酉		壬戌		癸亥	甲午		乙未		丙申	31日
翌月1日	壬戌	辛卯	壬戌	壬辰	癸亥	癸巳	甲子	乙未	乙丑	丙申	丙寅	丁酉	翌月1日
2日	癸亥	壬辰	癸亥	癸巳	甲子	甲午	乙丑	丙申	丙寅	丁酉	丁卯	戊戌	2日
3日	甲子	癸巳	甲子	甲午	乙丑	乙未	丙寅	丁酉	丁卯	戊戌	戊辰	己亥	3日
4日	乙丑	甲午	乙丑	乙未	丙寅	丙申	丁卯	戊戌	戊辰	己亥	己巳	庚子	4日
5日					丁卯	丁酉	戊辰	己亥	己巳	庚子	庚午		5日
6日					戊戌	己巳	庚子	庚午	辛丑	辛未			6日
7日							辛未						7日

1973年 檀紀4306年 癸丑(九紫) 正桃華-卯亥

壬子年

月＼日	1月	2月	3月	4月	5月	6月	7月	8月	9月	10月	11月	12月	日
干支	癸丑	甲寅	乙卯	丙辰	丁巳	戊午	己未	庚申	辛酉	壬戌	癸亥	甲子	
節入	5日戌	4日辰	6日丑	5日辰	6日子	6日卯	7日申	8日丑	8日寅	8日戌	7日亥	7日申	
(時間)	(后8.26)	(前8.04)	(后2.13)	(后7.14)	(前0.46)	(前5.07)	(后3.27)	(前1.13)	(前4.00)	(后7.28)	(后10.28)	(后3.11)	
4日		辛未											4日
5日	辛丑	壬申		辛未									5日
6日	壬寅	癸酉	辛丑	壬申	壬寅	癸酉							6日
7日	癸卯	甲戌	壬寅	癸酉	癸卯	甲戌	甲辰				丁未	丁丑	7日
8日	甲辰	乙亥	癸卯	甲戌	甲辰	乙亥	乙巳	丙子	丁未	丁丑	戊申	戊寅	8日
9日	乙巳	丙子	甲辰	乙亥	乙巳	丙子	丙午	丁丑	戊申	戊寅	己酉	己卯	9日
10日	丙午	丁丑	乙巳	丙子	丙午	丁丑	丁未	戊寅	己酉	己卯	庚戌	庚辰	10日
11日	丁未	戊寅	丙午	丁丑	丁未	戊寅	戊申	己卯	庚戌	庚辰	辛亥	辛巳	11日
12日	戊申	己卯	丁未	戊寅	戊申	己卯	己酉	庚辰	辛亥	辛巳	壬子	壬午	12日
13日	己酉	庚辰	戊申	己卯	己酉	庚辰	庚戌	辛巳	壬子	壬午	癸丑	癸未	13日
14日	庚戌	辛巳	己酉	庚辰	庚戌	辛巳	辛亥	壬午	癸丑	癸未	甲寅	甲申	14日
15日	辛亥	壬午	庚戌	辛巳	辛亥	壬午	壬子	癸未	甲寅	甲申	乙卯	乙酉	15日
16日	壬子	癸未	辛亥	壬午	壬子	癸未	癸丑	甲申	乙卯	乙酉	丙辰	丙戌	16日
17日	癸丑	甲申	壬子	癸未	癸丑	甲申	甲寅	乙酉	丙辰	丙戌	丁巳	丁亥	17日
18日	甲寅	乙酉	癸丑	甲申	甲寅	乙酉	乙卯	丙戌	丁巳	丁亥	戊午	戊子	18日
19日	乙卯	丙戌	甲寅	乙酉	乙卯	丙戌	丙辰	丁亥	戊午	戊子	己未	己丑	19日
20日	丙辰	丁亥	乙卯	丙戌	丙辰	丁亥	丁巳	戊子	己未	己丑	庚申	庚寅	20日
21日	丁巳	戊子	丙辰	丁亥	丁巳	戊子	戊午	己丑	庚申	庚寅	辛酉	辛卯	21日
22日	戊午	己丑	丁巳	戊子	戊午	己丑	己未	庚寅	辛酉	辛卯	壬戌	壬辰	22日
23日	己未	庚寅	戊午	己丑	己未	庚寅	庚申	辛卯	壬戌	壬辰	癸亥	癸巳	23日
24日	庚申	辛卯	己未	庚寅	庚申	辛卯	辛酉	壬辰	癸亥	癸巳	甲子	甲午	24日
25日	辛酉	壬辰	庚申	辛卯	辛酉	壬辰	壬戌	癸巳	甲子	甲午	乙丑	乙未	25日
26日	壬戌	癸巳	辛酉	壬辰	壬戌	癸巳	癸亥	甲午	乙丑	乙未	丙寅	丙申	26日
27日	癸亥	甲午	壬戌	癸巳	癸亥	甲午	甲子	乙未	丙寅	丙申	丁卯	丁酉	27日
28日	甲子	乙未	癸亥	甲午	甲子	乙未	乙丑	丙申	丁卯	丁酉	戊辰	戊戌	28日
29日	乙丑		甲子	乙未	乙丑	丙申	丙寅	丁酉	戊辰	戊戌	己巳	己亥	29日
30日	丙寅		乙丑	丙申	丙寅	丁酉	丁卯	戊戌	己巳	己亥	庚午	庚子	30日
31日	丁卯		丙寅		丁卯		戊辰	己亥		庚子		辛丑	31日
翌1日	戊辰	丙申	丁卯	丁酉	戊辰	戊戌	己巳	庚子	庚午	辛丑	辛未	壬寅	翌1日
2日	己巳	丁酉	戊辰	戊戌	己巳	己亥	庚午	辛丑	辛未	壬寅	壬申	癸卯	2日
3日	庚午	戊戌	己巳	己亥	庚午	庚子	辛未	壬寅	壬申	癸卯	癸酉	甲辰	3日
4日		己亥	庚午	庚子	辛未	辛丑	壬申	癸卯	癸酉	甲辰	甲戌	乙巳	4日
5日		庚子	辛未	辛丑	壬申	壬寅	癸酉	甲辰	甲戌	乙巳	乙亥	丙午	5日
6日						癸卯	甲戌	乙巳	乙亥	丙午	丙子	丁未	6日
7日							乙亥	丙午	丙子	丁未			7日

1974年　檀紀4307年　甲寅(八白)　正桃華-午戌

癸丑年

月	1月	2月	3月	4月	5月	6月	7月	8月	9月	10月	11月	12月	日
	乙丑	丙寅	丁卯	戊辰	己巳	庚午	辛未	壬申	癸酉	甲戌	乙亥	丙子	
節入日(時間)	6日丑	4日未	6日辰	5日未	6日午	6日午	7日亥	8日辰	8日巳	9日丑	8日寅	7日戌	
	(前2.24)	(後2.04)	(前8.18)	(後1.06)	(前6.47)	(前11.06)	(後9.11)	(前7.06)	(前9.37)	(前1.10)	(前4.17)	(後8.59)	
4 日		丙子											4 日
5 日		丁丑		丙子									5 日
6 日	丁未	戊寅	丙午	丁丑	丁未	戊寅							6 日
7 日	戊申	己卯	丁未	戊寅	戊申	己卯	己酉					壬午	7 日
8 日	己酉	庚辰	戊申	己卯	己酉	庚辰	庚戌	辛巳	壬子		癸丑	癸未	8 日
9 日	庚戌	辛巳	己酉	庚辰	庚戌	辛巳	辛亥	壬午	癸丑	癸未	甲寅	甲申	9 日
10 日	辛亥	壬午	庚戌	辛巳	辛亥	壬午	壬子	癸未	甲寅	甲申	乙卯	乙酉	10 日
11 日	壬子	癸未	辛亥	壬午	壬子	癸未	癸丑	甲申	乙卯	乙酉	丙辰	丙戌	11 日
12 日	癸丑	甲申	壬子	癸未	癸丑	甲申	甲寅	乙酉	丙辰	丙戌	丁巳	丁亥	12 日
13 日	甲寅	乙酉	癸丑	甲申	甲寅	乙酉	乙卯	丙戌	丁巳	丁亥	戊午	戊子	13 日
14 日	乙卯	丙戌	甲寅	乙酉	乙卯	丙戌	丙辰	丁亥	戊午	戊子	己未	己丑	14 日
15 日	丙辰	丁亥	乙卯	丙戌	丙辰	丁亥	丁巳	戊子	己未	己丑	庚申	庚寅	15 日
16 日	丁巳	戊子	丙辰	丁亥	丁巳	戊子	戊午	己丑	庚申	庚寅	辛酉	辛卯	16 日
17 日	戊午	己丑	丁巳	戊子	戊午	己丑	己未	庚寅	辛酉	辛卯	壬戌	壬辰	17 日
18 日	己未	庚寅	戊午	己丑	己未	庚寅	庚申	辛卯	壬戌	壬辰	癸亥	癸巳	18 日
19 日	庚申	辛卯	己未	庚寅	庚申	辛卯	辛酉	壬辰	癸亥	癸巳	甲子	甲午	19 日
20 日	辛酉	壬辰	庚申	辛卯	辛酉	壬辰	壬戌	癸巳	甲子	甲午	乙丑	乙未	20 日
21 日	壬戌	癸巳	辛酉	壬辰	壬戌	癸巳	癸亥	甲午	乙丑	乙未	丙寅	丙申	21 日
22 日	癸亥	甲午	壬戌	癸巳	癸亥	甲午	甲子	乙未	丙寅	丙申	丁卯	丁酉	22 日
23 日	甲子	乙未	癸亥	甲午	甲子	乙未	乙丑	丙申	丁卯	丁酉	戊辰	戊戌	23 日
24 日	乙丑	丙申	甲子	乙未	乙丑	丙申	丙寅	丁酉	戊辰	戊戌	己巳	己亥	24 日
25 日	丙寅	丁酉	乙丑	丙申	丙寅	丁酉	丁卯	戊戌	己巳	己亥	庚午	庚子	25 日
26 日	丁卯	戊戌	丙寅	丁酉	丁卯	戊戌	戊辰	己亥	庚午	庚子	辛未	辛丑	26 日
27 日	戊辰	己亥	丁卯	戊戌	戊辰	己亥	己巳	庚子	辛未	辛丑	壬申	壬寅	27 日
28 日	己巳	庚子	戊辰	己亥	己巳	庚子	庚午	辛丑	壬申	壬寅	癸酉	癸卯	28 日
29 日	庚午		己巳	庚子	庚午	辛丑	辛未	壬寅	癸酉	癸卯	甲戌	甲辰	29 日
30 日	辛未		庚午	辛丑	辛未	壬寅	壬申	癸卯	甲戌	甲辰	乙亥	乙巳	30 日
31 日	壬申		辛未		壬申		癸酉	甲辰		乙巳		丙午	31 日
翌月1日	癸酉	辛丑	壬申	壬寅	癸酉	癸卯	甲戌	乙巳	乙亥	丙午	丙子	丁未	翌月1日
2日	甲戌	壬寅	癸酉	癸卯	甲戌	甲辰	乙亥	丙午	丙子	丁未	丁丑	戊申	2日
3日	乙亥	癸卯	甲戌	甲辰	乙亥	乙巳	丙子	丁未	丁丑	戊申	戊寅	己酉	3日
4日		甲辰	乙亥	乙巳	丙子	丙午	丁丑	戊申	戊寅	己酉	己卯	庚戌	4日
5日		乙巳		丙午	丁丑	丁未	戊寅	己酉	己卯	庚戌	庚辰	辛亥	5日
6日						戊申	己卯	庚戌	庚辰	辛亥	辛巳		6日
7日							庚辰	辛亥	辛巳	壬子			7日
8日									壬午				8日

1975年　檀紀4308年　乙卯 (七赤)　正桃華-午戌

甲寅年

月 / 節入時間 / 日	1月	2月	3月	4月	5月	6月	7月	8月	9月	10月	11月	12月	日
(月建)	丁丑	戊寅	己卯	庚辰	辛巳	壬午	癸未	甲申	乙酉	丙戌	丁亥	戊子	
(節入)	6日辰	4日戌	6日辰	5日酉	6日午	6日申	8日寅	8日午	8日申	9日卯	8日巳	8日丑	
(時刻)	(前8.15)	(后7.55)	(后2.08)	(后6.56)	(后0.35)	(后4.53)	(后3.00)	(后0.55)	(后3.32)	(后6.59)	(前10.09)	(后2.45)	
4 日		辛巳											4 日
5 日		壬午		辛巳									5 日
6 日	壬子	癸未	辛亥	壬午	壬子	癸未							6 日
7 日	癸丑	甲申	壬子	癸未	癸丑	甲申							7 日
8 日	甲寅	乙酉	癸丑	甲申	甲寅	乙酉	乙卯	丙戌	丁巳		戊午	戊子	8 日
9 日	乙卯	丙戌	甲寅	乙酉	乙卯	丙戌	丙辰	丁亥	戊午	戊子	己未	己丑	9 日
10 日	丙辰	丁亥	乙卯	丙戌	丙辰	丁亥	丁巳	戊子	己未	己丑	庚申	庚寅	10 日
11 日	丁巳	戊子	丙辰	丁亥	丁巳	戊子	戊午	己丑	庚申	庚寅	辛酉	辛卯	11 日
12 日	戊午	己丑	丁巳	戊子	戊午	己丑	己未	庚寅	辛酉	辛卯	壬戌	壬辰	12 日
13 日	己未	庚寅	戊午	己丑	己未	庚寅	庚申	辛卯	壬戌	壬辰	癸亥	癸巳	13 日
14 日	庚申	辛卯	己未	庚寅	庚申	辛卯	辛酉	壬辰	癸亥	癸巳	甲子	甲午	14 日
15 日	辛酉	壬辰	庚申	辛卯	辛酉	壬辰	壬戌	癸巳	甲子	甲午	乙丑	乙未	15 日
16 日	壬戌	癸巳	辛酉	壬辰	壬戌	癸巳	癸亥	甲午	乙丑	乙未	丙寅	丙申	16 日
17 日	癸亥	甲午	壬戌	癸巳	癸亥	甲午	甲子	乙未	丙寅	丙申	丁卯	丁酉	17 日
18 日	甲子	乙未	癸亥	甲午	甲子	乙未	乙丑	丙申	丁卯	丁酉	戊辰	戊戌	18 日
19 日	乙丑	丙申	甲子	乙未	乙丑	丙申	丙寅	丁酉	戊辰	戊戌	己巳	己亥	19 日
20 日	丙寅	丁酉	乙丑	丙申	丙寅	丁酉	丁卯	戊戌	己巳	己亥	庚午	庚子	20 日
21 日	丁卯	戊戌	丙寅	丁酉	丁卯	戊戌	戊辰	己亥	庚午	庚子	辛未	辛丑	21 日
22 日	戊辰	己亥	丁卯	戊戌	戊辰	己亥	己巳	庚子	辛未	辛丑	壬申	壬寅	22 日
23 日	己巳	庚子	戊辰	己亥	己巳	庚子	庚午	辛丑	壬申	壬寅	癸酉	癸卯	23 日
24 日	庚午	辛丑	己巳	庚子	庚午	辛丑	辛未	壬寅	癸酉	癸卯	甲戌	甲辰	24 日
25 日	辛未	壬寅	庚午	辛丑	辛未	壬寅	壬申	癸卯	甲戌	甲辰	乙亥	乙巳	25 日
26 日	壬申	癸卯	辛未	壬寅	壬申	癸卯	癸酉	甲辰	乙亥	乙巳	丙子	丙午	26 日
27 日	癸酉	甲辰	壬申	癸卯	癸酉	甲辰	甲戌	乙巳	丙子	丙午	丁丑	丁未	27 日
28 日	甲戌	乙巳	癸酉	甲辰	甲戌	乙巳	乙亥	丙午	丁丑	丁未	戊寅	戊申	28 日
29 日	乙亥		甲戌	乙巳	乙亥	丙午	丙子	丁未	戊寅	戊申	己卯	己酉	29 日
30 日	丙子		乙亥	丙午	丙子	丁未	丁丑	戊申	己卯	己酉	庚辰	庚戌	30 日
31 日	丁丑		丙子		丁丑		戊寅	己酉		庚戌		辛亥	31 日
翌1日	戊寅	丙午	丁丑	丁未	戊寅	戊申	己卯	庚戌	庚辰	辛亥	辛巳	壬子	翌1日
2日	己卯	丁未	戊寅	戊申	己卯	己酉	庚辰	辛亥	辛巳	壬子	壬午	癸丑	2日
3日	庚辰	戊申	己卯	己酉	庚辰	庚戌	辛巳	壬子	壬午	癸丑	癸未	甲寅	3日
4日		己酉	庚辰	庚戌	辛巳	辛亥	壬午	癸丑	癸未	甲寅	甲申	乙卯	4日
5日		庚戌	辛巳	辛亥	壬午	壬子	癸未	甲寅	甲申	乙卯	乙酉	丙辰	5日
6日						癸丑	甲申	乙卯	乙酉	丙辰	丙戌		6日
7日						甲寅	乙酉	丙辰	丙戌	丁巳	丁亥		7日
8日									丁亥				8日

1976年　檀紀4309年　丙辰（六白）　正桃華－戊午

	乙卯年												
月	1 月	2 月閏	3 月	4 月	5 月	6 月	7 月	8 月	9 月	10 月	11 月	12 月	月
（時刻）	己丑	庚寅	辛卯	壬辰	癸巳	甲午	乙未	丙申	丁酉	戊戌	己亥	庚子	
	6日未	5日丑	5日戌	5日子	5日亥	5日酉	7日辰	7日酉	7日午	8日午	7日申	7日辰	
日	(后2.03)	(前1.47)	(后7.58)	(后0.40)	(后6.24)	(后10.44)	(前8.49)	(后6.37)	(后9.22)	(后0.44)	(后3.55)	(前8.36)	日

日	1月	2月	3月	4月	5月	6月	7月	8月	9月	10月	11月	12月	日
5 日		丁亥	丙辰	丁亥	丁巳	戊子							5 日
6 日	丁巳	戊子	丁巳	戊子	戊午	己丑							6 日
7 日	戊午	己丑	戊午	己丑	己未	庚寅	庚申	辛卯	壬戌		癸亥	癸巳	7 日
8 日	己未	庚寅	己未	庚寅	庚申	辛卯	辛酉	壬辰	癸亥	癸巳	甲子	甲午	8 日
9 日	庚申	辛卯	庚申	辛卯	辛酉	壬辰	壬戌	癸巳	甲子	甲午	乙丑	乙未	9 日
10 日	辛酉	壬辰	辛酉	壬辰	壬戌	癸巳	癸亥	甲午	乙丑	乙未	丙寅	丙申	10 日
11 日	壬戌	癸巳	壬戌	癸巳	癸亥	甲午	甲子	乙未	丙寅	丙申	丁卯	丁酉	11 日
12 日	癸亥	甲午	癸亥	甲午	甲子	乙未	乙丑	丙申	丁卯	丁酉	戊辰	戊戌	12 日
13 日	甲子	乙未	甲子	乙未	乙丑	丙申	丙寅	丁酉	戊辰	戊戌	己巳	己亥	13 日
14 日	乙丑	丙申	乙丑	丙申	丙寅	丁酉	丁卯	戊戌	己巳	己亥	庚午	庚子	14 日
15 日	丙寅	丁酉	丙寅	丁酉	丁卯	戊戌	戊辰	己亥	庚午	庚子	辛未	辛丑	15 日
16 日	丁卯	戊戌	丁卯	戊戌	戊辰	己亥	己巳	庚子	辛未	辛丑	壬申	壬寅	16 日
17 日	戊辰	己亥	戊辰	己亥	己巳	庚子	庚午	辛丑	壬申	壬寅	癸酉	癸卯	17 日
18 日	己巳	庚子	己巳	庚子	庚午	辛丑	辛未	壬寅	癸酉	癸卯	甲戌	甲辰	18 日
19 日	庚午	辛丑	庚午	辛丑	辛未	壬寅	壬申	癸卯	甲戌	甲辰	乙亥	乙巳	19 日
20 日	辛未	壬寅	辛未	壬寅	壬申	癸卯	癸酉	甲辰	乙亥	乙巳	丙子	丙午	20 日
21 日	壬申	癸卯	壬申	癸卯	癸酉	甲辰	甲戌	乙巳	丙子	丙午	丁丑	丁未	21 日
22 日	癸酉	甲辰	癸酉	甲辰	甲戌	乙巳	乙亥	丙午	丁丑	丁未	戊寅	戊申	22 日
23 日	甲戌	乙巳	甲戌	乙巳	乙亥	丙午	丙子	丁未	戊寅	戊申	己卯	己酉	23 日
24 日	乙亥	丙午	乙亥	丙午	丙子	丁未	丁丑	戊申	己卯	己酉	庚辰	庚戌	24 日
25 日	丙子	丁未	丙子	丁未	丁丑	戊申	戊寅	己酉	庚辰	庚戌	辛巳	辛亥	25 日
26 日	丁丑	戊申	丁丑	戊申	戊寅	己酉	己卯	庚戌	辛巳	辛亥	壬午	壬子	26 日
27 日	戊寅	己酉	戊寅	己酉	己卯	庚戌	庚辰	辛亥	壬午	壬子	癸未	癸丑	27 日
28 日	己卯	庚戌	己卯	庚戌	庚辰	辛亥	辛巳	壬子	癸未	癸丑	甲申	甲寅	28 日
29 日	庚辰	辛亥	庚辰	辛亥	辛巳	壬子	壬午	癸丑	甲申	甲寅	乙酉	乙卯	29 日
30 日	辛巳		辛巳	壬子	壬午	癸丑	癸未	甲寅	乙酉	乙卯	丙戌	丙辰	30 日
31 日	壬午		壬午		癸未		甲申	乙卯		丙辰		丁巳	31 日
翌月1日	癸未	壬子	癸未	癸丑	甲申	甲寅	乙酉	丙辰	丙戌	丁巳	丁亥	戊午	翌月1日
2日	甲申	癸丑	甲申	甲寅	乙酉	乙卯	丙戌	丁巳	丁亥	戊午	戊子	己未	2日
3日	乙酉	甲寅	乙酉	乙卯	丙戌	丙辰	丁亥	戊午	戊子	己未	己丑	庚申	3日
4日	丙戌	乙卯	丙戌	丙辰	丁亥	丁巳	戊子	己未	己丑	庚申	庚寅	辛酉	4日
5日						戊午	己丑	庚申	庚寅	辛酉	辛卯		5日
6日						己未	庚寅	辛酉	辛卯	壬戌	壬辰		6日
7日									壬辰				7日

1977年　檀紀4310年　丁巳(五黃)　正桃華－戌午

丙辰年

日	1月	2月	3月	4月	5月	6月	7月	8月	9月	10月	11月	12月	日
月干支	辛丑	壬寅	癸卯	甲辰	乙巳	丙午	丁未	戊申	己酉	庚戌	辛亥	壬子	
入日	5日戌	4日辰	6日丑	5日卯	6日子	6日寅	7日丑	8日子	8日寅	8日酉	7日亥	7日未	
時間	(后7.52)	(前7.35)	(前1.51)	(前6.30)	(前0.16)	(前4.34)	(后2.38)	(前0.30)	(前3.08)	(后6.35)	(后9.43)	(后2.24)	
4日		壬辰											4日
5日	壬戌	癸巳		壬辰									5日
6日	癸亥	甲午	壬戌	癸巳	癸亥	甲午							6日
7日	甲子	乙未	癸亥	甲午	甲子	乙未	乙丑				戊辰	戊戌	7日
8日	乙丑	丙申	甲子	乙未	乙丑	丙申	丙寅	丁酉	戊辰	戊戌	己巳	己亥	8日
9日	丙寅	丁酉	乙丑	丙申	丙寅	丁酉	丁卯	戊戌	己巳	己亥	庚午	庚子	9日
10日	丁卯	戊戌	丙寅	丁酉	丁卯	戊戌	戊辰	己亥	庚午	庚子	辛未	辛丑	10日
11日	戊辰	己亥	丁卯	戊戌	戊辰	己亥	己巳	庚子	辛未	辛丑	壬申	壬寅	11日
12日	己巳	庚子	戊辰	己亥	己巳	庚子	庚午	辛丑	壬申	壬寅	癸酉	癸卯	12日
13日	庚午	辛丑	己巳	庚子	庚午	辛丑	辛未	壬寅	癸酉	癸卯	甲戌	甲辰	13日
14日	辛未	壬寅	庚午	辛丑	辛未	壬寅	壬申	癸卯	甲戌	甲辰	乙亥	乙巳	14日
15日	壬申	癸卯	辛未	壬寅	壬申	癸卯	癸酉	甲辰	乙亥	乙巳	丙子	丙午	15日
16日	癸酉	甲辰	壬申	癸卯	癸酉	甲辰	甲戌	乙巳	丙子	丙午	丁丑	丁未	16日
17日	甲戌	乙巳	癸酉	甲辰	甲戌	乙巳	乙亥	丙午	丁丑	丁未	戊寅	戊申	17日
18日	乙亥	丙午	甲戌	乙巳	乙亥	丙午	丙子	丁未	戊寅	戊申	己卯	己酉	18日
19日	丙子	丁未	乙亥	丙午	丙子	丁未	丁丑	戊申	己卯	己酉	庚辰	庚戌	19日
20日	丁丑	戊申	丙子	丁未	丁丑	戊申	戊寅	己酉	庚辰	庚戌	辛巳	辛亥	20日
21日	戊寅	己酉	丁丑	戊申	戊寅	己酉	己卯	庚戌	辛巳	辛亥	壬午	壬子	21日
22日	己卯	庚戌	戊寅	己酉	己卯	庚戌	庚辰	辛亥	壬午	壬子	癸未	癸丑	22日
23日	庚辰	辛亥	己卯	庚戌	庚辰	辛亥	辛巳	壬子	癸未	癸丑	甲申	甲寅	23日
24日	辛巳	壬子	庚辰	辛亥	辛巳	壬子	壬午	癸丑	甲申	甲寅	乙酉	乙卯	24日
25日	壬午	癸丑	辛巳	壬子	壬午	癸丑	癸未	甲寅	乙酉	乙卯	丙戌	丙辰	25日
26日	癸未	甲寅	壬午	癸丑	癸未	甲寅	甲申	乙卯	丙戌	丙辰	丁亥	丁巳	26日
27日	甲申	乙卯	癸未	甲寅	甲申	乙卯	乙酉	丙辰	丁亥	丁巳	戊子	戊午	27日
28日	乙酉	丙辰	甲申	乙卯	乙酉	丙辰	丙戌	丁巳	戊子	戊午	己丑	己未	28日
29日	丙戌		乙酉	丙辰	丙戌	丁巳	丁亥	戊午	己丑	己未	庚寅	庚申	29日
30日	丁亥		丙戌	丁巳	丁亥	戊午	戊子	己未	庚寅	庚申	辛卯	辛酉	30日
31日	戊子		丁亥		戊子		己丑	庚申		辛酉		壬戌	31日
翌月1日	己丑	丁巳	戊子	戊午	己丑	己未	庚寅	辛酉	辛卯	壬戌	壬辰	癸亥	1日
2日	庚寅	戊午	己丑	己未	庚寅	庚申	辛卯	壬戌	壬辰	癸亥	癸巳	甲子	2日
3日	辛卯	己未	庚寅	庚申	辛卯	辛酉	壬辰	癸亥	癸巳	甲子	甲午	乙丑	3日
4日		庚申	辛卯	辛酉	壬辰	壬戌	癸巳	甲子	甲午	乙丑	乙未	丙寅	4日
5日		辛酉		壬戌	癸巳	癸亥	甲午	乙丑	乙未	丙寅	丙申	丁卯	5日
6日						甲子	乙未	丙寅	丙申	丁卯	丁酉		6日
7日							丙申	丁卯	丁酉				7日

1978年 檀紀4311年 戊午(四綠) 正桃華－子申

丁巳年

日	1月	2月	3月	4月	5月	6月	7月	8月	9月	10月	11月	12月	日
月建	癸丑	甲寅	乙卯	丙辰	丁巳	戊午	己未	庚申	辛酉	壬戌	癸亥	甲子	
節入日	6日丑	4日未	6日辰	5日卯	6日卯	6日巳	7日戌	8日卯	8日辰	9日子	8日寅	7日戌	
(時間)	(前1.37)	(后1.21)	(前7.41)	(后0.20)	(前6.08)	(后10.25)	(后8.27)	(前6.13)	(前6.59)	(后0.26)	(前3.34)	(后8.14)	
4日		丁酉											4日
5日		戊戌		丁酉									5日
6日	戊辰	己亥	丁卯	戊戌	戊辰	己亥							6日
7日	己巳	庚子	戊辰	己亥	己巳	庚子	庚午					癸卯	7日
8日	庚午	辛丑	己巳	庚子	庚午	辛丑	辛未	壬寅	癸酉		甲戌	甲辰	8日
9日	辛未	壬寅	庚午	辛丑	辛未	壬寅	壬申	癸卯	甲戌	甲辰	乙亥	乙巳	9日
10日	壬申	癸卯	辛未	壬寅	壬申	癸卯	癸酉	甲辰	乙亥	乙巳	丙子	丙午	10日
11日	癸酉	甲辰	壬申	癸卯	癸酉	甲辰	甲戌	乙巳	丙子	丙午	丁丑	丁未	11日
12日	甲戌	乙巳	癸酉	甲辰	甲戌	乙巳	乙亥	丙午	丁丑	丁未	戊寅	戊申	12日
13日	乙亥	丙午	甲戌	乙巳	乙亥	丙午	丙子	丁未	戊寅	戊申	己卯	己酉	13日
14日	丙子	丁未	乙亥	丙午	丙子	丁未	丁丑	戊申	己卯	己酉	庚辰	庚戌	14日
15日	丁丑	戊申	丙子	丁未	丁丑	戊申	戊寅	己酉	庚辰	庚戌	辛巳	辛亥	15日
16日	戊寅	己酉	丁丑	戊申	戊寅	己酉	己卯	庚戌	辛巳	辛亥	壬午	壬子	16日
17日	己卯	庚戌	戊寅	己酉	己卯	庚戌	庚辰	辛亥	壬午	壬子	癸未	癸丑	17日
18日	庚辰	辛亥	己卯	庚戌	庚辰	辛亥	辛巳	壬子	癸未	癸丑	甲申	甲寅	18日
19日	辛巳	壬子	庚辰	辛亥	辛巳	壬子	壬午	癸丑	甲申	甲寅	乙酉	乙卯	19日
20日	壬午	癸丑	辛巳	壬子	壬午	癸丑	癸未	甲寅	乙酉	乙卯	丙戌	丙辰	20日
21日	癸未	甲寅	壬午	癸丑	癸未	甲寅	甲申	乙卯	丙戌	丙辰	丁亥	丁巳	21日
22日	甲申	乙卯	癸未	甲寅	甲申	乙卯	乙酉	丙辰	丁亥	丁巳	戊子	戊午	22日
23日	乙酉	丙辰	甲申	乙卯	乙酉	丙辰	丙戌	丁巳	戊子	戊午	己丑	己未	23日
24日	丙戌	丁巳	乙酉	丙辰	丙戌	丁巳	丁亥	戊午	己丑	己未	庚寅	庚申	24日
25日	丁亥	戊午	丙戌	丁巳	丁亥	戊午	戊子	己未	庚寅	庚申	辛卯	辛酉	25日
26日	戊子	己未	丁亥	戊午	戊子	己未	己丑	庚申	辛卯	辛酉	壬辰	壬戌	26日
27日	己丑	庚申	戊子	己未	己丑	庚申	庚寅	辛酉	壬辰	壬戌	癸巳	癸亥	27日
28日	庚寅	辛酉	己丑	庚申	庚寅	辛酉	辛卯	壬戌	癸巳	癸亥	甲午	甲子	28日
29日	辛卯		庚寅	辛酉	辛卯	壬戌	壬辰	癸亥	甲午	甲子	乙未	乙丑	29日
30日	壬辰		辛卯	壬戌	壬辰	癸亥	癸巳	甲子	乙未	乙丑	丙申	丙寅	30日
31日	癸巳		壬辰		癸巳		甲午	乙丑		丙寅		丁卯	31日
翌月1日	甲午	壬戌	癸巳	癸亥	甲午	甲子	乙未	丙寅	丙申	丁卯	丁酉	戊辰	翌月1日
2日	乙未	癸亥	甲午	甲子	乙未	乙丑	丙申	丁卯	丁酉	戊辰	戊戌	己巳	2日
3日	丙申	甲子	乙未	乙丑	丙申	丙寅	丁酉	戊辰	戊戌	己巳	己亥	庚午	3日
4日		乙丑	丙申	丙寅	丁酉	丁卯	戊戌	己巳	己亥	庚午	庚子	辛未	4日
5日		丙寅		丁卯	戊戌	戊辰	己亥	庚午	庚子	辛未	辛丑	壬申	5日
6日						己巳	庚子	辛未	辛丑	壬申	壬寅		6日
7日							辛丑	壬申	壬寅	癸酉			7日
8日									癸卯				8日

1979年 檀紀4312年 己未 (三碧) 正桃華一子申

戊午年

日	1月	2月	3月	4月	5月	6月	7月	8月	9月	10月	11月	12月	日
	乙丑	丙寅	丁卯	戊辰	己巳	庚午	辛未	壬申	癸酉	甲戌	乙亥	丙子	
	6日辰	4日戌	6日未	5日酉	6日午	6日申	8日丑	8日申	8日未	9日卯	8日巳	8日丑	
	(前7 30)	(后7 12)	(后1 23)	(后6 10)	(后11 51)	(后4 08)	(后2 14)	(后0 10)	(后2 53)	(后6 17)	(后9 26)	(后2 05)	
4日		壬寅											4日
5日		癸卯		壬寅									5日
6日	癸酉	甲辰	壬申	癸卯	癸酉	甲辰							6日
7日	甲戌	乙巳	癸酉	甲辰	甲戌	乙巳							7日
8日	乙亥	丙午	甲戌	乙巳	乙亥	丙午	丙子	丁未	戊寅		己卯	己酉	8日
9日	丙子	丁未	乙亥	丙午	丙子	丁未	丁丑	戊申	己卯	己酉	庚辰	庚戌	9日
10日	丁丑	戊申	丙子	丁未	丁丑	戊申	戊寅	己酉	庚辰	庚戌	辛巳	辛亥	10日
11日	戊寅	己酉	丁丑	戊申	戊寅	己酉	己卯	庚戌	辛巳	辛亥	壬午	壬子	11日
12日	己卯	庚戌	戊寅	己酉	己卯	庚戌	庚辰	辛亥	壬午	壬子	癸未	癸丑	12日
13日	庚辰	辛亥	己卯	庚戌	庚辰	辛亥	辛巳	壬子	癸未	癸丑	甲申	甲寅	13日
14日	辛巳	壬子	庚辰	辛亥	辛巳	壬子	壬午	癸丑	甲申	甲寅	乙酉	乙卯	14日
15日	壬午	癸丑	辛巳	壬子	壬午	癸丑	癸未	甲寅	乙酉	乙卯	丙戌	丙辰	15日
16日	癸未	甲寅	壬午	癸丑	癸未	甲寅	甲申	乙卯	丙戌	丙辰	丁亥	丁巳	16日
17日	甲申	乙卯	癸未	甲寅	甲申	乙卯	乙酉	丙辰	丁亥	丁巳	戊子	戊午	17日
18日	乙酉	丙辰	甲申	乙卯	乙酉	丙辰	丙戌	丁巳	戊子	戊午	己丑	己未	18日
19日	丙戌	丁巳	乙酉	丙辰	丙戌	丁巳	丁亥	戊午	己丑	己未	庚寅	庚申	19日
20日	丁亥	戊午	丙戌	丁巳	丁亥	戊午	戊子	己未	庚寅	庚申	辛卯	辛酉	20日
21日	戊子	己未	丁亥	戊午	戊子	己未	己丑	庚申	辛卯	辛酉	壬辰	壬戌	21日
22日	己丑	庚申	戊子	己未	己丑	庚申	庚寅	辛酉	壬辰	壬戌	癸巳	癸亥	22日
23日	庚寅	辛酉	己丑	庚申	庚寅	辛酉	辛卯	壬戌	癸巳	癸亥	甲午	甲子	23日
24日	辛卯	壬戌	庚寅	辛酉	辛卯	壬戌	壬辰	癸亥	甲午	甲子	乙未	乙丑	24日
25日	壬辰	癸亥	辛卯	壬戌	壬辰	癸亥	癸巳	甲子	乙未	乙丑	丙申	丙寅	25日
26日	癸巳	甲子	壬辰	癸亥	癸巳	甲子	甲午	乙丑	丙申	丙寅	丁酉	丁卯	26日
27日	甲午	乙丑	癸巳	甲子	甲午	乙丑	乙未	丙寅	丁酉	丁卯	戊戌	戊辰	27日
28日	乙未	丙寅	甲午	乙丑	乙未	丙寅	丙申	丁卯	戊戌	戊辰	己亥	己巳	28日
29日	丙申		乙未	丙寅	丙申	丁卯	丁酉	戊辰	己亥	己巳	庚子	庚午	29日
30日	丁酉		丙申	丁卯	丁酉	戊辰	戊戌	己巳	庚子	庚午	辛丑	辛未	30日
31日	戊戌		丁酉		戊戌		己亥	庚午		辛未		壬申	31日
翌1日	己亥	丁卯	戊戌	戊辰	己亥	己巳	庚子	辛未	辛丑	壬申	壬寅	癸酉	翌1日
2日	庚子	戊辰	己亥	己巳	庚子	庚午	辛丑	壬申	壬寅	癸酉	癸卯	甲戌	2日
3日	辛丑	己巳	庚子	庚午	辛丑	辛未	壬寅	癸酉	癸卯	甲戌	甲辰	乙亥	3日
4日		庚午	辛丑	辛未	壬寅	壬申	癸卯	甲戌	甲辰	乙亥	乙巳	丙子	4日
5日		辛未		壬申	癸卯	癸酉	甲辰	乙亥	乙巳	丙子	丙午	丁丑	5日
6日					甲戌	乙巳	丙子	丙午	丁丑	丁未			6日
7日					乙亥	丙午	丁丑	丁未	戊寅	戊申			7日
8日									戊申				8日

1980年 檀紀4313年 庚申 (二黒) 正桃華-卯亥

日	己未年 1月	2月閏	3月	4月	5月	6月	7月	8月	9月	10月	11月	12月	日
	丁丑	戊寅	己卯	庚辰	辛巳	壬午	癸未	甲申	乙酉	丙戌	丁亥	戊子	
	6日未	5日丑	5日戌	5日子	5日酉	5日亥	7日辰	7日酉	7日戌	8日午	7日申	7日辰	
	(后1 20)	(前1 02)	(后7 12)	(后5 37)	(后5 52)	(后8 06)	(后5 53)	(后8 40)	(后0 05)	(后3 14)	(前7 53)		
5日		戊申	丁丑	戊申	戊寅	己酉							5日
6日	戊寅	己酉	戊寅	己酉	己卯	庚戌							6日
7日	己卯	庚戌	己卯	庚戌	庚辰	辛亥	辛巳	壬子	癸未		甲申	甲寅	7日
8日	庚辰	辛亥	庚辰	辛亥	辛巳	壬子	壬午	癸丑	甲申	甲寅	乙酉	乙卯	8日
9日	辛巳	壬子	辛巳	壬子	壬午	癸丑	癸未	甲寅	乙酉	乙卯	丙戌	丙辰	9日
10日	壬午	癸丑	壬午	癸丑	癸未	甲寅	甲申	乙卯	丙戌	丙辰	丁亥	丁巳	10日
11日	癸未	甲寅	癸未	甲寅	甲申	乙卯	乙酉	丙辰	丁亥	丁巳	戊子	戊午	11日
12日	甲申	乙卯	甲申	乙卯	乙酉	丙辰	丙戌	丁巳	戊子	戊午	己丑	己未	12日
13日	乙酉	丙辰	乙酉	丙辰	丙戌	丁巳	丁亥	戊午	己丑	己未	庚寅	庚申	13日
14日	丙戌	丁巳	丙戌	丁巳	丁亥	戊午	戊子	己未	庚寅	庚申	辛卯	辛酉	14日
15日	丁亥	戊午	丁亥	戊午	戊子	己未	己丑	庚申	辛卯	辛酉	壬辰	壬戌	15日
16日	戊子	己未	戊子	己未	己丑	庚申	庚寅	辛酉	壬辰	壬戌	癸巳	癸亥	16日
17日	己丑	庚申	己丑	庚申	庚寅	辛酉	辛卯	壬戌	癸巳	癸亥	甲午	甲子	17日
18日	庚寅	辛酉	庚寅	辛酉	辛卯	壬戌	壬辰	癸亥	甲午	甲子	乙未	乙丑	18日
19日	辛卯	壬戌	辛卯	壬戌	壬辰	癸亥	癸巳	甲子	乙未	乙丑	丙申	丙寅	19日
20日	壬辰	癸亥	壬辰	癸亥	癸巳	甲子	甲午	乙丑	丙申	丙寅	丁酉	丁卯	20日
21日	癸巳	甲子	癸巳	甲子	甲午	乙丑	乙未	丙寅	丁酉	丁卯	戊戌	戊辰	21日
22日	甲午	乙丑	甲午	乙丑	乙未	丙寅	丙申	丁卯	戊戌	戊辰	己亥	己巳	22日
23日	乙未	丙寅	乙未	丙寅	丙申	丁卯	丁酉	戊辰	己亥	己巳	庚子	庚午	23日
24日	丙申	丁卯	丙申	丁卯	丁酉	戊辰	戊戌	己巳	庚子	庚午	辛丑	辛未	24日
25日	丁酉	戊辰	丁酉	戊辰	戊戌	己巳	己亥	庚午	辛丑	辛未	壬寅	壬申	25日
26日	戊戌	己巳	戊戌	己巳	己亥	庚午	庚子	辛未	壬寅	壬申	癸卯	癸酉	26日
27日	己亥	庚午	己亥	庚午	庚子	辛未	辛丑	壬申	癸卯	癸酉	甲辰	甲戌	27日
28日	庚子	辛未	庚子	辛未	辛丑	壬申	壬寅	癸酉	甲辰	甲戌	乙巳	乙亥	28日
29日	辛丑	壬申	辛丑	壬申	壬寅	癸酉	癸卯	甲戌	乙巳	乙亥	丙午	丙子	29日
30日	壬寅		壬寅	癸酉	癸卯	甲戌	甲辰	乙亥	丙午	丙子	丁未	丁丑	30日
31日	癸卯		癸卯		甲辰		乙巳	丙子		丁丑		戊寅	31日
翌1日	甲辰	癸酉	甲辰	甲戌	乙巳	乙亥	丙午	丁丑	丁未	戊寅	戊申	己卯	翌1日
2日	乙巳	甲戌	乙巳	乙亥	丙午	丙子	丁未	戊寅	戊申	己卯	己酉	庚辰	2日
3日	丙午	乙亥	丙午	丙子	丁未	丁丑	戊申	己卯	己酉	庚辰	庚戌	辛巳	3日
4日	丁未	丙子	丁未	丁丑	戊申	戊寅	己酉	庚辰	庚戌	辛巳	辛亥	壬午	4日
5日						己卯	庚戌	辛巳	辛亥	壬午	壬子	癸未	5日
6日						庚辰	辛亥	壬午	壬子	癸未	癸丑		6日
7日									癸丑				7日

1981年　檀紀4314年　辛酉(一白)　正桃華-卯亥

庚申年

月\日	1月	2月	3月	4月	5月	6月	7月	8月	9月	10月	11月	12月	月\日
月建	己丑	庚寅	辛卯	壬辰	癸巳	甲午	乙未	丙申	丁酉	戊戌	己亥	庚子	
節入日	5日戌	4日卯	6日子	5日卯	6日子	6日寅	7日未	8日子	8日丑	8日酉	7日亥	7日未	
(時間)	(后7 10)	(前6 49)	(前1 03)	(后5 46)	(后11 26)	(前3 45)	(后1 54)	(后11 43)	(前2 30)	(后5 54)	(后9 04)	(后1 43)	
4 日		癸丑											4 日
5 日	癸未	甲寅		癸丑									5 日
6 日	甲申	乙卯	癸未	甲寅	甲申	乙卯							6 日
7 日	乙酉	丙辰	甲申	乙卯	乙酉	丙辰	丙戌				己丑	己未	7 日
8 日	丙戌	丁巳	乙酉	丙辰	丙戌	丁巳	丁亥	戊午	己丑	己未	庚寅	庚申	8 日
9 日	丁亥	戊午	丙戌	丁巳	丁亥	戊午	戊子	己未	庚寅	庚申	辛卯	辛酉	9 日
10 日	戊子	己未	丁亥	戊午	戊子	己未	己丑	庚申	辛卯	辛酉	壬辰	壬戌	10 日
11 日	己丑	庚申	戊子	己未	己丑	庚申	庚寅	辛酉	壬辰	壬戌	癸巳	癸亥	11 日
12 日	庚寅	辛酉	己丑	庚申	庚寅	辛酉	辛卯	壬戌	癸巳	癸亥	甲午	甲子	12 日
13 日	辛卯	壬戌	庚寅	辛酉	辛卯	壬戌	壬辰	癸亥	甲午	甲子	乙未	乙丑	13 日
14 日	壬辰	癸亥	辛卯	壬戌	壬辰	癸亥	癸巳	甲子	乙未	乙丑	丙申	丙寅	14 日
15 日	癸巳	甲子	壬辰	癸亥	癸巳	甲子	甲午	乙丑	丙申	丙寅	丁酉	丁卯	15 日
16 日	甲午	乙丑	癸巳	甲子	甲午	乙丑	乙未	丙寅	丁酉	丁卯	戊戌	戊辰	16 日
17 日	乙未	丙寅	甲午	乙丑	乙未	丙寅	丙申	丁卯	戊戌	戊辰	己亥	己巳	17 日
18 日	丙申	丁卯	乙未	丙寅	丙申	丁卯	丁酉	戊辰	己亥	己巳	庚子	庚午	18 日
19 日	丁酉	戊辰	丙申	丁卯	丁酉	戊辰	戊戌	己巳	庚子	庚午	辛丑	辛未	19 日
20 日	戊戌	己巳	丁酉	戊辰	戊戌	己巳	己亥	庚午	辛丑	辛未	壬寅	壬申	20 日
21 日	己亥	庚午	戊戌	己巳	己亥	庚午	庚子	辛未	壬寅	壬申	癸卯	癸酉	21 日
22 日	庚子	辛未	己亥	庚午	庚子	辛未	辛丑	壬申	癸卯	癸酉	甲辰	甲戌	22 日
23 日	辛丑	壬申	庚子	辛未	辛丑	壬申	壬寅	癸酉	甲辰	甲戌	乙巳	乙亥	23 日
24 日	壬寅	癸酉	辛丑	壬申	壬寅	癸酉	癸卯	甲戌	乙巳	乙亥	丙午	丙子	24 日
25 日	癸卯	甲戌	壬寅	癸酉	癸卯	甲戌	甲辰	乙亥	丙午	丙子	丁未	丁丑	25 日
26 日	甲辰	乙亥	癸卯	甲戌	甲辰	乙亥	乙巳	丙子	丁未	丁丑	戊申	戊寅	26 日
27 日	乙巳	丙子	甲辰	乙亥	乙巳	丙子	丙午	丁丑	戊申	戊寅	己酉	己卯	27 日
28 日	丙午	丁丑	乙巳	丙子	丙午	丁丑	丁未	戊寅	己酉	己卯	庚戌	庚辰	28 日
29 日	丁未		丙午	丁丑	丁未	戊寅	戊申	己卯	庚戌	庚辰	辛亥	辛巳	29 日
30 日	戊申		丁未	戊寅	戊申	己卯	己酉	庚辰	辛亥	辛巳	壬子	壬午	30 日
31 日	己酉		戊申		己酉		庚戌	辛巳		壬午		癸未	31 日
翌月 1日	庚戌	戊寅	己酉	己卯	庚戌	庚辰	辛亥	壬午	壬子	癸未	癸丑	甲申	翌月 1日
2日	辛亥	己卯	庚戌	庚辰	辛亥	辛巳	壬子	癸未	癸丑	甲申	甲寅	乙酉	2日
3日	壬子	庚辰	辛亥	辛巳	壬子	壬午	癸丑	甲申	甲寅	乙酉	乙卯	丙戌	3日
4日		辛巳	壬子	壬午	癸丑	癸未	甲寅	乙酉	乙卯	丙戌	丙辰	丁亥	4日
5日		壬午		癸未	甲寅	甲申	乙卯	丙戌	丙辰	丁亥	丁巳	戊子	5日
6日						乙酉	丙辰	丁亥	丁巳	戊子	戊午		6日
7日							丁巳	戊子	戊午				7日

1982年　檀紀4315年　壬戌（九紫）　正桃華－午戌

辛酉年

月／日	1月	2月	3月	4月	5月	6月	7月	8月	9月	10月	11月	12月	日
月干支	辛丑	壬寅	癸卯	甲辰	乙巳	丙午	丁未	戊申	己酉	庚戌	辛亥	壬子	日
節入	6日丑	4日午	6日卯	5日巳	6日卯	6日巳	7日戌	8日卯	8日辰	9日子	8日丑	7日戌	
時間	(前1.04)	(后0.38)	(前6.52)	(前11.34)	(前5.16)	(前9.35)	(后7.42)	(前5.33)	(前8.18)	(8日后11.41)	(前2.53)	(后7.32)	
4日		戊午											4日
5日		己未		戊午									5日
6日	己丑	庚申	戊子	己未	己丑	庚申							6日
7日	庚寅	辛酉	己丑	庚申	庚寅	辛酉	辛卯					甲子	7日
8日	辛卯	壬戌	庚寅	辛酉	辛卯	壬戌	壬辰	癸亥	甲午		乙未	乙丑	8日
9日	壬辰	癸亥	辛卯	壬戌	壬辰	癸亥	癸巳	甲子	乙未	乙丑	丙申	丙寅	9日
10日	癸巳	甲子	壬辰	癸亥	癸巳	甲子	甲午	乙丑	丙申	丙寅	丁酉	丁卯	10日
11日	甲午	乙丑	癸巳	甲子	甲午	乙丑	乙未	丙寅	丁酉	丁卯	戊戌	戊辰	11日
12日	乙未	丙寅	甲午	乙丑	乙未	丙寅	丙申	丁卯	戊戌	戊辰	己亥	己巳	12日
13日	丙申	丁卯	乙未	丙寅	丙申	丁卯	丁酉	戊辰	己亥	己巳	庚子	庚午	13日
14日	丁酉	戊辰	丙申	丁卯	丁酉	戊辰	戊戌	己巳	庚子	庚午	辛丑	辛未	14日
15日	戊戌	己巳	丁酉	戊辰	戊戌	己巳	己亥	庚午	辛丑	辛未	壬寅	壬申	15日
16日	己亥	庚午	戊戌	己巳	己亥	庚午	庚子	辛未	壬寅	壬申	癸卯	癸酉	16日
17日	庚子	辛未	己亥	庚午	庚子	辛未	辛丑	壬申	癸卯	癸酉	甲辰	甲戌	17日
18日	辛丑	壬申	庚子	辛未	辛丑	壬申	壬寅	癸酉	甲辰	甲戌	乙巳	乙亥	18日
19日	壬寅	癸酉	辛丑	壬申	壬寅	癸酉	癸卯	甲戌	乙巳	乙亥	丙午	丙子	19日
20日	癸卯	甲戌	壬寅	癸酉	癸卯	甲戌	甲辰	乙亥	丙午	丙子	丁未	丁丑	20日
21日	甲辰	乙亥	癸卯	甲戌	甲辰	乙亥	乙巳	丙子	丁未	丁丑	戊申	戊寅	21日
22日	乙巳	丙子	甲辰	乙亥	乙巳	丙子	丙午	丁丑	戊申	戊寅	己酉	己卯	22日
23日	丙午	丁丑	乙巳	丙子	丙午	丁丑	丁未	戊寅	己酉	己卯	庚戌	庚辰	23日
24日	丁未	戊寅	丙午	丁丑	丁未	戊寅	戊申	己卯	庚戌	庚辰	辛亥	辛巳	24日
25日	戊申	己卯	丁未	戊寅	戊申	己卯	己酉	庚辰	辛亥	辛巳	壬子	壬午	25日
26日	己酉	庚辰	戊申	己卯	己酉	庚辰	庚戌	辛巳	壬子	壬午	癸丑	癸未	26日
27日	庚戌	辛巳	己酉	庚辰	庚戌	辛巳	辛亥	壬午	癸丑	癸未	甲寅	甲申	27日
28日	辛亥	壬午	庚戌	辛巳	辛亥	壬午	壬子	癸未	甲寅	甲申	乙卯	乙酉	28日
29日	壬子		辛亥	壬午	壬子	癸未	癸丑	甲申	乙卯	乙酉	丙辰	丙戌	29日
30日	癸丑		壬子	癸未	癸丑	甲申	甲寅	乙酉	丙辰	丙戌	丁巳	丁亥	30日
31日	甲寅		癸丑		甲寅		乙卯	丙戌		丁亥		戊子	31日
翌1日	乙卯	癸未	甲寅	甲申	乙卯	乙酉	丙辰	丁亥	丁巳	戊子	戊午	己丑	翌1日
2日	丙辰	甲申	乙卯	乙酉	丙辰	丙戌	丁巳	戊子	戊午	己丑	己未	庚寅	2日
3日	丁巳	乙酉	丙辰	丙戌	丁巳	丁亥	戊午	己丑	己未	庚寅	庚申	辛卯	3日
4日		丙戌	丁巳	丁亥	戊午	戊子	己未	庚寅	庚申	辛卯	辛酉	壬辰	4日
5日		丁亥		戊子	己未	己丑	庚申	辛卯	辛酉	壬辰	壬戌	癸巳	5日
6日						庚寅	辛酉	壬辰	壬戌	癸巳	癸亥		6日
7日							壬戌	癸巳	癸亥	甲午			7日
8日									甲子				8日

1983年   檀紀4316年   癸亥 (八白)   正桃華一午戌

壬戌年

月 / 日(時間) / 日	1月	2月	3月	4月	5月	6月	7月	8月	9月	10月	11月	12月	日
(干支)	癸丑	甲寅	乙卯	丙辰	丁巳	戊午	己未	庚申	辛酉	壬戌	癸亥	甲子	
(節)	6日卯	4日酉	6日午	5日午	6日午	6日申	8日丑	8日未	8日未	9日午	8日辰	8日丑	
(時刻)	(前6 59)	(后6 40)	(后0 47)	(后5 44)	(前11 11)	(后3 26)	(前1 43)	(前11 30)	(后2 20)	(后5 51)	(后8 52)	(前1 34)	
4日		癸亥											4日
5日		甲子		癸亥									5日
6日	甲午	乙丑	癸巳	甲子	甲午	乙丑							6日
7日	乙未	丙寅	甲午	乙丑	乙未	丙寅							7日
8日	丙申	丁卯	乙未	丙寅	丙申	丁卯	丁酉	戊辰	己亥		庚子	庚午	8日
9日	丁酉	戊辰	丙申	丁卯	丁酉	戊辰	戊戌	己巳	庚子	庚子	辛丑	辛未	9日
10日	戊戌	己巳	丁酉	戊辰	戊戌	己巳	己亥	庚午	辛丑	辛丑	壬寅	壬申	10日
11日	己亥	庚午	戊戌	己巳	己亥	庚午	庚子	辛未	壬寅	壬寅	癸卯	癸酉	11日
12日	庚子	辛未	己亥	庚午	庚子	辛未	辛丑	壬申	癸卯	癸卯	甲辰	甲戌	12日
13日	辛丑	壬申	庚子	辛未	辛丑	壬申	壬寅	癸酉	甲辰	甲辰	乙巳	乙亥	13日
14日	壬寅	癸酉	辛丑	壬申	壬寅	癸酉	癸卯	甲戌	乙巳	乙巳	丙午	丙子	14日
15日	癸卯	甲戌	壬寅	癸酉	癸卯	甲戌	甲辰	乙亥	丙午	丙午	丁未	丁丑	15日
16日	甲辰	乙亥	癸卯	甲戌	甲辰	乙亥	乙巳	丙子	丁未	丁未	戊申	戊寅	16日
17日	乙巳	丙子	甲辰	乙亥	乙巳	丙子	丙午	丁丑	戊申	戊申	己酉	己卯	17日
18日	丙午	丁丑	乙巳	丙子	丙午	丁丑	丁未	戊寅	己酉	己酉	庚戌	庚辰	18日
19日	丁未	戊寅	丙午	丁丑	丁未	戊寅	戊申	己卯	庚戌	庚戌	辛亥	辛巳	19日
20日	戊申	己卯	丁未	戊寅	戊申	己卯	己酉	庚辰	辛亥	辛亥	壬子	壬午	20日
21日	己酉	庚辰	戊申	己卯	己酉	庚辰	庚戌	辛巳	壬子	壬子	癸丑	癸未	21日
22日	庚戌	辛巳	己酉	庚辰	庚戌	辛巳	辛亥	壬午	癸丑	癸丑	甲寅	甲申	22日
23日	辛亥	壬午	庚戌	辛巳	辛亥	壬午	壬子	癸未	甲寅	甲寅	乙卯	乙酉	23日
24日	壬子	癸未	辛亥	壬午	壬子	癸未	癸丑	甲申	乙卯	乙卯	丙辰	丙戌	24日
25日	癸丑	甲申	壬子	癸未	癸丑	甲申	甲寅	乙酉	丙辰	丙辰	丁巳	丁亥	25日
26日	甲寅	乙酉	癸丑	甲申	甲寅	乙酉	乙卯	丙戌	丁巳	丁巳	戊午	戊子	26日
27日	乙卯	丙戌	甲寅	乙酉	乙卯	丙戌	丙辰	丁亥	戊午	戊午	己未	己丑	27日
28日	丙辰	丁亥	乙卯	丙戌	丙辰	丁亥	丁巳	戊子	己未	己未	庚申	庚寅	28日
29日	丁巳		丙辰	丁亥	丁巳	戊子	戊午	己丑	庚申	庚申	辛酉	辛卯	29日
30日	戊午		丁巳	戊子	戊午	己丑	己未	庚寅	辛酉	辛酉	壬戌	壬辰	30日
31日	己未		戊午		己未		庚申	辛卯		壬戌		癸巳	31日
月1日	庚申	戊子	己未	己丑	庚申	庚寅	辛酉	壬辰	壬戌	癸亥	癸亥	甲午	月1日
2日	辛酉	己丑	庚申	庚寅	辛酉	辛卯	壬戌	癸巳	癸亥	甲子	甲子	乙未	2日
3日	壬戌	庚寅	辛酉	辛卯	壬戌	壬辰	癸亥	甲午	甲子	乙丑	乙丑	丙申	3日
4日		辛卯	壬戌	壬辰	癸亥	癸巳	甲子	乙未	乙丑	丙寅	丙寅	丁酉	4日
5日		壬辰		癸巳	甲子	甲午	乙丑	丙申	丙寅	丁卯	丁卯	戊戌	5日
6日						乙未	丙寅	丁酉	丁卯	戊辰	戊辰		6日
7日						丙申	丁卯	戊戌	戊辰	己巳	己巳		7日
8日									己巳				8日

1984年　檀紀4317年　甲子（七赤）　正桃華－巳亥

癸亥年

日	1月	2月	3月	4月	5月	6月	7月	8月	9月	10月	11月	12月	日
	乙丑	丙寅	丁卯	戊辰	己巳	庚午	辛未	壬申	癸酉	甲戌	乙亥	丙子	
	6日午	5日午	5日酉	5日子	5日申	5日巳	7日巳	7日酉	7日戌	8日午	7日未	7日	
	(后0.41)	(前0.19)	(后6.25)	(4日后11.22)	(后4.51)	(后9.09)	(前7.29)	(后5.18)	(后8.10)	(前11.43)	(后2.46)	(前7.28)	
4日													4日
5日		己巳	戊戌	己巳	己亥	庚午							5日
6日	己亥	庚午	己亥	庚午	庚子	辛未							6日
7日	庚子	辛未	庚子	辛未	辛丑	壬申	壬寅	癸酉	甲辰		乙巳	乙亥	7日
8日	辛丑	壬申	辛丑	壬申	壬寅	癸酉	癸卯	甲戌	乙巳	乙亥	丙午	丙子	8日
9日	壬寅	癸酉	壬寅	癸酉	癸卯	甲戌	甲辰	乙亥	丙午	丙子	丁未	丁丑	9日
10日	癸卯	甲戌	癸卯	甲戌	甲辰	乙亥	乙巳	丙子	丁未	丁丑	戊申	戊寅	10日
11日	甲辰	乙亥	甲辰	乙亥	乙巳	丙子	丙午	丁丑	戊申	戊寅	己酉	己卯	11日
12日	乙巳	丙子	乙巳	丙子	丙午	丁丑	丁未	戊寅	己酉	己卯	庚戌	庚辰	12日
13日	丙午	丁丑	丙午	丁丑	丁未	戊寅	戊申	己卯	庚戌	庚辰	辛亥	辛巳	13日
14日	丁未	戊寅	丁未	戊寅	戊申	己卯	己酉	庚辰	辛亥	辛巳	壬子	壬午	14日
15日	戊申	己卯	戊申	己卯	己酉	庚辰	庚戌	辛巳	壬子	壬午	癸丑	癸未	15日
16日	己酉	庚辰	己酉	庚辰	庚戌	辛巳	辛亥	壬午	癸丑	癸未	甲寅	甲申	16日
17日	庚戌	辛巳	庚戌	辛巳	辛亥	壬午	壬子	癸未	甲寅	甲申	乙卯	乙酉	17日
18日	辛亥	壬午	辛亥	壬午	壬子	癸未	癸丑	甲申	乙卯	乙酉	丙辰	丙戌	18日
19日	壬子	癸未	壬子	癸未	癸丑	甲申	甲寅	乙酉	丙辰	丙戌	丁巳	丁亥	19日
20日	癸丑	甲申	癸丑	甲申	甲寅	乙酉	乙卯	丙戌	丁巳	丁亥	戊午	戊子	20日
21日	甲寅	乙酉	甲寅	乙酉	乙卯	丙戌	丙辰	丁亥	戊午	戊子	己未	己丑	21日
22日	乙卯	丙戌	乙卯	丙戌	丙辰	丁亥	丁巳	戊子	己未	己丑	庚申	庚寅	22日
23日	丙辰	丁亥	丙辰	丁亥	丁巳	戊子	戊午	己丑	庚申	庚寅	辛酉	辛卯	23日
24日	丁巳	戊子	丁巳	戊子	戊午	己丑	己未	庚寅	辛酉	辛卯	壬戌	壬辰	24日
25日	戊午	己丑	戊午	己丑	己未	庚寅	庚申	辛卯	壬戌	壬辰	癸亥	癸巳	25日
26日	己未	庚寅	己未	庚寅	庚申	辛卯	辛酉	壬辰	癸亥	癸巳	甲子	甲午	26日
27日	庚申	辛卯	庚申	辛卯	辛酉	壬辰	壬戌	癸巳	甲子	甲午	乙丑	乙未	27日
28日	辛酉	壬辰	辛酉	壬辰	壬戌	癸巳	癸亥	甲午	乙丑	乙未	丙寅	丙申	28日
29日	壬戌	癸巳	壬戌	癸巳	癸亥	甲午	甲子	乙未	丙寅	丙申	丁卯	丁酉	29日
30日	癸亥		癸亥	甲午	甲子	乙未	乙丑	丙申	丁卯	丁酉	戊辰	戊戌	30日
31日	甲子		甲子		乙丑		丙寅	丁酉		戊戌		己亥	31日
翌月1日	乙丑	甲午	乙丑	乙未	丙寅	丙申	丁卯	戊戌	戊辰	己亥	己巳	庚子	翌月1日
2日	丙寅	乙未	丙寅	丙申	丁卯	丁酉	戊辰	己亥	己巳	庚子	庚午	辛丑	2日
3日	丁卯	丙申	丁卯	丁酉	戊辰	戊戌	己巳	庚子	庚午	辛丑	辛未	壬寅	3日
4日	戊辰	丁酉	戊辰	戊戌	己巳	己亥	庚午	辛丑	辛未	壬寅	壬申	癸卯	4日
5日						庚子	辛未	壬寅	壬申	癸卯	癸酉	甲辰	5日
6日						辛丑	壬申	癸卯	癸酉	甲辰	甲戌		6日
7日									甲戌				7日
8日													8日

1985年 檀紀4318年 乙丑(六白) 正桃華－巳亥

甲子年

月＼日	1月	2月	3月	4月	5月	6月	7月	8月	9月	10月	11月	12月	日
	丁丑	戊寅	己卯	庚辰	辛巳	壬午	癸未	甲申	乙酉	丙戌	丁亥	戊子	
(時間)	5日酉	4日卯	6日午	5日午	5日亥	6日寅	7日未	7日子	8日丑	8日寅	7日戌	7日未	
	(后6.35)	(前6.12)	(前0.16)	(前5.14)	(后10.43)	(前3.00)	(后1.19)	(后11.04)	(后1.53)	(后1.25)	(后8.29)	(后1.16)	
4 日		甲戌											4 日
5 日	甲辰	乙亥		甲戌	甲辰								5 日
6 日	乙巳	丙子	甲辰	乙亥	乙巳	丙子							6 日
7 日	丙午	丁丑	乙巳	丙子	丙午	丁丑	丁未	戊寅			庚戌	庚辰	7 日
8 日	丁未	戊寅	丙午	丁丑	丁未	戊寅	戊申	己卯	庚戌	庚辰	辛亥	辛巳	8 日
9 日	戊申	己卯	丁未	戊寅	戊申	己卯	己酉	庚辰	辛亥	辛巳	壬子	壬午	9 日
10 日	己酉	庚辰	戊申	己卯	己酉	庚辰	庚戌	辛巳	壬子	壬午	癸丑	癸未	10 日
11 日	庚戌	辛巳	己酉	庚辰	庚戌	辛巳	辛亥	壬午	癸丑	癸未	甲寅	甲申	11 日
12 日	辛亥	壬午	庚戌	辛巳	辛亥	壬午	壬子	癸未	甲寅	甲申	乙卯	乙酉	12 日
13 日	壬子	癸未	辛亥	壬午	壬子	癸未	癸丑	甲申	乙卯	乙酉	丙辰	丙戌	13 日
14 日	癸丑	甲申	壬子	癸未	癸丑	甲申	甲寅	乙酉	丙辰	丙戌	丁巳	丁亥	14 日
15 日	甲寅	乙酉	癸丑	甲申	甲寅	乙酉	乙卯	丙戌	丁巳	丁亥	戊午	戊子	15 日
16 日	乙卯	丙戌	甲寅	乙酉	乙卯	丙戌	丙辰	丁亥	戊午	戊子	己未	己丑	16 日
17 日	丙辰	丁亥	乙卯	丙戌	丙辰	丁亥	丁巳	戊子	己未	己丑	庚申	庚寅	17 日
18 日	丁巳	戊子	丙辰	丁亥	丁巳	戊子	戊午	己丑	庚申	庚寅	辛酉	辛卯	18 日
19 日	戊午	己丑	丁巳	戊子	戊午	己丑	己未	庚寅	辛酉	辛卯	壬戌	壬辰	19 日
20 日	己未	庚寅	戊午	己丑	己未	庚寅	庚申	辛卯	壬戌	壬辰	癸亥	癸巳	20 日
21 日	庚申	辛卯	己未	庚寅	庚申	辛卯	辛酉	壬辰	癸亥	癸巳	甲子	甲午	21 日
22 日	辛酉	壬辰	庚申	辛卯	辛酉	壬辰	壬戌	癸巳	甲子	甲午	乙丑	乙未	22 日
23 日	壬戌	癸巳	辛酉	壬辰	壬戌	癸巳	癸亥	甲午	乙丑	乙未	丙寅	丙申	23 日
24 日	癸亥	甲午	壬戌	癸巳	癸亥	甲午	甲子	乙未	丙寅	丙申	丁卯	丁酉	24 日
25 日	甲子	乙未	癸亥	甲午	甲子	乙未	乙丑	丙申	丁卯	丁酉	戊辰	戊戌	25 日
26 日	乙丑	丙申	甲子	乙未	乙丑	丙申	丙寅	丁酉	戊辰	戊戌	己巳	己亥	26 日
27 日	丙寅	丁酉	乙丑	丙申	丙寅	丁酉	丁卯	戊戌	己巳	己亥	庚午	庚子	27 日
28 日	丁卯	戊戌	丙寅	丁酉	丁卯	戊戌	戊辰	己亥	庚午	庚子	辛未	辛丑	28 日
29 日	戊辰		丁卯	戊戌	戊辰	己亥	己巳	庚子	辛未	辛丑	壬申	壬寅	29 日
30 日	己巳		戊辰	己亥	己巳	庚子	庚午	辛丑	壬申	壬寅	癸酉	癸卯	30 日
31 日	庚午		己巳		庚午		辛未	壬寅		癸卯		甲辰	31 日
閏月1日	辛未	己亥	庚午	庚子	辛未	辛丑	壬申	癸卯	癸酉	甲辰	甲戌	乙巳	閏月1日
2日	壬申	庚子	辛未	辛丑	壬申	壬寅	癸酉	甲辰	甲戌	乙巳	乙亥	丙午	2日
3日	癸酉	辛丑	壬申	壬寅	癸酉	癸卯	甲戌	乙巳	乙亥	丙午	丙子	丁未	3日
4日		壬寅	癸酉	癸卯	甲戌	甲辰	乙亥	丙午	丙子	丁未	丁丑	戊申	4日
5日		癸卯			乙亥	乙巳	丙子	丁未	丁丑	戊申	戊寅	己酉	5日
6日						丙午	丁丑	戊申	戊寅	己酉	己卯		6日
7日								己酉	己卯				7日
8日													8日

1986年　檀紀4319年　丙寅（五黄）　正桃華—子申

乙丑年

月 日	1月	2月	3月	4月	5月	6月	7月	8月	9月	10月	11月	12月	日
干支	己丑	庚寅	辛卯	壬辰	癸巳	甲午	乙未	丙申	丁酉	戊戌	己亥	庚子	
節	6日子	4日午	6日卯	5日卯	6日寅	6日辰	7日戌	8日寅	8日辰	9日子	8日丑	7日戌	
時	(前0.28)	(后0.08)	(前6.12)	(前11.6)	(前4.31)	(前8.44)	(后7.01)	(前4.46)	(后7.35)	(8日后11.07)	(前2.13)	(后7.01)	
4日		己卯											4日
5日		庚辰		己卯									5日
6日	庚戌	辛巳	己酉	庚辰	庚戌	辛巳							6日
7日	辛亥	壬午	庚戌	辛巳	辛亥	壬午	壬子					乙酉	7日
8日	壬子	癸未	辛亥	壬午	壬子	癸未	癸丑	甲申	乙卯	乙酉	丙辰	丙戌	8日
9日	癸丑	甲申	壬子	癸未	癸丑	甲申	甲寅	乙酉	丙辰	丙戌	丁巳	丁亥	9日
10日	甲寅	乙酉	癸丑	甲申	甲寅	乙酉	乙卯	丙戌	丁巳	丁亥	戊午	戊子	10日
11日	乙卯	丙戌	甲寅	乙酉	乙卯	丙戌	丙辰	丁亥	戊午	戊子	己未	己丑	11日
12日	丙辰	丁亥	乙卯	丙戌	丙辰	丁亥	丁巳	戊子	己未	己丑	庚申	庚寅	12日
13日	丁巳	戊子	丙辰	丁亥	丁巳	戊子	戊午	己丑	庚申	庚寅	辛酉	辛卯	13日
14日	戊午	己丑	丁巳	戊子	戊午	己丑	己未	庚寅	辛酉	辛卯	壬戌	壬辰	14日
15日	己未	庚寅	戊午	己丑	己未	庚寅	庚申	辛卯	壬戌	壬辰	癸亥	癸巳	15日
16日	庚申	辛卯	己未	庚寅	庚申	辛卯	辛酉	壬辰	癸亥	癸巳	甲子	甲午	16日
17日	辛酉	壬辰	庚申	辛卯	辛酉	壬辰	壬戌	癸巳	甲子	甲午	乙丑	乙未	17日
18日	壬戌	癸巳	辛酉	壬辰	壬戌	癸巳	癸亥	甲午	乙丑	乙未	丙寅	丙申	18日
19日	癸亥	甲午	壬戌	癸巳	癸亥	甲午	甲子	乙未	丙寅	丙申	丁卯	丁酉	19日
20日	甲子	乙未	癸亥	甲午	甲子	乙未	乙丑	丙申	丁卯	丁酉	戊辰	戊戌	20日
21日	乙丑	丙申	甲子	乙未	乙丑	丙申	丙寅	丁酉	戊辰	戊戌	己巳	己亥	21日
22日	丙寅	丁酉	乙丑	丙申	丙寅	丁酉	丁卯	戊戌	己巳	己亥	庚午	庚子	22日
23日	丁卯	戊戌	丙寅	丁酉	丁卯	戊戌	戊辰	己亥	庚午	庚子	辛未	辛丑	23日
24日	戊辰	己亥	丁卯	戊戌	戊辰	己亥	己巳	庚子	辛未	辛丑	壬申	壬寅	24日
25日	己巳	庚子	戊辰	己亥	己巳	庚子	庚午	辛丑	壬申	壬寅	癸酉	癸卯	25日
26日	庚午	辛丑	己巳	庚子	庚午	辛丑	辛未	壬寅	癸酉	癸卯	甲戌	甲辰	26日
27日	辛未	壬寅	庚午	辛丑	辛未	壬寅	壬申	癸卯	甲戌	甲辰	乙亥	乙巳	27日
28日	壬申	癸卯	辛未	壬寅	壬申	癸卯	癸酉	甲辰	乙亥	乙巳	丙子	丙午	28日
29日	癸酉		壬申	癸卯	癸酉	甲辰	甲戌	乙巳	丙子	丙午	丁丑	丁未	29日
30日	甲戌		癸酉	甲辰	甲戌	乙巳	乙亥	丙午	丁丑	丁未	戊寅	戊申	30日
31日	乙亥		甲戌		乙亥		丙子	丁未		戊申		己酉	31日
翌1日	丙子	甲辰	乙亥	乙巳	丙子	丙午	丁丑	戊申	戊寅	己酉	己卯	庚戌	翌1日
2日	丁丑	乙巳	丙子	丙午	丁丑	丁未	戊寅	己酉	己卯	庚戌	庚辰	辛亥	2日
3日	戊寅	丙午	丁丑	丁未	戊寅	戊申	己卯	庚戌	庚辰	辛亥	辛巳	壬子	3日
4日		丁未	戊寅	戊申	己卯	己酉	庚辰	辛亥	辛巳	壬子	壬午	癸丑	4日
5日		戊申		己酉	庚辰	庚戌	辛巳	壬子	壬午	癸丑	癸未	甲寅	5日
6日						辛亥	壬午	癸丑	癸未	甲寅	甲申		6日
7日							癸未	甲寅	甲申	乙卯			7日
8日									乙酉				8日

1987年　檀紀4320年　丁卯 (四綠)　正桃華－子申

丙寅年

月 / 節入日辰(時間) / 日	1月	2月	3月	4月	5月	6月	7月	8月	9月	10月	11月	12月	日
(月建)	辛丑	壬寅	癸卯	甲辰	乙巳	丙午	丁未	戊申	己酉	庚戌	辛亥	壬子	
節入	6日卯 (前6.13)	4日酉 (后5.52)	6日午 (后11.54)	5日申 (后4.44)	6日巳 (后10.06)	6日未 (后2.19)	8日子 (后0.39)	8日子 (前10.29)	8日未 (后1.24)	9日酉 (后5.00)	8日辰 (后8.06)	8日子 (前0.52)	
4 日		甲申											4 日
5 日		乙酉		甲申									5 日
6 日	乙卯	丙戌	甲寅	乙酉	乙卯	丙戌							6 日
7 日	丙辰	丁亥	乙卯	丙戌	丙辰	丁亥							7 日
8 日	丁巳	戊子	丙辰	丁亥	丁巳	戊子	戊午	己丑	庚申		辛酉	辛卯	8 日
9 日	戊午	己丑	丁巳	戊子	戊午	己丑	己未	庚寅	辛酉	辛卯	壬戌	壬辰	9 日
10 日	己未	庚寅	戊午	己丑	己未	庚寅	庚申	辛卯	壬戌	壬辰	癸亥	癸巳	10 日
11 日	庚申	辛卯	己未	庚寅	庚申	辛卯	辛酉	壬辰	癸亥	癸巳	甲子	甲午	11 日
12 日	辛酉	壬辰	庚申	辛卯	辛酉	壬辰	壬戌	癸巳	甲子	甲午	乙丑	乙未	12 日
13 日	壬戌	癸巳	辛酉	壬辰	壬戌	癸巳	癸亥	甲午	乙丑	乙未	丙寅	丙申	13 日
14 日	癸亥	甲午	壬戌	癸巳	癸亥	甲午	甲子	乙未	丙寅	丙申	丁卯	丁酉	14 日
15 日	甲子	乙未	癸亥	甲午	甲子	乙未	乙丑	丙申	丁卯	丁酉	戊辰	戊戌	15 日
16 日	乙丑	丙申	甲子	乙未	乙丑	丙申	丙寅	丁酉	戊辰	戊戌	己巳	己亥	16 日
17 日	丙寅	丁酉	乙丑	丙申	丙寅	丁酉	丁卯	戊戌	己巳	己亥	庚午	庚子	17 日
18 日	丁卯	戊戌	丙寅	丁酉	丁卯	戊戌	戊辰	己亥	庚午	庚子	辛未	辛丑	18 日
19 日	戊辰	己亥	丁卯	戊戌	戊辰	己亥	己巳	庚子	辛未	辛丑	壬申	壬寅	19 日
20 日	己巳	庚子	戊辰	己亥	己巳	庚子	庚午	辛丑	壬申	壬寅	癸酉	癸卯	20 日
21 日	庚午	辛丑	己巳	庚子	庚午	辛丑	辛未	壬寅	癸酉	癸卯	甲戌	甲辰	21 日
22 日	辛未	壬寅	庚午	辛丑	辛未	壬寅	壬申	癸卯	甲戌	甲辰	乙亥	乙巳	22 日
23 日	壬申	癸卯	辛未	壬寅	壬申	癸卯	癸酉	甲辰	乙亥	乙巳	丙子	丙午	23 日
24 日	癸酉	甲辰	壬申	癸卯	癸酉	甲辰	甲戌	乙巳	丙子	丙午	丁丑	丁未	24 日
25 日	甲戌	乙巳	癸酉	甲辰	甲戌	乙巳	乙亥	丙午	丁丑	丁未	戊寅	戊申	25 日
26 日	乙亥	丙午	甲戌	乙巳	乙亥	丙午	丙子	丁未	戊寅	戊申	己卯	己酉	26 日
27 日	丙子	丁未	乙亥	丙午	丙子	丁未	丁丑	戊申	己卯	己酉	庚辰	庚戌	27 日
28 日	丁丑	戊申	丙子	丁未	丁丑	戊申	戊寅	己酉	庚辰	庚戌	辛巳	辛亥	28 日
29 日	戊寅		丁丑	戊申	戊寅	己酉	己卯	庚戌	辛巳	辛亥	壬午	壬子	29 日
30 日	己卯		戊寅	己酉	己卯	庚戌	庚辰	辛亥	壬午	壬子	癸未	癸丑	30 日
31 日	庚辰		己卯		庚辰		辛巳	壬子		癸丑		甲寅	31 日
翌1日	辛巳	己酉	庚辰	庚戌	辛巳	辛亥	壬午	癸丑	癸未	甲寅	甲申	乙卯	翌1日
2日	壬午	庚戌	辛巳	辛亥	壬午	壬子	癸未	甲寅	甲申	乙卯	乙酉	丙辰	2日
3日	癸未	辛亥	壬午	壬子	癸未	癸丑	甲申	乙卯	乙酉	丙辰	丙戌	丁巳	3日
4日		壬子	癸未	癸丑	甲申	甲寅	乙酉	丙辰	丙戌	丁巳	丁亥	戊午	4日
5日		癸丑		甲寅	乙酉	乙卯	丙戌	丁巳	丁亥	戊午	戊子	己未	5日
6日						丙辰	丁亥	戊午	戊子	己未	己丑		6日
7日						丁巳	戊子	己未	己丑	庚申	庚寅		7日
8日									庚寅				8日

1988年　檀紀4321年　戊辰 (三碧)　正桃華-卯亥

丁卯年

月/日	1月	2月	3月	4月	5月	6月	7月	8月	9月	10月	11月	12月	月/日
節入日時刻	癸丑	甲寅	乙卯	丙辰	丁巳	戊午	己未	庚申	辛酉	壬戌	癸亥	甲子	
	6日午	5日子	5日酉	4日亥	5日申	5日戌	7日卯	7日申	7日戌	8日巳	7日未	7日卯	
	(后0.04)	(4日后11.43)	(后5.47)	(后10.39)	(后4.02)	(后8.15)	(前6.33)	(后4.20)	(后7.12)	(前10.45)	(后1.49)	(前6.34)	
4日				己丑									4日
5日		庚寅	己未	庚寅	庚申	辛卯							5日
6日	庚申	辛卯	庚申	辛卯	辛酉	壬辰							6日
7日	辛酉	壬辰	辛酉	壬辰	壬戌	癸巳	癸亥	甲午	乙丑		丙寅	丙申	7日
8日	壬戌	癸巳	壬戌	癸巳	癸亥	甲午	甲子	乙未	丙寅	丙申	丁卯	丁酉	8日
9日	癸亥	甲午	癸亥	甲午	甲子	乙未	乙丑	丙申	丁卯	丁酉	戊辰	戊戌	9日
10日	甲子	乙未	甲子	乙未	乙丑	丙申	丙寅	丁酉	戊辰	戊戌	己巳	己亥	10日
11日	乙丑	丙申	乙丑	丙申	丙寅	丁酉	丁卯	戊戌	己巳	己亥	庚午	庚子	11日
12日	丙寅	丁酉	丙寅	丁酉	丁卯	戊戌	戊辰	己亥	庚午	庚子	辛未	辛丑	12日
13日	丁卯	戊戌	丁卯	戊戌	戊辰	己亥	己巳	庚子	辛未	辛丑	壬申	壬寅	13日
14日	戊辰	己亥	戊辰	己亥	己巳	庚子	庚午	辛丑	壬申	壬寅	癸酉	癸卯	14日
15日	己巳	庚子	己巳	庚子	庚午	辛丑	辛未	壬寅	癸酉	癸卯	甲戌	甲辰	15日
16日	庚午	辛丑	庚午	辛丑	辛未	壬寅	壬申	癸卯	甲戌	甲辰	乙亥	乙巳	16日
17日	辛未	壬寅	辛未	壬寅	壬申	癸卯	癸酉	甲辰	乙亥	乙巳	丙子	丙午	17日
18日	壬申	癸卯	壬申	癸卯	癸酉	甲辰	甲戌	乙巳	丙子	丙午	丁丑	丁未	18日
19日	癸酉	甲辰	癸酉	甲辰	甲戌	乙巳	乙亥	丙午	丁丑	丁未	戊寅	戊申	19日
20日	甲戌	乙巳	甲戌	乙巳	乙亥	丙午	丙子	丁未	戊寅	戊申	己卯	己酉	20日
21日	乙亥	丙午	乙亥	丙午	丙子	丁未	丁丑	戊申	己卯	己酉	庚辰	庚戌	21日
22日	丙子	丁未	丙子	丁未	丁丑	戊申	戊寅	己酉	庚辰	庚戌	辛巳	辛亥	22日
23日	丁丑	戊申	丁丑	戊申	戊寅	己酉	己卯	庚戌	辛巳	辛亥	壬午	壬子	23日
24日	戊寅	己酉	戊寅	己酉	己卯	庚戌	庚辰	辛亥	壬午	壬子	癸未	癸丑	24日
25日	己卯	庚戌	己卯	庚戌	庚辰	辛亥	辛巳	壬子	癸未	癸丑	甲申	甲寅	25日
26日	庚辰	辛亥	庚辰	辛亥	辛巳	壬子	壬午	癸丑	甲申	甲寅	乙酉	乙卯	26日
27日	辛巳	壬子	辛巳	壬子	壬午	癸丑	癸未	甲寅	乙酉	乙卯	丙戌	丙辰	27日
28日	壬午	癸丑	壬午	癸丑	癸未	甲寅	甲申	乙卯	丙戌	丙辰	丁亥	丁巳	28日
29日	癸未	甲寅	癸未	甲寅	甲申	乙卯	乙酉	丙辰	丁亥	丁巳	戊子	戊午	29日
30日	甲申		甲申	乙卯	乙酉	丙辰	丙戌	丁巳	戊子	戊午	己丑	己未	30日
31日	乙酉		乙酉		丙戌		丁亥	戊午		己未		庚申	31日
翌月1日	丙戌	乙卯	丙戌	丙辰	丁亥	丁巳	戊子	己未	己丑	庚申	庚寅	辛酉	翌月1日
2日	丁亥	丙辰	丁亥	丁巳	戊子	戊午	己丑	庚申	庚寅	辛酉	辛卯	壬戌	2日
3日	戊子	丁巳	戊子	戊午	己丑	己未	庚寅	辛酉	辛卯	壬戌	壬辰	癸亥	3日
4日	己丑	戊午		己未	庚寅	庚申	辛卯	壬戌	壬辰	癸亥	癸巳	甲子	4日
5日						辛酉	壬辰	癸亥	癸巳	甲子	甲午		5日
6日						壬戌	癸巳	甲子	甲午	乙丑	乙未		6日
7日									乙未				7日
8日													8日

1989年　檀紀4322年　己巳(二黑)　正桃華－卯亥

戊辰年

日 (節入日月時間)	1月 乙丑 5日酉 (后5.46)	2月 丙寅 4日卯 (前5.27)	3月 丁卯 6日寅 (后11.34)	4月 戊辰 5日寅 (前4.30)	5月 己巳 5日亥 (后9.54)	6月 庚午 6日丑 (前2.05)	7月 辛未 7日午 (后0.19)	8月 壬申 7日亥 (后10.04)	9月 癸酉 8日子 (前0.54)	10月 甲戌 8日申 (后4.27)	11月 乙亥 7日戌 (后7.34)	12月 丙子 7日午 (后0.21)	日
4日		乙未											4日
5日	乙丑	丙申		乙未	乙丑								5日
6日	丙寅	丁酉	乙丑	丙申	丙寅	丁酉							6日
7日	丁卯	戊戌	丙寅	丁酉	丁卯	戊戌	戊辰	己亥			辛未	辛丑	7日
8日	戊辰	己亥	丁卯	戊戌	戊辰	己亥	己巳	庚子	辛未	辛丑	壬申	壬寅	8日
9日	己巳	庚子	戊辰	己亥	己巳	庚子	庚午	辛丑	壬申	壬寅	癸酉	癸卯	9日
10日	庚午	辛丑	己巳	庚子	庚午	辛丑	辛未	壬寅	癸酉	癸卯	甲戌	甲辰	10日
11日	辛未	壬寅	庚午	辛丑	辛未	壬寅	壬申	癸卯	甲戌	甲辰	乙亥	乙巳	11日
12日	壬申	癸卯	辛未	壬寅	壬申	癸卯	癸酉	甲辰	乙亥	乙巳	丙子	丙午	12日
13日	癸酉	甲辰	壬申	癸卯	癸酉	甲辰	甲戌	乙巳	丙子	丙午	丁丑	丁未	13日
14日	甲戌	乙巳	癸酉	甲辰	甲戌	乙巳	乙亥	丙午	丁丑	丁未	戊寅	戊申	14日
15日	乙亥	丙午	甲戌	乙巳	乙亥	丙午	丙子	丁未	戊寅	戊申	己卯	己酉	15日
16日	丙子	丁未	乙亥	丙午	丙子	丁未	丁丑	戊申	己卯	己酉	庚辰	庚戌	16日
17日	丁丑	戊申	丙子	丁未	丁丑	戊申	戊寅	己酉	庚辰	庚戌	辛巳	辛亥	17日
18日	戊寅	己酉	丁丑	戊申	戊寅	己酉	己卯	庚戌	辛巳	辛亥	壬午	壬子	18日
19日	己卯	庚戌	戊寅	己酉	己卯	庚戌	庚辰	辛亥	壬午	壬子	癸未	癸丑	19日
20日	庚辰	辛亥	己卯	庚戌	庚辰	辛亥	辛巳	壬子	癸未	癸丑	甲申	甲寅	20日
21日	辛巳	壬子	庚辰	辛亥	辛巳	壬子	壬午	癸丑	甲申	甲寅	乙酉	乙卯	21日
22日	壬午	癸丑	辛巳	壬子	壬午	癸丑	癸未	甲寅	乙酉	乙卯	丙戌	丙辰	22日
23日	癸未	甲寅	壬午	癸丑	癸未	甲寅	甲申	乙卯	丙戌	丙辰	丁亥	丁巳	23日
24日	甲申	乙卯	癸未	甲寅	甲申	乙卯	乙酉	丙辰	丁亥	丁巳	戊子	戊午	24日
25日	乙酉	丙辰	甲申	乙卯	乙酉	丙辰	丙戌	丁巳	戊子	戊午	己丑	己未	25日
26日	丙戌	丁巳	乙酉	丙辰	丙戌	丁巳	丁亥	戊午	己丑	己未	庚寅	庚申	26日
27日	丁亥	戊午	丙戌	丁巳	丁亥	戊午	戊子	己未	庚寅	庚申	辛卯	辛酉	27日
28日	戊子	己未	丁亥	戊午	戊子	己未	己丑	庚申	辛卯	辛酉	壬辰	壬戌	28日
29日	己丑		戊子	己未	己丑	庚申	庚寅	辛酉	壬辰	壬戌	癸巳	癸亥	29日
30日	庚寅		己丑	庚申	庚寅	辛酉	辛卯	壬戌	癸巳	癸亥	甲午	甲子	30日
31日	辛卯		庚寅		辛卯		壬辰	癸亥		甲子		乙丑	31日
翌1日	壬辰	庚申	辛卯	辛酉	壬辰	壬戌	癸巳	甲子	甲午	乙丑	乙未	丙寅	翌1日
2日	癸巳	辛酉	壬辰	壬戌	癸巳	癸亥	甲午	乙丑	乙未	丙寅	丙申	丁卯	2日
3日	甲午	壬戌	癸巳	癸亥	甲午	甲子	乙未	丙寅	丙申	丁卯	丁酉	戊辰	3日
4日		癸亥	甲午	甲子	乙未	乙丑	丙申	丁卯	丁酉	戊辰	戊戌	己巳	4日
5日		甲子			丙申	丙寅	丁酉	戊辰	戊戌	己巳	己亥	庚午	5日
6日						丁卯	戊戌	己巳	己亥	庚午	庚子		6日
7日								庚午	庚子				7日
8日													8日

1990年 檀紀4323年 庚午(一白) 正桃華-戌午

己巳年

月	1月	2月	3月	4月	5月	6月	7月	8月	9月	10月	11月	12月	月
節入干支	丁丑	戊寅	己卯	庚辰	辛巳	壬午	癸未	甲申	乙酉	丙戌	丁亥	戊子	
日	5日子	4日午	6日卯	5日巳	6日寅	6日辰	7日酉	8日午	8日卯	8日亥	8日丑	7日酉	日
時間	后11.33	前11.14	前5.19	后10.13	前6.00	前3.35	后7.45	后6.00	后3.46	前6.37	后10.14	前1.23	后6.14
4日		庚子											4日
5日		辛丑		庚子									5日
6日	辛未	壬寅	庚午	辛丑	辛未	壬寅							6日
7日	壬申	癸卯	辛未	壬寅	壬申	癸卯	癸酉					丙午	7日
8日	癸酉	甲辰	壬申	癸卯	癸酉	甲辰	甲戌	乙巳	丙子	丙午	丁丑	丁未	8日
9日	甲戌	乙巳	癸酉	甲辰	甲戌	乙巳	乙亥	丙午	丁丑	丁未	戊寅	戊申	9日
10日	乙亥	丙午	甲戌	乙巳	乙亥	丙午	丙子	丁未	戊寅	戊申	己卯	己酉	10日
11日	丙子	丁未	乙亥	丙午	丙子	丁未	丁丑	戊申	己卯	己酉	庚辰	庚戌	11日
12日	丁丑	戊申	丙子	丁未	丁丑	戊申	戊寅	己酉	庚辰	庚戌	辛巳	辛亥	12日
13日	戊寅	己酉	丁丑	戊申	戊寅	己酉	己卯	庚戌	辛巳	辛亥	壬午	壬子	13日
14日	己卯	庚戌	戊寅	己酉	己卯	庚戌	庚辰	辛亥	壬午	壬子	癸未	癸丑	14日
15日	庚辰	辛亥	己卯	庚戌	庚辰	辛亥	辛巳	壬子	癸未	癸丑	甲申	甲寅	15日
16日	辛巳	壬子	庚辰	辛亥	辛巳	壬子	壬午	癸丑	甲申	甲寅	乙酉	乙卯	16日
17日	壬午	癸丑	辛巳	壬子	壬午	癸丑	癸未	甲寅	乙酉	乙卯	丙戌	丙辰	17日
18日	癸未	甲寅	壬午	癸丑	癸未	甲寅	甲申	乙卯	丙戌	丙辰	丁亥	丁巳	18日
19日	甲申	乙卯	癸未	甲寅	甲申	乙卯	乙酉	丙辰	丁亥	丁巳	戊子	戊午	19日
20日	乙酉	丙辰	甲申	乙卯	乙酉	丙辰	丙戌	丁巳	戊子	戊午	己丑	己未	20日
21日	丙戌	丁巳	乙酉	丙辰	丙戌	丁巳	丁亥	戊午	己丑	己未	庚寅	庚申	21日
22日	丁亥	戊午	丙戌	丁巳	丁亥	戊午	戊子	己未	庚寅	庚申	辛卯	辛酉	22日
23日	戊子	己未	丁亥	戊午	戊子	己未	己丑	庚申	辛卯	辛酉	壬辰	壬戌	23日
24日	己丑	庚申	戊子	己未	己丑	庚申	庚寅	辛酉	壬辰	壬戌	癸巳	癸亥	24日
25日	庚寅	辛酉	己丑	庚申	庚寅	辛酉	辛卯	壬戌	癸巳	癸亥	甲午	甲子	25日
26日	辛卯	壬戌	庚寅	辛酉	辛卯	壬戌	壬辰	癸亥	甲午	甲子	乙未	乙丑	26日
27日	壬辰	癸亥	辛卯	壬戌	壬辰	癸亥	癸巳	甲子	乙未	乙丑	丙申	丙寅	27日
28日	癸巳	甲子	壬辰	癸亥	癸巳	甲子	甲午	乙丑	丙申	丙寅	丁酉	丁卯	28日
29日	甲午		癸巳	甲子	甲午	乙丑	乙未	丙寅	丁酉	丁卯	戊戌	戊辰	29日
30日	乙未		甲午	乙丑	乙未	丙寅	丙申	丁卯	戊戌	戊辰	己亥	己巳	30日
31日	丙申		乙未		丙申		丁酉	戊辰		己巳		庚午	31日
1日	丁酉	乙丑	丙申	丙寅	丁酉	丁卯	戊戌	己巳	己亥	庚午	庚子	辛未	1日
2日	戊戌	丙寅	丁酉	丁卯	戊戌	戊辰	己亥	庚午	庚子	辛未	辛丑	壬申	2日
3日	己亥	丁卯	戊戌	戊辰	己亥	己巳	庚子	辛未	辛丑	壬申	壬寅	癸酉	3日
4日		戊辰	己亥	己巳	庚子	庚午	辛丑	壬申	壬寅	癸酉	癸卯	甲戌	4日
5日		己巳		庚午	辛丑	辛未	壬寅	癸酉	癸卯	甲戌	甲辰	乙亥	5日
6日						壬申	癸卯	甲戌	甲辰	乙亥	乙巳		6日
7日							甲辰	乙亥	乙巳	丙子			7日
8日													8日

1991年　檀紀4324年　辛未 (九紫)　正桃華－戊午

庚午年

日＼月	1月	2月	3月	4月	5月	6月	7月	8月	9月	10月	11月	12月	日
月建	己丑	庚寅	辛卯	壬辰	癸巳	甲午	乙未	丙申	丁酉	戊戌	己亥	庚子	
節入	6日卯	4日酉	6日申	5日申	6日巳	6日未	8日子	8日巳	8日午	9日午	8日辰	7日午	
時間	(前5.28)	(后5.08)	(前11.12)	(后4.05)	(前9.27)	(后1.38)	(后11.53)	(前9.37)	(后12.27)	(前4.01)	(前7.10)	(后1.56)	
4日		乙巳											4日
5日		丙午		乙巳									5日
6日	丙子	丁未	乙亥	丙午	丙子	丁未							6日
7日	丁丑	戊申	丙子	丁未	丁丑	戊申							7日
8日	戊寅	己酉	丁丑	戊申	戊寅	己酉	己卯	庚戌	辛巳		壬午	壬子	8日
9日	己卯	庚戌	戊寅	己酉	己卯	庚戌	庚辰	辛亥	壬午	壬子	癸未	癸丑	9日
10日	庚辰	辛亥	己卯	庚戌	庚辰	辛亥	辛巳	壬子	癸未	癸丑	甲申	甲寅	10日
11日	辛巳	壬子	庚辰	辛亥	辛巳	壬子	壬午	癸丑	甲申	甲寅	乙酉	乙卯	11日
12日	壬午	癸丑	辛巳	壬子	壬午	癸丑	癸未	甲寅	乙酉	乙卯	丙戌	丙辰	12日
13日	癸未	甲寅	壬午	癸丑	癸未	甲寅	甲申	乙卯	丙戌	丙辰	丁亥	丁巳	13日
14日	甲申	乙卯	癸未	甲寅	甲申	乙卯	乙酉	丙辰	丁亥	丁巳	戊子	戊午	14日
15日	乙酉	丙辰	甲申	乙卯	乙酉	丙辰	丙戌	丁巳	戊子	戊午	己丑	己未	15日
16日	丙戌	丁巳	乙酉	丙辰	丙戌	丁巳	丁亥	戊午	己丑	己未	庚寅	庚申	16日
17日	丁亥	戊午	丙戌	丁巳	丁亥	戊午	戊子	己未	庚寅	庚申	辛卯	辛酉	17日
18日	戊子	己未	丁亥	戊午	戊子	己未	己丑	庚申	辛卯	辛酉	壬辰	壬戌	18日
19日	己丑	庚申	戊子	己未	己丑	庚申	庚寅	辛酉	壬辰	壬戌	癸巳	癸亥	19日
20日	庚寅	辛酉	己丑	庚申	庚寅	辛酉	辛卯	壬戌	癸巳	癸亥	甲午	甲子	20日
21日	辛卯	壬戌	庚寅	辛酉	辛卯	壬戌	壬辰	癸亥	甲午	甲子	乙未	乙丑	21日
22日	壬辰	癸亥	辛卯	壬戌	壬辰	癸亥	癸巳	甲子	乙未	乙丑	丙申	丙寅	22日
23日	癸巳	甲子	壬辰	癸亥	癸巳	甲子	甲午	乙丑	丙申	丙寅	丁酉	丁卯	23日
24日	甲午	乙丑	癸巳	甲子	甲午	乙丑	乙未	丙寅	丁酉	丁卯	戊戌	戊辰	24日
25日	乙未	丙寅	甲午	乙丑	乙未	丙寅	丙申	丁卯	戊戌	戊辰	己亥	己巳	25日
26日	丙申	丁卯	乙未	丙寅	丙申	丁卯	丁酉	戊辰	己亥	己巳	庚子	庚午	26日
27日	丁酉	戊辰	丙申	丁卯	丁酉	戊辰	戊戌	己巳	庚子	庚午	辛丑	辛未	27日
28日	戊戌	己巳	丁酉	戊辰	戊戌	己巳	己亥	庚午	辛丑	辛未	壬寅	壬申	28日
29日	己亥		戊戌	己巳	己亥	庚午	庚子	辛未	壬寅	壬申	癸卯	癸酉	29日
30日	庚子		己亥	庚午	庚子	辛未	辛丑	壬申	癸卯	癸酉	甲辰	甲戌	30日
31日	辛丑		庚子		辛丑		壬寅	癸酉		甲戌		乙亥	31日
翌1日	壬寅	庚午	辛丑	辛未	壬寅	壬申	癸卯	甲戌	甲辰	乙亥	乙巳	丙子	1日
2日	癸卯	辛未	壬寅	壬申	癸卯	癸酉	甲辰	乙亥	乙巳	丙子	丙午	丁丑	2日
3日	甲辰	壬申	癸卯	癸酉	甲辰	甲戌	乙巳	丙子	丙午	丁丑	丁未	戊寅	3日
4日		癸酉	甲辰	甲戌	乙巳	乙亥	丙午	丁丑	丁未	戊寅	戊申	己卯	4日
5日		甲戌		乙亥	丙午	丙子	丁未	戊寅	戊申	己卯	己酉	庚辰	5日
6日						丁丑	戊申	己卯	己酉	庚辰	庚戌		6日
7日						戊寅	己酉	庚辰	庚戌	辛巳			7日
8日									辛亥				8日

1992年　檀紀4325年　壬申(八白)　正桃華-巳亥

月 / 日	1月 辛丑	2月 壬寅	3月 癸卯	4月 甲辰	5月 乙巳	6月 丙午	7月 丁未	8月 戊申	9月 己酉	10月 庚戌	11月 辛亥	12月 壬子	日
辛未年													
4 日		庚戌		庚戌									4 日
5 日		辛亥	庚辰	辛亥	辛巳	壬子							5 日
6 日	辛巳	壬子	辛巳	壬子	壬午	癸丑							6 日
7 日	壬午	癸丑	壬午	癸丑	癸未	甲寅	甲申	乙卯	丙戌		丁亥	丁巳	7 日
8 日	癸未	甲寅	癸未	甲寅	甲申	乙卯	乙酉	丙辰	丁亥	丁巳	戊子	戊午	8 日
9 日	甲申	乙卯	甲申	乙卯	乙酉	丙辰	丙戌	丁巳	戊子	戊午	己丑	己未	9 日
10 日	乙酉	丙辰	乙酉	丙辰	丙戌	丁巳	丁亥	戊午	己丑	己未	庚寅	庚申	10 日
11 日	丙戌	丁巳	丙戌	丁巳	丁亥	戊午	戊子	己未	庚寅	庚申	辛卯	辛酉	11 日
12 日	丁亥	戊午	丁亥	戊午	戊子	己未	己丑	庚申	辛卯	辛酉	壬辰	壬戌	12 日
13 日	戊子	己未	戊子	己未	己丑	庚申	庚寅	辛酉	壬辰	壬戌	癸巳	癸亥	13 日
14 日	己丑	庚申	己丑	庚申	庚寅	辛酉	辛卯	壬戌	癸巳	癸亥	甲午	甲子	14 日
15 日	庚寅	辛酉	庚寅	辛酉	辛卯	壬戌	壬辰	癸亥	甲午	甲子	乙未	乙丑	15 日
16 日	辛卯	壬戌	辛卯	壬戌	壬辰	癸亥	癸巳	甲子	乙未	乙丑	丙申	丙寅	16 日
17 日	壬辰	癸亥	壬辰	癸亥	癸巳	甲子	甲午	乙丑	丙申	丙寅	丁酉	丁卯	17 日
18 日	癸巳	甲子	癸巳	甲子	甲午	乙丑	乙未	丙寅	丁酉	丁卯	戊戌	戊辰	18 日
19 日	甲午	乙丑	甲午	乙丑	乙未	丙寅	丙申	丁卯	戊戌	戊辰	己亥	己巳	19 日
20 日	乙未	丙寅	乙未	丙寅	丙申	丁卯	丁酉	戊辰	己亥	己巳	庚子	庚午	20 日
21 日	丙申	丁卯	丙申	丁卯	丁酉	戊辰	戊戌	己巳	庚子	庚午	辛丑	辛未	21 日
22 日	丁酉	戊辰	丁酉	戊辰	戊戌	己巳	己亥	庚午	辛丑	辛未	壬寅	壬申	22 日
23 日	戊戌	己巳	戊戌	己巳	己亥	庚午	庚子	辛未	壬寅	壬申	癸卯	癸酉	23 日
24 日	己亥	庚午	己亥	庚午	庚子	辛未	辛丑	壬申	癸卯	癸酉	甲辰	甲戌	24 日
25 日	庚子	辛未	庚子	辛未	辛丑	壬申	壬寅	癸酉	甲辰	甲戌	乙巳	乙亥	25 日
26 日	辛丑	壬申	辛丑	壬申	壬寅	癸酉	癸卯	甲戌	乙巳	乙亥	丙午	丙子	26 日
27 日	壬寅	癸酉	壬寅	癸酉	癸卯	甲戌	甲辰	乙亥	丙午	丙子	丁未	丁丑	27 日
28 日	癸卯	甲戌	癸卯	甲戌	甲辰	乙亥	乙巳	丙子	丁未	丁丑	戊申	戊寅	28 日
29 日	甲辰	乙亥	甲辰	乙亥	乙巳	丙子	丙午	丁丑	戊申	戊寅	己酉	己卯	29 日
30 日	乙巳		乙巳	丙子	丙午	丁丑	丁未	戊寅	己酉	己卯	庚戌	庚辰	30 日
31 日	丙午		丙午		丁未		戊申	己卯		庚辰		辛巳	31 日
1日	丁未	丙子	丁未	丁丑	戊申	戊寅	己酉	庚辰	庚戌	辛巳	辛亥	壬午	1日
2日	戊申	丁丑	戊申	戊寅	己酉	己卯	庚戌	辛巳	辛亥	壬午	壬子	癸未	2日
3日	己酉	戊寅	己酉	己卯	庚戌	庚辰	辛亥	壬午	壬子	癸未	癸丑	甲申	3日
4日		己卯		庚辰	辛亥	辛巳	壬子	癸未	癸丑	甲申	甲寅	乙酉	4日
5日					壬午	癸丑	甲申	甲寅	乙酉	乙卯			5日
6日					癸未	甲寅	乙酉	乙卯	丙戌	丙辰			6日
7日									丙辰				7日
8日													8日

1993年　檀紀4326年　癸酉(七赤)　正桃華－巳亥

壬申年

節入日時(時間) 日	1月	2月	3月	4月	5月	6月	7月	8月	9月	10月	11月	12月	月 / 日
月	癸丑	甲寅	乙卯	丙辰	丁巳	戊午	己未	庚申	辛酉	壬戌	癸亥	甲子	
4 日		丙辰											4 日
5 日	丙戌	丁巳	乙酉	丙辰	丙戌								5 日
6 日	丁亥	戊午	丙戌	丁巳	丁亥	戊午							6 日
7 日	戊子	己未	丁亥	戊午	戊子	己未	己丑	庚申			壬辰	壬戌	7 日
8 日	己丑	庚申	戊子	己未	己丑	庚申	庚寅	辛酉	壬辰	壬戌	癸巳	癸亥	8 日
9 日	庚寅	辛酉	己丑	庚申	庚寅	辛酉	辛卯	壬戌	癸巳	癸亥	甲午	甲子	9 日
10 日	辛卯	壬戌	庚寅	辛酉	辛卯	壬戌	壬辰	癸亥	甲午	甲子	乙未	乙丑	10 日
11 日	壬辰	癸亥	辛卯	壬戌	壬辰	癸亥	癸巳	甲子	乙未	乙丑	丙申	丙寅	11 日
12 日	癸巳	甲子	壬辰	癸亥	癸巳	甲子	甲午	乙丑	丙申	丙寅	丁酉	丁卯	12 日
13 日	甲午	乙丑	癸巳	甲子	甲午	乙丑	乙未	丙寅	丁酉	丁卯	戊戌	戊辰	13 日
14 日	乙未	丙寅	甲午	乙丑	乙未	丙寅	丙申	丁卯	戊戌	戊辰	己亥	己巳	14 日
15 日	丙申	丁卯	乙未	丙寅	丙申	丁卯	丁酉	戊辰	己亥	己巳	庚子	庚午	15 日
16 日	丁酉	戊辰	丙申	丁卯	丁酉	戊辰	戊戌	己巳	庚子	庚午	辛丑	辛未	16 日
17 日	戊戌	己巳	丁酉	戊辰	戊戌	己巳	己亥	庚午	辛丑	辛未	壬寅	壬申	17 日
18 日	己亥	庚午	戊戌	己巳	己亥	庚午	庚子	辛未	壬寅	壬申	癸卯	癸酉	18 日
19 日	庚子	辛未	己亥	庚午	庚子	辛未	辛丑	壬申	癸卯	癸酉	甲辰	甲戌	19 日
20 日	辛丑	壬申	庚子	辛未	辛丑	壬申	壬寅	癸酉	甲辰	甲戌	乙巳	乙亥	20 日
21 日	壬寅	癸酉	辛丑	壬申	壬寅	癸酉	癸卯	甲戌	乙巳	乙亥	丙午	丙子	21 日
22 日	癸卯	甲戌	壬寅	癸酉	癸卯	甲戌	甲辰	乙亥	丙午	丙子	丁未	丁丑	22 日
23 日	甲辰	乙亥	癸卯	甲戌	甲辰	乙亥	乙巳	丙子	丁未	丁丑	戊申	戊寅	23 日
24 日	乙巳	丙子	甲辰	乙亥	乙巳	丙子	丙午	丁丑	戊申	戊寅	己酉	己卯	24 日
25 日	丙午	丁丑	乙巳	丙子	丙午	丁丑	丁未	戊寅	己酉	己卯	庚戌	庚辰	25 日
26 日	丁未	戊寅	丙午	丁丑	丁未	戊寅	戊申	己卯	庚戌	庚辰	辛亥	辛巳	26 日
27 日	戊申	己卯	丁未	戊寅	戊申	己卯	己酉	庚辰	辛亥	辛巳	壬子	壬午	27 日
28 日	己酉	庚辰	戊申	己卯	己酉	庚辰	庚戌	辛巳	壬子	壬午	癸丑	癸未	28 日
29 日	庚戌		己酉	庚辰	庚戌	辛巳	辛亥	壬午	癸丑	癸未	甲寅	甲申	29 日
30 日	辛亥		庚戌	辛巳	辛亥	壬午	壬子	癸未	甲寅	甲申	乙卯	乙酉	30 日
31 日	壬子		辛亥		壬子		癸丑	甲申		乙酉		丙戌	31 日
翌月 1日	癸丑	辛巳	壬子	壬午	癸丑	癸未	甲寅	乙酉	乙卯	丙戌	丙辰	丁亥	翌月 1日
2日	甲寅	壬午	癸丑	癸未	甲寅	甲申	乙卯	丙戌	丙辰	丁亥	丁巳	戊子	2日
3日	乙卯	癸未	甲寅	甲申	乙卯	乙酉	丙辰	丁亥	丁巳	戊子	戊午	己丑	3日
4日		甲申	乙卯	乙酉	丙辰	丙戌	丁巳	戊子	戊午	己丑	己未	庚寅	4日
5日					丁巳	丁亥	戊午	己丑	己未	庚寅	庚申		5日
6日						戊子	己未	庚寅	庚申	辛卯	辛酉		6日
7日								辛卯	辛酉				7日
8日													8日

1994年　檀紀4327年　甲戌(六白)　正桃華—子申

癸酉年

月 日	1月 乙丑	2月 丙寅	3月 丁卯	4月 戊辰	5月 己巳	6月 庚午	7月 辛未	8月 壬申	9月 癸酉	10月 甲戌	11月 乙亥	12月 丙子	日
4日		辛酉											4日
5日	辛卯	壬戌		辛酉									5日
6日	壬辰	癸亥	辛卯	壬戌	壬辰	癸亥							6日
7日	癸巳	甲子	壬辰	癸亥	癸巳	甲子	甲午					丁卯	7日
8日	甲午	乙丑	癸巳	甲子	甲午	乙丑	乙未	丙寅	丁酉	丁卯	戊戌	戊辰	8日
9日	乙未	丙寅	甲午	乙丑	乙未	丙寅	丙申	丁卯	戊戌	戊辰	己亥	己巳	9日
10日	丙申	丁卯	乙未	丙寅	丙申	丁卯	丁酉	戊辰	己亥	己巳	庚子	庚午	10日
11日	丁酉	戊辰	丙申	丁卯	丁酉	戊辰	戊戌	己巳	庚子	庚午	辛丑	辛未	11日
12日	戊戌	己巳	丁酉	戊辰	戊戌	己巳	己亥	庚午	辛丑	辛未	壬寅	壬申	12日
13日	己亥	庚午	戊戌	己巳	己亥	庚午	庚子	辛未	壬寅	壬申	癸卯	癸酉	13日
14日	庚子	辛未	己亥	庚午	庚子	辛未	辛丑	壬申	癸卯	癸酉	甲辰	甲戌	14日
15日	辛丑	壬申	庚子	辛未	辛丑	壬申	壬寅	癸酉	甲辰	甲戌	乙巳	乙亥	15日
16日	壬寅	癸酉	辛丑	壬申	壬寅	癸酉	癸卯	甲戌	乙巳	乙亥	丙午	丙子	16日
17日	癸卯	甲戌	壬寅	癸酉	癸卯	甲戌	甲辰	乙亥	丙午	丙子	丁未	丁丑	17日
18日	甲辰	乙亥	癸卯	甲戌	甲辰	乙亥	乙巳	丙子	丁未	丁丑	戊申	戊寅	18日
19日	乙巳	丙子	甲辰	乙亥	乙巳	丙子	丙午	丁丑	戊申	戊寅	己酉	己卯	19日
20日	丙午	丁丑	乙巳	丙子	丙午	丁丑	丁未	戊寅	己酉	己卯	庚戌	庚辰	20日
21日	丁未	戊寅	丙午	丁丑	丁未	戊寅	戊申	己卯	庚戌	庚辰	辛亥	辛巳	21日
22日	戊申	己卯	丁未	戊寅	戊申	己卯	己酉	庚辰	辛亥	辛巳	壬子	壬午	22日
23日	己酉	庚辰	戊申	己卯	己酉	庚辰	庚戌	辛巳	壬子	壬午	癸丑	癸未	23日
24日	庚戌	辛巳	己酉	庚辰	庚戌	辛巳	辛亥	壬午	癸丑	癸未	甲寅	甲申	24日
25日	辛亥	壬午	庚戌	辛巳	辛亥	壬午	壬子	癸未	甲寅	甲申	乙卯	乙酉	25日
26日	壬子	癸未	辛亥	壬午	壬子	癸未	癸丑	甲申	乙卯	乙酉	丙辰	丙戌	26日
27日	癸丑	甲申	壬子	癸未	癸丑	甲申	甲寅	乙酉	丙辰	丙戌	丁巳	丁亥	27日
28日	甲寅	乙酉	癸丑	甲申	甲寅	乙酉	乙卯	丙戌	丁巳	丁亥	戊午	戊子	28日
29日	乙卯		甲寅	乙酉	乙卯	丙戌	丙辰	丁亥	戊午	戊子	己未	己丑	29日
30日	丙辰		乙卯	丙戌	丙辰	丁亥	丁巳	戊子	己未	己丑	庚申	庚寅	30日
31日	丁巳		丙辰		丁巳		戊午	己丑		庚寅		辛卯	31日
翌1日	戊午	丙戌	丁巳	丁亥	戊午	戊子	己未	庚寅	庚申	辛卯	辛酉	壬辰	1日
2日	己未	丁亥	戊午	戊子	己未	己丑	庚申	辛卯	辛酉	壬辰	壬戌	癸巳	2日
3日	庚申	戊子	己未	己丑	庚申	庚寅	辛酉	壬辰	壬戌	癸巳	癸亥	甲午	3日
4日		己丑	庚申	庚寅	辛酉	辛卯	壬戌	癸巳	癸亥	甲午	甲子	乙未	4日
5日		庚寅		辛卯	壬戌	壬辰	癸亥	甲午	甲子	乙未	乙丑	丙申	5日
6日						癸巳	甲子	乙未	乙丑	丙申	丙寅		6日
7日							乙丑	丙申	丙寅	丁酉			7日
8日													8日

★신개념 한국명리학총서(전15권)★　(금액 194,000원)

1 행복을 찾고 불행을 막는 점성술
정용빈 편저/신국판 204쪽/정가 12,000원
자연학의 원리를 이용하여 모순을 만나게 되는
것을 알 수 있게 하여 불운을 쫓아내는 것이 육
갑법 점성술이다.

2 손금으로 자기운명 알 수 있다
백준기 역/신국판 252쪽/정가 12,000원
뇌의 中樞神經의 작용이 손에 집중되어 표현되
는 사실을 도해로 설명하면서, 장래의 예지 등을
제시한다.

3 얼굴은 이래야 환영받는다
백준기 역/신국판 240쪽/정가 12,000원
관상의 기본이 되는 三質論의 상세한 해설을 비
롯, 인상의 연령 변화, 복합관상 등, 결과에 따
른 원인을 구명했다.

4 사주팔자 보면 내운명 알 수 있다
정용빈 편저/신국판 380쪽/정가 18,000원
12천성과 음양 오행의 심오한 이치를 누구나 알
기 쉽게 재정립한 사주 명리학의 결정판

5 꿈해몽은 이렇게 한다
정용빈 편저/신국판 250쪽/정가 14,000원
꿈에는 자신의 희미한 성패의 비밀이 숨겨져 있
어 이를 풀이하고, 역사적 인물들이 남긴 꿈들을
수록했다.

6 여성사주로 여성운명을 알 수 있다
진옥숙 저/정용빈 역/신국판 254쪽/정가 12,000원
연애·결혼·건강·사업 등, 동양의 별의 비법이 밝히
는 여성의 운명, 너무도 정확해서 겁이 날 정도
다.

7 풍수지리와 좋은 산소터 보기
정용빈 편저/신국판 262쪽/정가 12,000원
산소 자리를 가려서 육체와 혼백을 잘 모시면
신령(神靈)이 편안하고 자손 또한 편안하다.

※ 출판할 원고나 자료 가지고 계신 분
　출판하여 드립니다.
　문의 ☎ 02-2636-2911번으로 연락

8 이름감정과 이름짓는 법
성명철학연구회 편/신국판 260쪽/정가 12,000원
기초 지식부터 이름 짓는 방법, 성명감성 방법,
이름으로 身數를 아는 방법 등을 자세히 설명했
다.

9 나이로 본 궁합법
김용호 지음/신국판 334쪽/정가 14,000원
생년·월·일만 알면 생년의 구성을 주로 하여 생월
을 가미시켜 조심자도 알기 쉽게 했다.

10 십이지(띠)로 내 평생 운세를 본다
김용호 편저/신국판 290쪽/정가 14,000원
동양철학의 정수인 간지(干支)와 구성(九星)학을
통하여 스스로의 관성, 천운, 길흉을 예지하기
쉽게 기술했다.

11 이런 이름이 출세하는 이름
정용빈 편저/신국판 227쪽/정가 12,000원
성명 철리(哲理)의 문헌을 토대로하여 누구나 좋
은 이름을 지을 수 있도록 쉽게 정리했다.

12 오감에서 여성 운세 능력 개발할 수 있다
김진태 편저/신국판 260쪽/정가 12,000원
미각·촉각·후각·청각·시각을 이용하여 교세 능력을
기우고, 자신의 운세를 개발할 수 있도록 했다.

13 신랑신부 행복한 궁합
김용호 편저/신국판 250쪽/정가 12,000원
억리학적인 사주명리의 방법 외에 첫 인상, 관
상, 수상, 구성학, 납음오행 등을 기호에 맞게
기술했다.

14 택일을 잘해야 행복하다
정용빈 편저/신국판 260쪽/정가 12,000원

15 달점으로 미래운명 보기
문(moon)무라모또 저/사공혜선 역/신국판 280쪽/
정가 14,000원

신개념 한국명리학총서 ⑥

여성사주로 여성운명을 알 수 있다　　定價 12,000원

2011年 4月 25日 1판 인쇄
2011年 4月 30日 1판 발행
저　자 : 진 옥 숙
역　자 : 정 용 빈
(松 園 版)
발행인 : 김 현 호
발행처 : 법문 북스
공급처 : 법률미디어

1⃞5⃞2⃞-0⃞5⃞0⃞
서울 구로구 구로동 636-62

TEL : 2636-2911～3, FAX : 2636～3012

등록 : 1979년 8월 27일 제5-22호

Home : www.lawb.co.kr

▎ISBN 978-89-7535-203-4 04150